JN103417

わかりやすい！

基礎から合格までの道案内！

毒 物 劇 物

取扱者試験

理学博士
河合範夫　編著

弘 文 社

まえがき

　本書は毒物劇物取扱者試験の受験を検討されている方のための学習入門書で，勉強をはじめてから試験合格までの道しるべとなるように配慮しながら書き上げました。

　本書は，序編，第1編〜第4編までの五つの編と巻末付録で構成されています。

　序編ではあえて毒物劇物取扱者試験制度についてページを割き，受験を検討されている方や受験を決意してこれから勉強をスタートしようとされている方でも，最初にできるだけ明確な目標がもてるようにしました。

　本文では，基礎事項の説明は必要最小限度にとどめてその内容の全体像をつかみ，勉強すべきポイントをつかめるように配慮しました。また各項目ごとの「確認問題」（正誤形式）や章末の「発展問題」で，基礎事項の理解度を確認できるようにしています。さらに本文の解説では，様々なキャラクターが合格までの道しるべとなって，皆さんの受験勉強の手助けをしてくれます。

　毒物劇物取扱責任者は，毒物，劇物を取り扱う職場ではなくてはならない職種ですが，試験は都道府県単位で実施されますので，出題内容は同じでも出題方法，出題形式などは多岐にわたっています。したがって受験予定の都道府県の過去問題を入手するなどしてより多くの問題に慣れておくことも必要です。

　本書はそのための準備段階として，読者の皆さんの試験合格までの道しるべとなることを確信しています。

著　者

あなたを合格に導くキャラクター紹介

本文のマークについて

　本文解説の中の重要な事項は太字にしていますが，特に重要な事項について
は以下のようなマークをつけています。試験合格までの道のりにおいていろい
ろなお地蔵さまが道案内をしてくれます。

必ず覚えておくべきことを教えてくれます。

特に誤解しやすいこと，間違えやすいことを注意し
てくれます。

試験ではほとんど出題されることはありませんが，
知っておいた方がいいことを教えてくれます。

問題を解答するのに必要なヒントや参照ページを教
えてくれます。

問題の頻出度マークについて

発展問題 では以下のようなランク付けがしてあり，各問題の重要度に応じて問題攻略の専門家が解説をしてくれます。

非常によくでる！
非常によく出る博士

非常によく出題される問題です。
正解できるまで復習しておきましょう。

よくでるヨ
よく出る博士

比較的よく出題される問題です。
できるだけ正解できるようにしましょう。

時々出るヨ
時々出る博士

時々出題されることがありますが，正解できなくてもあまりこだわる必要はありません。

勉強のしかた

1. 序編の「毒物劇物取扱者責任者とは？」は毒物劇物取扱者試験の受験案内について Q&A 形式でまとめたものです。まずは序編を読んで，どのような資格試験であるかをイメージすることから始めましょう。

2. 第 1 編〜第 3 編までは具体的な試験科目の基礎事項の解説と 確認問題 および 発展問題 ですが，最初から順番に始めなくても構いません。各編の最初のページには各科目の概要，各章の最初には 学習の道しるべ ，この章の学習目標各項目の最初には 合格への近道 （各項目の概要）をまとめています。初めて勉強を始められる方は解説の中身は飛ばして，これらだけを読み進んでみましょう。そうすることによって各科目の中身と勉強する内容をイメージでき，"合格への近道" となるはずです。

3. 各節の最初には 重要暗記ポイント を載せています。これは各節で最低限度覚えておいたほうがよい事項をまとめたもので，合格までに必ず通るべき道筋を記載しています。その節の内容を反復復習する際に役立ててください。

4. 次に，傍注や枠内にでてくるお地蔵様の道案内を見逃さずに基礎事項を読み進んでみましょう。

5. 基礎事項を読み終わったら， 確認問題 を解いてみましょう。その後すぐに正解と解説を読んで間違った箇所の基礎事項を正解できるまで繰り返し復習しましょう。

6. また各節の終わりには，より試験問題の形式に近い 発展問題 にチャレンジし， ヒント と頻出度マークを参考にしながら反復復習しましょう。また正解と解説は傍注に記していますので，しおりなどで隠したり，折り込んで隠しながら反復しましょう。

7. ここまで繰り返して反復学習できたら，第 4 編の模擬試験問題に挑戦してください。一通り終わったら巻末の正解と解説で答えあわせをして，間違ったところは再び基礎事項の整理に戻って復習しましょう。最終的には各科目とも 7 割以上正解できるように繰り返し学習してください。

8. 巻末の付録，毒物及び劇物関係法令集は，法令の確認資料として活用してください。

目　次

序　編

毒物劇物取扱者責任者とは？
―合格までの道のりを確認しておこう！―

　　毒物劇物取扱者試験の本格的な勉強に入る前に，ま
だ「毒物劇物取扱責任者」という職種について疑問を
抱いている方もいらっしゃるかもしれません。

　　この序編では，まずは「毒物劇物取扱者試験」とは
どんな試験なのかを知ることを目標にして，その取得
方法，勉強方法に関する疑問について解説することか
ら始めましょう。

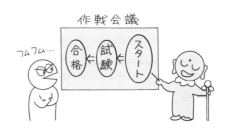

Q．毒物と劇物とは？

毒物，劇物とは何ですか？

　「毒物」，「劇物」は**毒物及び劇物取締法**（以後「**毒劇法**」と省略します）で規制されている化学物質で，イラストや漫画にもよく出てくる「どくろマーク」でもお分かりのように，使い方を誤ると吸飲や接触によって中毒症状を引き起こしたりします。

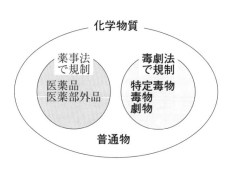

　日本の法律では，化学物質を規制する法律として主なものに薬事法や毒劇法があります。毒劇法では薬事法の規制対象外であるもののうち，毒性のある化学物質を規制対象として毒性の激しさによって「**特定毒物**」，「**毒物**」，「**劇物**」に分類して規制しています。

毒物，劇物はどんなところで使われていますか？

今日では数百万種類の毒劇物が流通しているといわれており，化学薬品，めっきなどの化学工場，研究施設，建築現場，害虫などの駆除作業，農業など，ありとあらゆる場所で使用されています。

Q．毒物劇物取扱責任者はどんな資格？

毒物劇物取扱責任者の仕事はどんな仕事ですか？

　毒物や劇物を取り扱う（製造業，輸入業，販売業等）場合，国又は各都道府県への登録が必要で，その際に製造所，営業所または店舗ごとに専任の**毒物劇物取扱責任者**を1名選出することが義務付けられています。毒物劇物取扱責任者の仕事は毒物や劇物の貯蔵設備の管理など，保健衛生上の危害の防止にあたることです。

どうすれば毒物劇物取扱責任者になれますか？

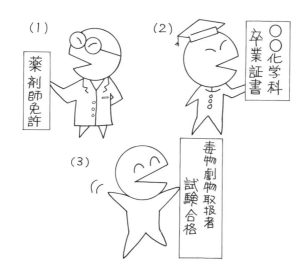

（1）薬剤師免許
（2）〇〇化学科卒業証書
（3）毒物劇物取扱者試験合格

　毒物劇物取扱責任者になることのできる者は
1）薬剤師
2）厚生労働省令で定める学校で，応用化学に関する学課を修了した者
3）**都道府県知事が行う毒物劇物取扱者試験に合格した者**
のいずれかですが，これらに該当しても**18歳未満の者**やその他法令で定める者は**毒物劇物取扱責任者**になることはできません。ここで，「毒物劇物取扱者試

験」とは**毒物劇物取扱責任者としての化学的知識を確認する試験**です。

Q．毒物劇物取扱者試験はどんな試験？（受験案内）

　毒物劇物取扱者試験は**各都道府県ごとに実施**されますので，試験の実施日など試験の実施に関する詳細は都道府県により異なりますが，概略としては以下のようになります。（※詳細については受験予定の都道府県の担当部署［薬務課など］に問い合わせてください。）

受験資格に制限はありますか？

　年齢，性別，学歴，実務経験等に関係なく，誰でも受験することができます。ただし，試験に合格しても**18歳未満の者やその他法令で定める者は毒物劇物取扱責任者になることはできません**。

試験はどんな種類がありますか？

　毒物劇物取扱者試験には以下の４つがあり，それぞれ試験範囲が異なります。

　ただし，「内燃機関用メタノールのみの取扱いに係る特定品目」については実施している都道府県はあまりなく，残りの３つも受験料，合格率にほとんど差はありませんので，毒物劇物の対象範囲の広さを考慮すると「一般」で受験しておくほうが無難です。

試験の種類	試験範囲の対象
一般毒物劇物取扱者試験	全ての毒物劇物
農業用品目毒物劇物取扱者試験	農業用品目に関する毒劇物（毒物劇物取扱法施行規則の別表第１）
特定品目毒物劇物取扱者試験	特定品目に関する毒劇物（毒物劇物取扱法施行規則別表第２）
内燃機関用メタノールのみの取扱いに係る特定品目毒物劇物取扱者試験	メタノールのみ

試験はどんな科目がありますか？

　毒物劇物取扱者試験の科目内容は
　・毒物及び劇物に関する法規（主に毒劇法から出題）
　・基礎化学（高校化学程度の問題）

・毒物及び劇物の性質及び貯蔵その他取扱方法
・実地試験

の４つですが，**科目数，科目名は都道府県により異なる場合があります。**また実地試験では，毒物，劇物の実物が提示され，それを判別する「実技」の試験が実施されます。しかし，近年では「実技」試験の代わりに「**毒物及び劇物の性質及び貯蔵その他取扱方法」に近い内容の筆記試験が実施される**場合がほとんどですので，事前に確認しておく必要があります。

試験はいつ実施されますか？

実施日は都道府県によって異なり，春季(2,3月)または秋季(10,11月)に実施する都道府県もありますが，ほとんどが夏季(6〜9月)に試験を実施します。各都道府県とも年１回だけ実施され，住所地や勤務地に関係なく他府県でも受験可能です。

受験料はどれくらいかかりますか？

都道府県によって多少の差がありますが,10,500〜12,000円程度です。

合格基準及び合格率はどれくらいですか？

すべての都道府県で公表されているわけではありませんが,6〜7割以上の得点率が合格基準とされ,4〜5割の合格率とされています。

試験情報はどうすれば得られるでしょうか？

毒物劇物取扱者試験は各都道府県の薬務課が試験事務を担当していますので，電話で問い合わせたり，インターネットの都道府県のホームページから試験日，受験料，必要書類などの詳細な情報を入手することができます。(**都道府県によっては過去の試験問題をホームページなどで公開しているところもあります。**)

Q．試験対策の勉強の仕方は？

どんな内容が出題されますか？

1) 毒物及び劇物に関する法規
　　a) 毒物及び劇物取締法
　　　　法の目的と毒物及び劇物の定義，禁止規定，事業者の登録・届出，毒物

　　　及び劇物の取扱い，貯蔵，廃棄，運搬等

2）基礎化学

　　a）物質の成り立ち

　　　物体と物質，物質の変化，分子及び原子と化学結合

　　b）化学反応

　　　化学式と化学反応，反応熱，酸と塩基，酸化と還元

　　c）化学物質の性質

　　　無機化合物，有機化合物

3）毒物及び劇物の性質及び取扱方法，並びに実地試験

　　a）毒物の性質

　　　水銀及び水銀化合物，セレン及びセレン化合物，ひ素及びひ素化合物，
　　　農薬など。

　　b）劇物の性質

　　　クロム酸及び重クロム酸塩類，無機銅塩類，無機銀塩類，カドミウム化
　　　合物，強酸・強アルカリ，有機溶剤など。

　ただし，試験問題は都道府県ごとに作成されます（九州・沖縄は南北のブロックごとに共通の問題で実施されます）ので，どの内容が重点的に出題されるかは都道府県によって異なります。

どのような勉強をすれば合格できますか？

　通常，他の資格試験では五肢択一のマークシート形式で出題，解答するのが一般的です。しかし，毒物劇物取扱者試験の出題・解答形式は多種多様で，法令，基礎化学においては**語句，化学式，数値などを解答用紙に直接記述**させる形式のものが出題される場合もあります。

■毒物及び劇物に関する法規

　・法令を勉強する上では少なくとも1回は条文に目を通しておく必要がありますが，すべての条文の文言や，法律の第何条の第何項に何が書いてあるとかいうことを覚えておく必要はありません。

　・しかし，法令の目的，用語の定義に関する条文は頻出されますので，その文言を覚えておきましょう。

■基礎化学

　難易度としては高校の文系の化学程度ですので，高校の化学の教科書，参考書でよく復習しておきましょう。出題項目としては以下のような項目が出題されます。

- 化学用語に関する問題　● 化学式に関する問題　● 化学反応に関する問題
- 数値及び計算問題　　● 上記の複合・総合問題

　高校の化学に頻出される化学用語，化学反応を整理したうえで，計算問題を解く練習をしておきましょう。試験当日は，電卓は使用禁止なので，濃度計算などの基本問題しか出題されません。よって，計算方法のパターンをよくつかんで計算になれておけば大丈夫です。

■毒物及び劇物の性質及び取扱方法，並びに実地試験

　この科目では毒物及び劇物の性質や取扱方法をいかに理解しているかが問われ，多くの受験者の場合，その受験勉強の大半の時間がこの科目の勉強に費やされることになります。

- 色，形状などの視覚的特徴，および物理的・化学的特徴，用途
- 人体への有害性，危険性　● 貯蔵方法および廃棄方法

　これらの項目について一覧表などでよく整理しておく必要があります。特に色や外観などの視覚的特徴については，すでに毒物，劇物の販売業などの仕事に就かれてる方は日常的にそれらを目にする機会もあるかもしれません。しかし学生さんなど，そのような機会がほとんどない方は高校の化学の図解資料集などを利用すると，視覚的に覚えやすいかもしれません。

　ただし，都道府県によって出題傾向は異なります。加えて毒劇法に定められる毒物，劇物は，約500種類にのぼるため，受験予定の都道府県の過去問は必ずチェックしておく必要があります。Web等で入手して確認しておきましょう。

Q. 受験のときの心構えは？

■試験日が近づいてきたら…

1. 試験日まで十分に体調管理しておきましょう。
2. 試験会場までの交通機関や所要時間を十分確認しておきましょう。
3. 当日持っていくものを受験案内などでよく確認しておきましょう。
　受験票，筆記具，試験会場案内図，身の回り品など・・・。
　（使用可能な筆記具，試験会場に特に必要なもの(上履きなど)は都道府県により異なりますので，注意してください。）

■緊張の試験当日…

1. 会場には30分以上前には到着しましょう。
2. 座席も早めに確認し，あらかじめ用便も済ませておきましょう。
3. 試験開始前の注意事項もよく聞いておきましょう。

　4．満点を目指さず，合格点(60〜70%)をとることを考えましょう。

　5．簡単そうな問題から確実に解答していきましょう。

ではご健闘をお祈りしています。

第 1 編

毒物及び劇物に関する法令
―合格への第1ステップ！―
5W1Hで法令を攻略しよう！

　この編では以下のような法令がでてきますが，それぞれ長いので本文中では略称で記載しています。
- 毒物及び劇物取締法（略称：毒劇法）
- 毒部及び劇物指定令（指定令）
- 毒物及び劇物取締法施行令（施行令）
- 毒物及び劇物取締法施行規則（規則）

　法律の科目では，これらの法令から出題されます。第1編の第1章では毒劇法の内容について解説し，章末には附表として基本事項の整理に役立つように重要事項の表にして整理しておきました。

　また巻末には付録として関係法令集も付していますので，併せて参照すると理解が深まるでしょう。

　なお，法律は常に少しずつ検討されてその時代に最適の内容に改正されていくものです。よって常に最新法令に適合するように改訂していく予定ですが，本書出版後に改正されて未対応の事項についてはそのように読み替えてください。

第1章

毒物及び劇物取締法

学習の道しるべ

　法令科目の出題の中心はやはり毒劇法です。この章では毒劇法による毒物，劇物の法規制について勉強していきます。法令科目では用語や数字などの穴埋め問題や正誤問題などがよく出題されます。したがって，法令科目攻略のカギは "用語の説明" と "数字の把握" です。すなわち，「5 W 1 H」の
・Who(「だれが」または「だれに」)
・When(「いつ」または「いつまで」)
・Where(「どこ」)
・What(「なにを」)
・Why(「なぜ」)
・How(「どのように」または「どれだけ」)
のキーワードを整理しながら解釈していく必要があります。以上のことに注意してポイントを整理していきましょう。

1. 毒劇法に出てくる言葉

重要暗記ポイント

1. **毒劇法の目的**
   (a) 「**保健衛生上の見地**」→公衆の生命と健康の維持。
   (b) 「**取締り**」→毒物，劇物の販売，授与，貯蔵，運搬などに関する規制。
2. **毒物，劇物，特定毒物**→「**生理機能に危害を与えるもの**」で，その程度は**特定毒物＞毒物＞劇物**。
   ・**毒物**…その程度が激しいもの。
   ・**劇物**…その程度が比較的軽度なもの。
   ・**特定毒物**…毒物のうち特に作用が激しく，その使用方法によっては人に対する危害の可能性が高いもの。
3. **原体**(げんたい)→工場や研究施設で使用される化学物質そのもの。
4. **製剤**→「原体」を使用しやすいように他の物質と混合，添加した薬剤などの化学製品(ただし，医薬品，医薬部外品を除く)。
5. **化合物**→化合によって生じ，一定組成を有して各成分の性質がそのまま現れていないようなもの。
6. **塩類**→酸と塩基との中和反応によって生じる化合物。

1.1 毒劇法の目的

合格への近道

毒劇法の目的は毒物，劇物の販売，譲渡の方法や運搬，貯蔵の方法，緊急時の措置などに関して規定することにより，「**毒物及び劇物について，保健衛生上の見地から必要な取締りを行うこと**」を目的としています。

保健衛生上の見地

　この言葉は，社会において公衆の生命，健康を守り，これを増進，向上させる立場を指しています。

取締り

　毒物又は劇物の販売又は授与，並びに製造・輸入，あるいは容器や包装の表示，貯蔵・運搬の方法，緊急時の措置などに対する規制を指しています。

覚えよう

「**保健衛生上の見地**」⇒公衆の生命，健康の維持。
「**取締り**」⇒販売，授与，貯蔵，運搬などの規制。

確認問題

次の記述のうち正しいものには〇，間違っているものには×をつけなさい。

問1．毒物及び劇物取締法は，毒物及び劇物について，保健衛生上の見地から必要な取締りを行うことを目的としている。

問2．毒物及び劇物取締法には毒物や劇物の製造方法についても規定されている。

問3．「保健衛生上の見地」とは社会において公衆の生命，健康を守り，これを増進，向上させる立場のことを指している。

問4．「取締り」という言葉は刑法などの治安立法的立場を指している。

＊ **正解と解説** ＊＊＊＊＊＊＊＊＊＊＊＊＊＊＊＊＊＊＊＊＊＊＊＊＊＊

問1○　毒劇法の目的の文言です。覚えておきましょう。
問2×　毒劇法には毒物劇物の**製造方法は規定**されていません。
問3○　正しいです。
問4×　「取締り」という言葉は，毒物又は劇物の販売又は授与，並びに製造・輸入，あるいは容器や包装の表示，貯蔵・運搬の方法，緊急時の措置などに対する規制を指しています。

チャレンジ！発展問題

発展問題1　　😊🐌 非常によくでる！

　次の文章の空欄に当てはまる語句として正しいものを一つ選びなさい。

「毒物及び劇物取締法は，毒物及び劇物について，保健衛生上の見地から必要な（　）を行うことを目的としている。」

1．規制　　2．取締り　　3．制限　　4．取扱い

😊 **ヒント** ◆◆◆◆◆◆◆◆◆◆◆◆◆◆◆◆◆◆◆

「取締り」とは治安立法的な立場からのものではなく，製造，販売，輸入，並びに保存及び運搬の方法，緊急時の措置に対する規制を指します。

◆◆◆◆◆◆◆◆◆◆◆◆◆◆◆◆◆◆◆◆◆◆◆◆◆◆◆◆◆

正解 2
解説
毒劇法の目的は非常によく出題されますので，文言として暗記しておきましょう。

🐄〰〰〰 ちょっと道草 〰〰〰🐄

　「毒」は「からだに悪いもの」，「薬」は「からだに好ましいもの」というイメージの違いがありますが，毒も薬も人間と様々な形でかかわってきました。毒を自殺や暗殺の目的以外にも，ある民族では狩猟に毒矢が用いられたり，殺虫剤や除草剤などの農薬が開発されたり，ある種の生物に対しては毒性を示す抗生物質という毒物を医療に利用する化学療法も開発されました。でも，あいかわらず「毒入り○○」といった事件，犯罪が相次ぐ中，いかに人間が毒の有効性をコントロールするかが問われています。

1.2 毒物と劇物はどう違う？

合格への近道

「毒物」，「劇物」とは，一般には，飲み込んだり，吸入したり，あるいは皮膚などに付着したときに**生理機能に危害を与えるもの**で，その程度の激しいものを「毒物」，比較的軽いものを「劇物」，「毒物」のうち特に作用が激しいもので，その使用方法によっては人に対する危害の可能性の高いものを「特定毒物」と覚えておきましょう。

表1.1　主要な毒物及び劇物

	毒劇法別表に記載（原体）	指定令に記載（原体または製剤）
毒物（別表第1及び指定令第1条）	四アルキル鉛，シアン化水素，シアン化ナトリウム，パラチオン（別名），メチルジメトン（別名），水銀，セレン，モノフルオール酢酸など28品目	五塩化りん，無機シアン化合物（ただし，紺青などを除く），水銀化合物（ただし，アミノ塩化第二水銀などを除く），エンドリン（別名），など約100品目
劇物（別表第2及び指定令第2条）	アンモニア，ダイアジノン（別名），塩化第一水銀，クロルピクリン，四塩化炭素，重クロム酸，水酸化カリウム，水酸化ナトリウム，無水クロム酸など94品目	無機亜鉛塩類（ただし，炭酸亜鉛などを除く），亜硝酸塩類，アンモニア［含有量10%以下のものを除く］，カドミウム化合物，重クロム酸塩類，無機銅塩類（ただし，雷銅を除く）など約300品目
特定毒物（別表第3及び指定令第3条）	四アルキル鉛，モノフルオール酢酸など10品目	燐化アルミニウムとその分解促進剤など10品目

（別名）：化学物質名ではなく，薬剤としての別名であるもの（他に化学物質としての正式名称が存在するもの）

毒劇法の中での定義

a) 毒物：法別表第1に掲げるものであって，医薬品及び医薬部外品以外のものをいいます。

b) 劇物：法別表第2に掲げるものであって，医薬品及び医薬部外品以外のものをいいます。

c) 特定毒物：「毒物」であって，別表第3に掲げるものをいいます。

覚えよう

毒性の強さ：**特定毒物＞毒物＞劇物**

確認問題

次の記述のうち正しいものには〇，間違っているものには✕をつけなさい。

問1．毒物及び劇物は飲み込んだり，皮膚などに付着したりしたときに生理機能に危害を与えるもので，その程度により毒物，劇物，特定毒物に分類されている。

問2．毒物，劇物，特定毒物の毒性の強さは毒物＞劇物＞特定毒物である。

問3．特定毒物は「毒物」であって，別表第3に掲げるものをいう。

正解と解説

問1〇　正しい文章です。

問2✕　毒性の強さは特定毒物＞毒物＞劇物になります。

問3〇　正しい文章です。

チャレンジ！発展問題

発展問題2　非常によくでる！

次の文章の空欄に当てはまる語句を下の語群からそれぞれ一つ選びなさい。

・「毒物」とは法別表第1に掲げるものであって，医薬品及び(A)以外のものをいう。

・「劇物」は飲み込んだり，皮膚などに付着したりしたときに生理機能に危害を与えるもののうち，その程度が(B)である。

正解 A：1，B：3
解説
空欄A：「医薬部外品」とは家庭用医薬品のうち人体への作用が穏やかなものをいいます。
空欄B：「劇物」は特定毒物，毒物に

空欄	語　　群
A	1 医薬部外品　　2 食品　　3 化粧品　　4 危険物
B	1 最も激しいもの　　2 非常に激しいもの 3 比較的軽いもの　　4 非常に著しいもの

比べ，生理機能への危害が「**比較的軽いもの**」とされています。

ヒント ◆◇◆◇◆◇◆◇◆◇◆◇◆◇◆◇

毒性の程度から分類すると，**毒物**⇒「激しいもの」，**劇物**⇒「比較的軽いもの」，**特定毒物**⇒「毒物のうち特に激しいもの」に分類できます。

◆◇◆◇◆◇◆◇◆◇◆◇◆◇◆◇◆◇◆◇◆◇◆◇◆◇◆◇◆◇◆◇

発展問題 3　　〔非常によくてる!〕

次の毒物に該当する物質の組み合わせとして正しいものを選びなさい。
1．カドミウム化合物，水銀，水酸化カリウム
2．アンモニア，無機亜鉛塩類，重クロム酸
3．水銀，セレン，五塩化りん
4．パラチオン，無機銅塩類，ホスゲン
5．無機シアン化合物，モノフルオール酢酸，四塩化炭素

ヒント ◆◇◆◇◆◇◆◇◆◇◆◇◆◇◆◇

毒劇法では，**毒物**は**法別表第 1** に掲げるもの，**劇物**は**法別表第 2** に掲げるもの，**特定毒物**は「**毒物**」で，**別表第 3** に掲げるものと定義されています。

◆◇◆◇◆◇◆◇◆◇◆◇◆◇◆◇◆◇◆◇◆◇◆◇◆◇◆◇◆◇◆◇

正解 3

解説
設問に出てきた物質のうち毒物は，水銀，セレン，五塩化りん，パラチオン，ホスゲン，無機シアン化合物，モノフルオール酢酸（特定毒物でもある）です。これら以外はすべて劇物ですので，設問 3 以外はいずれも劇物を含んだ組み合わせです。

第 1 編
毒物及び劇物に関する法令

1.3 その他の用語も覚えておこう！

合格への近道

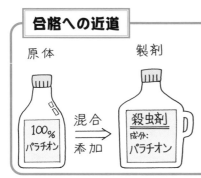

原体　　　　　製剤

混合
添加

毒劇法には「原体」,「製剤」,「化合物」,「塩類」など特殊な用語が用いられています。毒劇法を勉強するには，まず毒劇法でどのような用語が用いられるかに触れておきましょう。

化合物

　二種類以上の元素からできている物質で，各元素の性質がそのまま現れていないような物質をいいます。

塩

　一般に酸と塩基との中和反応によって生ずる化合物をいいます。

原体

　毒劇法では**純粋な化学物質そのもの**を「原体」(「げんたい」と読みます)といいます。

製剤

　「原体」の性質を効果的に利用するために**他の物質との混合，添加により製品化**した薬剤(農薬，塗料など)を「**製剤**」という名称で区別しています。

毒劇法別表と指定令

　毒劇法の別表では「**原体**」が毒物，劇物に指定され，指定令には比較的新しく毒物，劇物に指定された「**原体**」と

補足
物質に関係した基本用語については「基礎化学」を参照のこと。

覚えよう
「原体」⇒純粋な化学物質そのもの
「製剤」⇒他物質との混合，添加により製品化した薬剤

「**製剤**」が記載されています。また，法改正によって毒
物，劇物に新規に指定したり，指定条件を変更する場合に
は指定令を改正することにより行います。

確認問題

次の記述のうち正しいものには〇，間違っているものには✕をつけなさい。

問1．毒劇法でいう「原体」は，化学でいう「単体」と同じ意味である。

問2．毒劇法でいう「製剤」とは固体の化学物質を粉砕して使用しやすくしたもののことである。

問3．毒物，劇物及び特定毒物は毒物及び劇物取締法の別表と毒物及び劇物指定令に記載されている。

＊ 正解と解説 ＊＊＊＊＊＊＊＊＊＊＊＊＊＊＊＊＊＊＊＊＊＊＊＊＊

問1✕　化学の世界でいう「**単体**」は「**ただ1種類の原子だけからなる物質**」をいいますが，「**原体**」は単体，化合物であるか否かにかかわらず，**化学物質そのもの**を指します。

問2✕　単なる粉砕，成型など，**原体の組成に影響しない物理的操作により製品化されているもの**にあっては，「**製剤**」ではなく「**原体**」としています。（「**製剤**」は化学でいう「**混合物**」に該当します。）

問3〇　正しいです。

　※この項目の内容は**毒劇法を勉強する上で非常に重要な項目**ですが，実際の試験ではあまり出題率が高くないので発展問題は省略します。

ペコリ。。。

今回はお休みします・・・・

2. 毒劇法では何が禁止されているか？

重要暗記ポイント

1. **毒物劇物営業者**→毒物，劇物の製造業者，輸入業者，販売業者の登録を受けた者でなければ，毒物，劇物を製造，輸入または販売できません。
2. **特定毒物研究者**→学術研究のために特定毒物を製造，使用できる者
3. **特定毒物使用者**→特定毒物を使用できる者(品目ごとに指定)
4. **特定毒物の製造，輸入，使用，譲り渡し**→その行為別に法律で定められる者以外はその行為を行うことを禁止されています。
5. **興奮，幻覚，麻酔の作用を有する毒物劇物**→摂取，吸収の禁止
   - トルエン(原体)
   - 酢酸エチル，トルエン，又はメタノールを含有するシンナー，接着剤，塗料，閉塞用充填料
6. **引火性，発火性，爆発性のある毒物，劇物**→不法所持の禁止
   - 亜塩素酸ナトリウム及びこれを30％以上含有する製剤
   - 塩素酸塩類及びこれを35％以上含有する製剤
   - ピクリン酸
   - ナトリウム

2.1 毒物，劇物を製造，販売するには？

合格への近道

毒物劇物営業者	販売，授与目的で行う行為
製造業 →	製造，販売（自らの製造物）
輸入業 →	輸入，販売（自らの輸入物）
販売業 →	販売

毒物及び劇物を製造，販売または輸入するには，**製造業，販売業または輸入業（毒物劇物営業者という）の登録手続きが必要**です。

毒物劇物営業者

毒劇法では，毒物，劇物を製造，販売，輸入する者を**製造業者，販売業者，輸入業者**といいます。（総じて**毒物劇物営業者**といいます。）

製造業者，輸入業者の販売業務

製造業者または輸入業者が**自ら製造あるいは輸入した毒物，劇物**を他の毒物劇物営業者に販売する場合は，**販売業の登録は必要ありません**。

注意！

製造業者，輸入業者が自らの製造物，輸入物以外のものを販売するときは販売業の登録が必要。

確認問題 ・・・・・・・・・・・・・・・

次の記述のうち正しいものには○，間違っているものには×をつけなさい。

問１．毒物劇物営業者とは毒物，劇物の製造業者，輸入業者及び販売業者をいう。

問２．毒物又は劇物を販売業の登録を受けた者でなければ，毒物又は劇物を輸入，販売してはならない。

問３．都道府県知事が行う毒物劇物取扱者試験に合格すれば毒物又は劇物を販売できる。

問４．毒物劇物輸入業者は，販売業の登録を要さずに，自らが輸入した毒物を他の販売業者に販売することができる。

＊ **正解と解説** ＊＊＊＊＊＊＊＊＊＊＊＊＊＊＊＊＊＊＊＊＊＊＊＊＊

問１○　正しい文章です。

問2✕　販売業の登録を受けた販売業者は毒物，劇物を輸入することはできません。

問3✕　毒物，劇物を販売するには販売業の登録手続きをする必要があります。

問4○　製造業者，輸入業者は自ら製造，または輸入した毒物，劇物に限り，販売業の登録手続きを要さずに，他の毒物劇物営業者に販売することができます。正しいです。

チャレンジ！発展問題

発展問題4　　😊非常によくでる！

次の文章の空欄に当てはまる語句を下の語群から選んで記号で答えなさい。

A　毒物又は劇物の販売業の登録を受けたものでなければ，毒物又は劇物を（ア）し，（イ）し，又は（ア）もしくは（イ）の目的で貯蔵し，運搬し，若しくは陳列してはならない。

B　ただし，製造業者または輸入業者が（ウ）し，又は（エ）した毒物又は劇物を他の（オ）に（ア），（イ）し，またはこれらの目的で貯蔵し，運搬し，若しくは陳列するときはこの限りではない。

【語群】
1．授与　2．輸入　3．販売　4．使用　5．摂取
6．吸入　7．毒物劇物営業者　8．製造　9．特定
毒物研究者　10．輸入業者

🐙―ヒント―◆◇◆◇◆◇◆◇◆◇◆◇◆◇◆◇

毒物，劇物の製造，輸入，販売をするには製造業，輸入業，販売業の登録が必要ですが，製造業者，輸入業者が**自らの製造物，輸入物以外のものを販売するときも販売業の**登録が必要です。

◆◇◆◇◆◇◆◇◆◇◆◇◆◇◆◇◆◇◆◇◆◇◆◇◆◇◆◇

正解
ア：3，イ：1，
ウ：8，エ：2，オ：
7

解説
毒物，劇物の販売業の禁止規定に関する文章で，毒物劇物営業者の規定に関する基本的な文言ですので，よく覚えておきましょう。

2.2 特定毒物を取り扱うには？

合格への近道

特定毒物の取り扱いができる事業者
- 毒物劇物営業者（製造，販売，輸入）
- 特定毒物研究者
- 特定毒物使用者

　特定毒物はその毒性が激しいため，一定の資格を有する者であって**特定毒物の製造販売等を特に必要とする者**か，またはそれらを行うに充分と考えられる者に限定して特定毒物を取り扱えることとしています。具体的には表1.2のように各行為別に定められています。

表1.2　特定毒物の取り扱いに関する禁止規定

行為	認められている者	摘　要
製造	毒物劇物製造業者	
	特定毒物研究者	**学術研究に限る。**
輸入	毒物劇物輸入業者	
	特定毒物研究者	**学術研究に限る。**
使用	毒物劇物製造業者	**毒物劇物製造のために使用する場合に限る。**
	特定毒物研究者	**学術研究に限る。**
	特定毒物使用者	特定毒物を**特定の用途**にのみ使用可能
譲り渡し譲り受け	毒物劇物営業者	
	特定毒物研究者	
	特定毒物使用者	**使用できる特定毒物のみ**譲り受け可能
所持	毒物劇物営業者	
	特定毒物研究者	
	特定毒物使用者	使用特定毒物のみ

特定毒物研究者

　学術研究のため，特定毒物を研究し，もしくは使用することができる者として**都道府県知事の許可**を受けた者をいいます。

特定毒物使用者

　特定毒物を使用することができる者として**品目ごとにその用途とともに施行令で指定**する者をいいます。

覚えよう

特定毒物研究者⇒都道府県知事の許可

特定毒物使用者⇒品目ごとにその用途とともに施行令で指定

確認問題

　次の記述のうち正しいものには○，間違っているものには×をつけなさい。
　問1．特定毒物研究者は学術研究のために，特定毒物を研究，使用することを許可された者のことである。
　問2．特定毒物使用者はすべての特定毒物を所持し，自由に使用できる。
　問3．製造業者は毒物，劇物を製造する場合に限り特定毒物を使用できる。

＊ 正解と解説 ＊＊＊＊＊＊＊＊＊＊＊＊＊＊＊＊＊＊＊＊＊＊＊＊＊

問1○　正しい文章です。
問2×　特定毒物使用者は，特定毒物を**施行令で定められる品目ごとに，定められた用途**でしか使用，もしくは使用目的で所持することが認められていません。
問3○　正しい文章です。

チャレンジ！発展問題

発展問題5　　非常によくでる！

　次の文章の空欄に当てはまる語句を下の語群から選んで記号で答えなさい。
　A　（ア）とは（イ）のために特定毒物を製造し，若しくは使用できる者として（ウ）の許可を受けた者をいう。
　B　（エ）は特定毒物を使用することができる者として品目ごとに施行令で指定されている者をいい，定められた特定の品目についてのみ譲り受け，所持し，特定の

正解　ア：9，イ：1，ウ：8，エ：5，オ：4

解説
再度穴埋め問題ですが，Aは特定毒物研究者の定義に

用途にのみ（オ）することができる。

【語群】

1．学術研究　2．輸入　3．販売　4．使用
5．特定毒物使用者　6．商品開発　7．毒物劇物営業者
8．都道府県知事　9．特定毒物研究者　10．厚生労働大臣

ヒント ❖❖❖❖❖❖❖❖❖❖❖❖❖❖❖❖❖❖❖❖❖❖

　特定毒物研究者とは，学術研究のために研究，使用することができる者で，**特定毒物使用者**は品目ごとにその用途とともに施行令で指定される者をいいます。

❖❖❖❖❖❖❖❖❖❖❖❖❖❖❖❖❖❖❖❖❖❖❖❖❖❖❖❖❖❖

発展問題6　**よくでるヨ**

　特定毒物を使用できない者は次のうちどれですか。

1．特定毒物研究者
2．毒物劇物輸入業者
3．特定毒物使用者（施行令で定められる特定毒物に限る）
4．毒物劇物製造業者（毒物劇物を製造する場合に限る）

ヒント ❖❖❖❖❖❖❖❖❖❖❖❖❖❖❖❖❖❖❖❖❖❖

　特定毒物を使用できるのは**特定毒物研究者**，**特定毒物使用者**（施行令で定められる特定毒物に限る），**毒物劇物製造業者**（毒物劇物を製造する場合に限る）の三者です。

❖❖❖❖❖❖❖❖❖❖❖❖❖❖❖❖❖❖❖❖❖❖❖❖❖❖❖❖❖❖

関する文章，Bは特定毒物使用者の定義に関する文章です。それぞれどういう時にどのような行為までが認められているのか，整理しておきましょう。

正解 2

解説
毒物劇物輸入業者は特定毒物の輸入，販売は認められていますが，**使用は認められていません。**

2.3 特定の危険有害性を有する毒物，劇物の取り扱い

合格への近道

　毒物，劇物には，**興奮，幻覚，麻酔作用**などの有害性を有するものや**引火性，発火性，爆発性**などの危険性を有するものもあります。これらはそのほかの毒物，劇物とは別に**所持規定**が定められています。

興奮，幻覚，麻酔の作用を有する毒物劇物

原体：トルエン

製剤：

覚えよう

興奮，幻覚，麻酔の作用を有する毒物劇物（これらを含有するものを含む）であって施行令で定めるものは，みだりに摂取し，若しくは吸入し又はこれらの目的で所持してはなりません。

引火性，発火性，爆発性のある毒物，劇物

原体：亜塩素酸ナトリウム
　　　塩素酸塩類
　　　ピクリン酸
　　　ナトリウム

製剤：亜塩素酸ナトリウムを
　　　　　　　　　　30％以上含有する製剤
　　　塩素酸塩類を35％以上含有する製剤

覚えよう

引火性，発火性，爆発性のある毒物，劇物であって施行令で定めるものは，業務その他正当な理由による場合を除いては所持してはなりません。

確認問題

　次の記述のうち正しいものには○，間違っているものには×をつけなさい。

問1．施行令において興奮等の作用を有する毒物，劇物として指定されているものにはメタノールの原体も含まれる。

問2．施行令において興奮等の作用を有する毒物，劇物として指定されてい

るものは，いずれも法別表または指定令において毒物，劇物に指定されている。

問3．引火性，発火性又は爆発性のある毒物又は劇物であって施行令で定めるものは，業務その他正当な理由による場合を除いては，所持してはならない。

＊　**正解と解説**　＊＊＊＊＊＊＊＊＊＊＊＊＊＊＊＊＊＊＊＊＊＊＊＊＊＊

問1×　興奮等の作用を有する毒物，劇物として施行令に指定されているものには**メタノールの原体は含まれません**。

問2×　酢酸エチルを含む製剤，メタノールを含む製剤は，興奮等の作用を有する毒物，劇物に指定されていますが，**毒劇法別表第2及び指定令では劇物には指定されていません**。

問3○　正しい文章です。

チャレンジ！発展問題

発展問題7　　時々出るヨ

　次のうち，興奮，幻覚作用等のある毒物，劇物として摂取，吸入し又はこれらの目的で所持してはならないとされているものの組み合わせとして正しいものを一つ選びなさい。

1．メタノール－トルエン－酢酸エチルを含有する塗料
2．酢酸エチル－メタノール－トルエン
3．酢酸エチルを含有するシンナー－トルエンを含有する接着剤－トルエン
4．メタノールを含有する変性アルコール－トルエン－酢酸エチル
5．酢酸エチル－エタノール－トルエン

ヒント　◆◆◆◆◆◆◆◆◆◆◆◆◆◆◆◆◆◆◆

興奮，幻覚，麻酔の作用を有する毒物劇物は，トルエン（原体），ならびに酢酸エチル，トルエン，又はメタノールを含むシンナー，接着剤，塗料，閉塞用充填料です。

◆◆◆◆◆◆◆◆◆◆◆◆◆◆◆◆◆◆◆◆◆◆◆◆◆◆◆◆◆◆

正解 3

解説
興奮，幻覚，麻酔の作用を有する毒物劇物に原体として指定されているものはトルエンのみです。

3.毒物，劇物を取り扱う事業者の法手続き

重要暗記ポイント

1．**毒物劇物営業者の登録**
  (a)　**製造業者→**
　　　製造所単位で**5年**ごとに都道府県知事へ申請。
  (b)　**輸入業者→**
　　　営業所単位で**5年**ごとに都道府県知事へ申請。
  (c)　**販売業者→**
　　　店舗単位で**6年**ごとに都道府県知事，市長または区長へ申請。
　　　（一般販売業，農業用品目販売業，特定品目販売業の区分）
2．**特定毒物研究者→**都道府県知事へ許可申請。
3．**毒物劇物取扱責任者→製造所，営業所，店舗**ごとに専任有資格者を設置。
4．**登録失効時の措置→15日以内**に現に所有する特定毒物の品名と数量を届出。
5．**業務上取扱者**
　　→施行令で定める事業で，施行令で定める毒物劇物を取り扱う者。
　　→業務開始日から30日以内に都道府県知事に届出。

3.1 毒物劇物営業者の事業をはじめるには？

毒物，劇物を製造，輸入又は販売するには**製造所，営業所又は店舗単位で，定められた期間ごとに都道府県知事（保健所を設置する市長又は特別区の区長）に登録申請し**なければなりません。

表1.3　毒物劇物営業者の登録

業種	登録単位	期間	業務内容	申請先	登録事項
製造業	製造所ごと	5年	製剤又は原体の製造並びに原体の小分製造	所在地の都道府県知事	1）氏名，住所（名称，所在地）2）製造，輸入品目3）製造所，営業所の所在地と名称
輸入業	営業所ごと	5年	製剤又は原体の輸入	所在地の都道府県知事	
販売業	店舗ごと	6年	一般販売業農業用品目販売業特定品目販売業	所在地の都道府県知事又は市長，区長	上記のうち1）及び3）（所在地と名称）

登録

毒物，劇物の製造，輸入又は販売を行おうとする者は，表1.3のように**製造所，営業所又は店舗単位で，定められた期間ごとに定められた申請先に登録申請**しなければなりません。

　覚えよう

製造，輸入：**5年毎知事へ**，
販売業：**6年毎に知事（区長又は市長）へ申請**

登録の更新

　登録が失効する日(登録日から起算して有効期間だけ経過した日)の1ヶ月前までに登録の更新を行う必要があります。

登録申請先

a) **製造業，輸入業の場合：製造所又は営業所の所在地の都道府県知事。**

b) **販売業の場合：都道府県知事**(所在地が保健所を有する市又は特別区の区域にある場合は，市長あるいは区長)が行います。

登録事項の変更

　登録事項を変更したり，営業を廃止した場合には，**30日以内**に届け出なければなりません。ただし，製造又は輸入業において**届け出た品目以外の毒物，劇物を製造，輸入**する場合は**あらかじめ登録の変更を受けなければなりません。**

覚えよう

登録事項の変更，営業の廃止：**30日以内**，製造，輸入品目の追加変更：**あらかじめ届出**

表1.4　登録の設備基準

製造設備	1．コンクリート，板張り等で，毒物・劇物が飛散し，漏れ，しみ出し，流出又は地下にしみ込むおそれのない構造であること。
	2．毒物，劇物を含む**粉じん，蒸気，排水の処理に要する設備または器具を備えている。**
貯蔵設備	1．毒物，劇物とその他のものを**区別して貯蔵**していること。
	2．タンク，ドラム缶，その他の容器は，毒物，劇物が飛散，漏れまたは染み出ないものであること。
	3．貯水池その他の容器を用いないで毒物，劇物を貯蔵する設備は，地下に染み込み，流出するおそれがないものであること。
	4．貯蔵する場所を**施錠**すること。
	5．施錠できない場所であれば，その周囲に堅固な柵等を設けること。

その他	1．毒物，劇物を陳列する場所には施錠する設備があること。
	2．毒物，劇物の運搬用具は，毒物，劇物が飛散し，漏れ，または染み出るおそれがないものであること。
	※輸入業の営業所，販売業の店舗の設備基準は，貯蔵設備基準の2～4までの規定を準用する。

登録基準

　施行令に定める**設備基準に適合しないとき**や**命令違反**があるときは，**登録の取り消し**や**業務の一時停止**などの処分が科され，**取り消しの日から2年を経過**していないと再登録はできません。

販売業の品目制限

　販売業は，表1.5のように3つに区分され，農業用品目販売業，特定品目販売業においては規則別表に掲げられるもの以外の毒物，劇物の販売を禁止しています。

表1.5　販売業の販売品目の制限

販売業の区分	品目	対象毒物，劇物	備考
一般販売業	全ての毒物，劇物	全ての毒物，劇物	
農業用品目販売業	農業上必要な品目	毒物：無機シアン化合物(ただし，紺青などを除く)，モノフルオール酢酸並びにその塩類(特定毒物)など約20品目 劇物：無機亜鉛塩類(炭酸亜鉛などを除く)，アンモニア(10%以下を除く)，ダイアジノン(3%以下を除く)など約100品目	規則別表第1
特定品目販売業	特定品目	劇物：アンモニア(10%以下を除く)，塩化水素(10%以下を除く)，重クロム酸塩類など24品目 ※毒物は対象外	規則別表第2

確認問題 ‥‥‥‥‥‥‥‥‥‥‥‥‥‥‥‥‥‥‥

次の記述のうち正しいものには〇，間違っているものには✕をつけなさい。

問1．毒物，劇物の製造業を行うには10年ごとに所在地の都道府県知事へ届け出なければならない。

問2．毒物劇物営業者の登録では，本社が都道府県知事に一括して登録を受ければ，支社，営業所では登録申請を行う必要はない。

問3．毒物劇物営業者は登録事項を変更したり，営業を廃止した場合は30日以内に届け出なければならない。

問4．特定品目販売業の登録をした営業者は毒物も販売することができる。

＊ **正解と解説** ＊＊＊＊＊＊＊＊＊＊＊＊＊＊＊＊＊＊＊＊＊＊＊

問1✕　製造業，輸入業の登録は**5年**ごと，販売業は**6年**ごとに登録を行う必要があります。

問2✕　毒物劇物営業者の登録は，**製造所，営業所，店舗**ごとに行う必要があり，本社が全事業所の登録を一括して行うことはできません。

問3〇　正しい文章です。

問4✕　特定品目販売業の品目制限はアンモニアなどの**24品目の劇物のみ**です。

チャレンジ！発展問題

発展問題8　　🐌 非常によくでる！

　次の毒物劇物営業者の登録に関する文章の空欄に入る語句のうち，正しい組み合わせを下欄から選びなさい。

「製造業または輸入業の(A)は，(B)年ごとに，販売業の(C)は，(D)年ごとに更新を受けなければ，その効力を失う。」

	A	B	C	D
1	許可	6	許可	6
2	許可	6	許可	5
3	許可	5	登録	6
4	登録	6	登録	5
5	登録	5	登録	6

正解 5

解説

製造業と輸入業は**5年**ごとに，販売業は**6年**ごとに登録の更新を受けなければ効力を失うことになります。

🐵 ヒント ◇◇◇◇◇◇◇◇◇◇◇◇◇◇◇◇◇◇◇◇◇

営業者の登録有効期間は，製造業：5年，輸入業：5年，

販売業：6年です。

❖❖❖❖❖❖❖❖❖❖❖❖❖❖❖❖❖❖❖❖❖❖❖❖❖❖❖❖❖❖❖❖

発展問題9　　😊💧非常によくでる！

　次の販売業の品目に関する文章について，誤っているものの組み合わせを選びなさい。

A　一般販売業の登録をしている販売業者は全ての毒物劇物を販売できる。

B　特定品目販売業の登録を受けた者は全ての毒物を販売できるわけではない。

C　農業用品目販売業の登録を受けた者は農業上必要な全ての毒物または劇物を販売できる。

D　農業用品目は主として農薬として用いられているものである。

E　特定品目毒物劇物取扱者試験の合格者は農業用品目販売業の毒物劇物取扱責任者になることができる。

1．AとB　　　2．CとE　　　3．BとC
4．DとE　　　5．AとD

🐙ヒント　❖❖❖❖❖❖❖❖❖❖❖❖❖❖❖❖❖❖❖❖❖❖❖

　農業用品目販売業では**農業上必要な毒物，劇物のうち施行規則で定められている品目のみ（約120品目）を販売**することができます。特定品目販売業では**劇物のうち24品目**を販売できます。

❖❖❖❖❖❖❖❖❖❖❖❖❖❖❖❖❖❖❖❖❖❖❖❖❖❖❖❖❖❖❖❖

正解 2

解説
特定品目毒物劇物取扱者試験の合格者は**特定品目のみを取り扱う輸入業の営業所，または販売業の店舗**においてのみ毒物劇物取扱責任者となることができます。

3.2 特定毒物研究者の許可を受けるには？

合格への近道

特定毒物研究者　　　所在地の都道府県知事

ペコリ

お願いします

許可します♪

特定毒物研究者の許可を受けようとする者は，**都道府県知事**に申請書を提出し，知事の許可を受けなければなりません。

許可権限者

　主たる研究所の所在地の都道府県知事が許可します。

許可基準

　許可を受けることができる者は，**毒物に関して相当の知識を持ち**，かつ**学術研究上**毒物を製造し，又は使用することを必要とする者（**大学，公的研究施設などの研究者**）ですが，心身障害者や薬物中毒など法で定める者は許可を受けることはできません。

変更又は廃止の届出

　申請事項を変更した場合や当該研究を廃止した場合は**30日以内**に都道府県知事に届け出なければなりません。

> **覚えよう**
>
> **特定毒物研究者**
> ⇒大学，研究機関での**学術，研究上**の製造，使用

確認問題

　次の記述のうち正しいものには○，間違っているものには×をつけなさい。

　問1．特定毒物研究者の許可を受けようとする者は主たる研究所の所在地の都道府県知事に申請書を提出しなければなりません。

　問2．販売業者は申請により特定毒物研究者の許可を得ることができる。

* 正解と解説 *

問1○　正しいです。

問2×　特定毒物研究者は，毒物に関して相当の知識を持ち，かつ**学術研究上の目的**で毒物を製造し，又は使用することを必要とする者でなければ許可を受けることはできません。

チャレンジ！発展問題

発展問題10　　よくてるヨ

　次の特定毒物研究者に関する文章のうち誤っているものを選びなさい。

　1．特定毒物研究者の許可を受けようとする者は厚生労働大臣に許可申請を提出しなければならない。

　2．特定毒物研究者の許可は，毒物に関して相当の知識を持ち，かつ学術研究上毒物を製造し，又は使用することを必要とする者でなければ与えられない。

　3．特定毒物研究者の許可は，研究所ごとに許可が必要である。

　4．心身障害者など法で定める者は特定毒物研究者の許可を受けることができない。

　5．特定毒物研究者は，当該研究を廃止したときは30日以内に届け出なければならない。

ヒント　◆◆◆◆◆◆◆◆◆◆◆◆◆◆◆◆◆◆◆◆◆◆

　特定毒物研究者は，**所在地の知事**が許可し，**変更，廃止の届出は30日以内**に行います。

◆◆◆◆◆◆◆◆◆◆◆◆◆◆◆◆◆◆◆◆◆◆◆◆◆◆◆◆◆◆

正解　1

解説

特定毒物研究者の許可権限は**研究所の所在地の都道府県知事**が行います。よって1が誤りです。

3.3 毒物劇物取扱責任者の登録と仕事

合格への近道

おまかせ下さい…♪

医薬用外毒物

責任者

　毒物劇物営業者は**毒物劇物を直接的に取り扱う製造所，営業所又は店舗ごとに専任の毒物劇物取扱責任者**を置かなければなりません。

選任義務の例外

1) 営業者自身が毒物劇物取扱責任者となる場合
2) 隣接している場合や同一店舗で2つ以上同時に営む場合（1名の取扱責任者が兼任可能）。

業務

　毒物劇物による保健衛生上の危害の防止に当たること。

選任又は変更の届出

　毒物劇物取扱責任者を設置又は変更したときは，表1.3と同じ申請先に**30日以内**に届け出なければなりません。

毒物劇物取扱責任者になることができる者

1) 薬剤師，2) 厚生労働省令で定める学校で，応用化学に関する学課を修了した者，3) **都道府県知事が行う毒物劇物取扱者試験に合格した者**のいずれかです。

毒物劇物取扱責任者になることができない者

上記1)～3)のいずれかに該当したとしても，1) 18歳未満の者，2) 心身の障害により業務を適正に行うことができない者，3) 薬物中毒者，4) 毒劇物に関する犯罪経歴を有し，刑の執行後3年を経過していない者のいずれかに該当すると毒物劇物取扱責任者になることはできません。

覚えよう

選任の例外
・営業者が取扱責任者となる場合
・隣接店舗や同一店舗の場合

覚えよう

毒物劇物取扱責任者の業務，選任変更の届出⇒30日以内に

注意!

「毒物劇物取扱責任者になることができる」ということと「試験の受験資格」は同一ではありません。
⇒p.13参照

試験合格者の職務範囲

a) <u>一般試験の合格者</u>：全ての製造所，営業所，店舗の取扱責任者になることができます。

b) <u>農業用品目又は特定品目試験の合格者</u>：それぞれの対象品目を<u>輸入</u>または<u>販売する営業所，店舗のみ</u>。

覚えよう
試験区分と販売業の区分制限は同じ

確認問題

次の記述のうち正しいものには〇，間違っているものには×をつけなさい。

問1．毒物劇物取扱責任者の業務は毒物劇物による保健衛生上の危害の防止に当たることである。

問2．毒物劇物取扱責任者の業務は他府県に所在する複数の製造所等の取扱責任者を申請により兼務することができる。

問3．18歳未満のものは毒物劇物取扱責任者になることはできない。

問4．農業用品目の試験に合格した者は，農業用品目に該当する農薬の製造所の取扱責任者になることができる。

正解と解説

問1〇　正しいです。

問2×　隣接している場合や同一店舗で2つ以上を同時に営む場合を除いては，それぞれ専任の取扱責任者を選出しなければなりません。

問3〇　正しいです。

問4×　農業用品目の試験に合格した者はそれぞれの対象品目を輸入または販売する営業所，店舗でしか取扱責任者になることはできません。

チャレンジ！発展問題

発展問題11　　よくてるヨ

次の毒物劇物取扱責任者に関する記述について，正しいものはいくつあるか。下から一つ選びなさい。

A 同じ場所にある製造所と店舗においても，製造業と販売業を営む場合はそれぞれ専任の毒物劇物取扱責任者を置かなければならない。

B 毒物劇物営業者は，毒物劇物取扱責任者を選任また

正解 3

解説
次ページのヒントから設問A〜Cが誤っていることは明らかです。すなわちDおよびE

は変更したときは20日以内に届け出なければならない。

C　18歳未満の者は毒物劇物取扱者試験を受験することはできない。

D　薬物の中毒者は国家試験に合格しても毒物劇物取扱責任者になることはできない。

E　特定品目毒物劇物取扱者試験に合格した者は，施行規則に定める特定品目を輸入，販売する営業所または店舗でしか取扱責任者になることはできない。

1．なし　　　　2．1つ　　　　3．2つ

4．3つ　　　　5．4つ

 ヒント

A：製造所，営業所等が隣接していたり，同一店舗で営む場合は毒物劇物取扱責任者を兼務することができます。

B：毒物劇物取扱責任者を選任または変更したときは**30日以内**に届け出なければなりません。

C：毒物劇物取扱者試験の受験資格に年齢制限はありません。

が正しい文章です。

3.4 登録を失効してしまったとき

合格への近道

登録を失効した場合…

15日以内に届出

届け出た日から50日以内に他の営業者に譲渡

現に所有する特定毒物の品目と数量

　毒物劇物営業者，特定毒物研究者，特定毒物使用者はその営業の登録，研究者の許可が失効し，又は特定毒物使用者でなくなったときは，**現に所有する特定毒物の品目と数量**を届け出なければなりません。

届出内容と期限

　登録を失効したときは，**15日以内**に　1）**失効年月日**，2）**失効理由**，3）**現に所有する特定毒物の品名と数量**を届け出なければなりません。

届出先

a) **製造業者，輸入業者**：都道府県知事へ。

b) **販売業者，特定毒物研究者，特定毒物使用者**：都道府県知事または市長，区長へ。

現に所有する特定毒物の措置

　届出をしなければならなくなった日（すなわち，登録を失効した日）から**50日以内**であれば所有する特定毒物を他の営業者（特定毒物研究者，特定毒物使用者を含む）に譲渡することができます。

覚えよう

失効時の届出
1）失効年月日
2）失効理由
3）所有する特定毒物の品名と数量

注意！

登録失効後50日間は有資格者に譲渡する場合に限って禁止規定（表1.2）を適用しないということ。

確認問題 ・・・・・・・・・・・・・・・・・・・・・・・・・・・・・・・・・・・・・・・

　次の記述のうち正しいものには○，間違っているものには×をつけなさい。

問1．特定毒物営業者は，登録が失効したときは10日以内に所有する特定毒物の品名と数量を届け出る必要があります。

問2．特定毒物使用者は使用者でなくなっても届け出る必要はない。

問3．販売業者は登録を失効したときは内閣総理大臣へ届け出なければなら

ない。
問4．届出をしなければならなくなった日から50日以内であれば所有する特
　　定毒物を他の営業者に譲渡することができる。

＊　**正解と解説**　＊＊＊＊＊＊＊＊＊＊＊＊＊＊＊＊＊＊＊＊＊＊＊＊＊

問1✕　届出の期限は15日以内です。
問2✕　特定毒物使用者であっても使用者でなくなったときは届け出る必要が
　　　あります。
問3✕　販売業者は都道府県知事(または市長，区長)に届け出なければなりま
　　　せん。
問4○　正しい文章です。

チャレンジ！発展問題

発展問題12　🐌　非常によくでる！

　次の毒物劇物営業者の登録失効時の措置に関する記述に
ついて，空欄に入る語句を下の語群から選びなさい。
「毒物劇物営業者は，その営業の登録が効力を失ったとき
は，(A)以内に現に所有する特定毒物の(B)及び(C)を届
け出なければならない。その届出をしなければならなくな
った日から起算して(D)以内に他の営業者に譲渡する場合
に限り，特定毒物の取扱の禁止規定は適用されない。」

【語群】
1．劇物　2．毒物　3．15日　4．30日　5．品名
6．別名　7．性状　8．50日　9．数量　10．10日
11．営業終了日　12．色　13．用途

🐛　**ヒント**　◆◆◆◆◆◆◆◆◆◆◆◆◆◆◆◆◆◆◆◆◆

　毒物劇物営業者の営業登録失効時の措置に関する問題で
す。何日以内に何をしなければならないのか，よく整理し
ておきましょう。

正解　A：3，
B：5，C：9，
D：8

解説
毒物劇物営業者の
登録を失効した時
は，15日以内に特
定毒物の品名，数
量を届け出なけれ
ばならず，失効し
た日(届出をしな
ければならなくな
った日)から50日
以内であれば他の
営業者へ譲渡可能
です。

3.5 業務上毒物劇物を取り扱う者の届出

合格への近道

運送事業　　　　電気めっき事業

施行令で定める事業で，**施行令で定める毒物，劇物を業務上取り扱う者**は，事業場ごとに届け出なければなりません。また毒物劇物営業者等と同様に**毒物劇物取扱責任者の設置**が義務づけられています。

表1.6　届出を要する業務上取扱者

事業	業務内容
電気めっきを行う事業	業務上，1）**シアン化ナトリウム**，2）**無機シアン化合物で毒物であるもの**(製剤を含む)を使用して左記の事業を行うもの
金属熱処理を行う事業	
毒物劇物の運送事業	**最大積載量5,000kg以上の大型自動車**(被けん引自動車を含む)に固定された容器を用い，または内容積が，**1,000ℓ以上**(四アルキル鉛を含有する製剤の場合**200ℓ以上**)の容器を大型自動車に積載して運搬する事業。**対象毒劇物**：施行令別表第2に掲げる**黄りん，四アルキル鉛を含む製剤など23品目**
シロアリ防除を行う事業	**砒素化合物及びその製剤で毒物であるもの**を使用して左記の事業を行うもの

届出事項

1）氏名，住所，2）取り扱う毒物劇物の名称，3）事業所の所在地と名称を**業務開始した日から30日以内に都道府県知事**に届け出なければなりません。

覚えよう

事業ごとに30日以内に知事へ届出が必要

届出を要しない業務上取扱者

　1）水酸化ナトリウムを使用する食品工場，2）塩酸をさび落しに使用する鉄線製造業者，3）化学実験に硫酸や硝酸を使用する学校は，**届出義務や取扱責任者の設置義務もありませんが，取扱い等に関する義務は同様に課せられ**ます。

確認問題 ∙∙∙∙∙∙∙∙∙∙∙∙∙∙∙∙∙∙∙∙∙∙∙∙∙∙∙∙∙∙∙∙∙∙∙∙∙

　次の記述のうち正しいものには○，間違っているものには✕をつけなさい。

問1．特定毒物以外の毒物を使用する場合であれば，どのような業種でも許可，届出，登録などの手続きは全く必要ない。

問2．シアン化ナトリウムを使用する電気めっき工場には毒物劇物取扱責任者を設置する必要がある。

問3．業務上取扱者の届出は都道府県知事経由で厚生労働大臣に申請しなければならない。

問4．水酸化ナトリウムを使用する缶詰工場では毒物劇物取扱責任者を選任する必要はない。

＊ 正解と解説 ＊＊＊＊＊＊＊＊＊＊＊＊＊＊＊＊＊＊＊＊＊＊＊＊＊

問1✕　施行令で定める1）電気めっき，2）金属熱処理，3）毒物劇物の運送業，4）シロアリ防除を行う事業，の4つの事業のうち施行令で定める業務内容のものは届け出る必要があります。

問2○　正しい文章です。

問3✕　業務上取扱者の届出は都道府県知事に申請します。

問4○　正しいです。

チャレンジ！発展問題

発展問題13　　よくでるヨ

　次のうち，業務上取扱者の届出の必要があるものの組み合わせで正しいものを選びなさい。

　A リン化アルミニウムとその分解促進剤とを含有する製剤を使用して，ねずみの駆除を行う事業者

正解 4

解説
ねずみの駆除を行う事業と無水クロ

B　最大5,000 kgのタンクローリー車で，四アルキル鉛を含有する製剤を運送する事業者

C　亜ヒ酸を含有する製剤を使用して，シロアリの防除を行う事業者

D　無水クロム酸を使用して金属熱処理を行う事業者

1．AとB　　　　　2．DとA　　　　　3．AとC

4．BとC

ム酸を使用して金属熱処理を行う事業者は届出の必要はありません。

 ヒント

業務上取扱者は**電気めっき業，金属熱処理業，毒劇物運送業，シロアリ防除業**の四つの業種について規定されています。（表1.6(p.51)参照）

🐄〰〰〰ちょっと道草〰〰〰🐄

　毒は古来から処刑や裁判に用いられてきました。古代ギリシャではある植物の種子から抽出した毒物が政治犯などの罪人の処刑に用いられていたそうです。ソクラテス（B.C.470～399）はこの方法によって処刑されたことが，弟子のプラトンの著書「パイドン」に記されています。

　また，裁判に関することといえば，西アフリカ地方で中世まで行われていた「神明裁判」があります。「神明裁判」とはその名前のとおり，罪の有無を神に問うことによって決めるというもので，西アフリカ地方で行われていた方法はマメ科植物の種子から抽出した毒成分を被告人に飲ませ，嘔吐して死に至らなければ無罪，死に至った場合は有罪という裁判でした。無実である者はすばやく飲み込むためすぐに吐き出してしまうが，罪の意識がある者は毒を恐れて少しずつ飲むので全身に毒がまわってしまうという理論であったらしいのですが，飲み込み方には個人差があるでしょうから，たとえ冤罪でもたまたま飲み方によって有罪になってしまうというなんともいい加減なものでした。

4.毒物，劇物の取扱い方に対する規制

重要暗記ポイント

1．盗難等の防止や飲食用容器の使用禁止
  (a)　**盗難，紛失，飛散，漏出等の防止**→
　　　対象：全ての毒物，劇物及びシアン含有廃液，酸含有廃液
  (b)　**飲食物容器の使用禁止**→
　　　飲食物の容器を毒物，劇物の容器として使用することを禁止。（対象：全ての毒物，劇物）
2．**毒物劇物の表示**→「医薬用外毒物」，「医薬用外劇物」の表示義務。
3．**特定の用途に供される毒物劇物**→
  (a)　**着色すべき農業用劇物**：硫酸タリウムを含有する製剤，りん化亜鉛を含有する製剤
  (b)　**一般消費者の生活の用に供される劇物**：塩酸，硫酸を含む洗浄剤，DDVP（「ジクロルボス」などの別名あり）を含む防虫剤（取扱上必要な表示事項の表示義務）

4.1 盗難等の防止や飲食用容器の使用禁止

合格への近道

毒劇法では毒物劇物営業者，特定毒物研究者に対して，毒物，劇物または毒物，劇物を含有し施行令で定めるものの**盗難，紛失を防止する措置，飛散，流出の防止措置**や誤飲，**誤使用防止のための飲食物容器の使用禁止**が規定されています。

第1編
毒物及び劇物に関する法令

盗難，紛失，飛散，漏出等の防止

　毒物，劇物または毒物，劇物を含有し**施行令で定めるもの**の盗難，紛失を防止する措置を講じ，貯蔵，取扱，運搬する際には，飛散，流出しないような措置を講じなければなりません。

覚えよう

施行令で定めるもの⇒シアン含有廃液，酸・アルカリ含有廃液

施行令で定めるもの

a) **シアン含有廃液**：無機シアン化合物の毒物を含む液体(シアン含有量が1 mg/ℓ以下のものを除く)

b) **酸，アルカリ含有廃液**：塩酸，硫酸，硝酸又は水酸化ナトリウム，水酸化カリウムを含む液体(水で10倍に希釈した場合のpHが2.0から12.0までのものを除く)が規定されています。

飲食物容器の使用禁止

覚えよう

毒物劇物営業者，特定毒物研究者は，**すべての毒物，劇物**についてはその容器として，飲食物の容器として通常使用されるものを使用してはなりません。

確認問題 •

次の記述のうち正しいものには○，間違っているものには×をつけなさい。

問1．毒物劇物営業者，特定毒物研究者は毒物，劇物が盗難，紛失しないような措置をしなければならない。

問2．1ℓにつき1g以下のシアンを含有する無機シアン化合物の廃液は，漏出防止措置義務の対象にはならない。

問3．ペットボトルは毒物，劇物の容器に使用できないが，酒類用のガラス瓶は丈夫なので毒物，劇物の容器に使用できる。

問4．アンモニアなど激しい臭気や発煙性を有する15品目については飲食物の容器を用いてもよい。

＊ 正解と解説 ＊＊＊＊＊＊＊＊＊＊＊＊＊＊＊＊＊＊＊＊＊＊＊＊＊＊＊

問1○　正しい文章です。

問2×　漏出防止措置義務の対象となる「施行令で定めるもの」のうち，無機シアン含有液はシアン含有量が1ℓあたり1mg以下のものが除外されています。

問3×　食品の容器はどのような材質であっても毒物，劇物の容器に使用することはできません。

問4×　以前は，臭気や発煙など内容物が容易に食品と異なることが判別できる毒物，劇物は使用が認められていましたが，平成11年9月の改正で全ての毒物，劇物で使用が禁止されました。

チャレンジ！発展問題

発展問題14　非常によくでる！

次のA～Cの文章について，正誤の正しい組み合わせを表から一つ選びなさい。

A 毒物劇物営業者は，毒物または劇物が盗難にあい，又は紛失することを防ぐのに必要な措置を講じなければならない。

B 毒物劇物営業者はその製造所，営業所，店舗の外において毒物，劇物を運搬する場合には，これらが飛散し，漏れ，染み出ることを防ぐのに必要な措置を講じなけれ

正解 5

解説

いずれも毒物，劇物の取扱に関する文章で，全て正しい文章です。

ばならない。

C　毒物劇物営業者は，毒物又は劇物については，その容器として，飲食物の容器として通常使用されるものを使用してはならない。

	A	B	C
1	誤	正	正
2	誤	誤	正
3	誤	誤	誤
4	正	誤	正
5	正	正	正

第1編
毒物及び劇物に関する法令

🐙 ヒント ◆◆◆◆◆◆◆◆◆◆◆◆◆◆◆◆◆◆◆◆◆◆◆◆

　盗難，紛失，飛散等の防止義務，飲食物容器の使用禁止
⇒p.55参照

◆◆◆◆◆◆◆◆◆◆◆◆◆◆◆◆◆◆◆◆◆◆◆◆◆◆◆◆◆◆

🐄 〰〰〰 ちょっと道草 〰〰〰 🐄

　古来，権力を得た者は不老不死について強い興味を持っていたようです。古代中国の「周礼」という書物には，水銀やひ素などを含む鉱物が「五毒」という薬として記載されています。古代中国では鉱物から不老不死の霊薬をつくる煉丹術という技術が生まれ，道教の思想と結びついて不老不死の薬とされた丹薬がつくられました。

　丹薬は，水銀と硫黄の化合物である硫化第二水銀であり，天然には丹砂という鉱物としても産出します。古来から同様に薬として用いられていた生薬の元になっている草木は，燃えると灰になってしまいますが，鉱物である丹薬は化学反応によって元の姿に戻って生命が絶えることがないというのがその根本理論でした。

　しかし，水銀化合物は猛毒性物質であることに変わりなく，中国の唐時代の20人の皇帝のうち6人が水銀中毒のために命を落としているとされています。

4.2 毒物，劇物にはどんな表示が必要か？

合格への近道

毒物の場合

医薬用外毒物

赤地に
白色

劇物の場合

医薬用外劇物

白地に
赤色

毒物劇物営業者及び特定毒物研究者は毒物，劇物の容器及び被包に「医薬用外」の文字と共に，毒物については**赤地に白色**で**「毒物」**，劇物は**白地に赤色**で**「劇物」**の文字を表示しなければなりません。

その他の表示事項

1）毒物，劇物の名称
2）成分及び含量
3）解毒剤の名称(有機化合物(製剤を含む)である毒物，劇物の場合)
4）氏名，住所(製造業者及び輸入業者が製造，輸入したものを販売する場合)

貯蔵，陳列する場所

同様に「医薬用外」の文字と共に，毒物については**「毒物」**，劇物は**「劇物」**の文字を表示しなければなりませんが，この場合地の色，文字の色の規定はありません。

取扱い及び使用上特に必要な表示事項

1）塩化水素又は硫酸を含有する住宅用の液体洗浄剤，及び 2）DDVP(別名あり)を含有する衣料用防虫剤に対して定められます。

覚えよう

毒物：**「医薬用外毒物」**(赤地に白色の文字)
劇物：**「医薬用外劇物」**(白地に赤色の文字)

覚えよう

取扱上必要な表示
⇒塩酸，硫酸を含有する洗浄剤，DDVPを含有する防虫剤

確認問題

次の記述のうち正しいものには○，間違っているものには×をつけなさい。

問1．毒物，劇物の容器，被包，貯蔵および陳列場所には毒物の場合は赤地に白色で「医薬用外毒物」，劇物の場合は白地に赤色で「医薬用外劇物」の表示をしなければならない。

問2．そのほか必要な表示事項として，毒物，劇物の名称，成分および含量，毒性，解毒剤の名称，氏名，所在地が規定されている。

問3．毒物，劇物のうち，主として一般消費者の生活の用に供されると認められるもののうち施行規則で定めるものには，取扱い及び使用上特に必要な表示を付することが義務付けられている。

正解と解説

問1× 容器および被包の表示には地の色，文字色までが指定されていますが，貯蔵および陳列場所の表示には地の色，文字色までの指定はありません。

問2× 毒物，劇物の容器および被包のその他の表示事項として，毒物，劇物の毒性を記載することは規定されていません。

問3○ 正しいです。

チャレンジ！発展問題

発展問題15　非常によくでる！

次の文章の空欄に当てはまる語句を選択肢から選びなさい。「毒物劇物営業者及び特定毒物研究者は，毒物又は劇物の容器及び被包に，(A)の文字及び毒物については(B)をもって「毒物」の文字，劇物については(C)をもって「劇物」の文字を表示しなければならない。

	1	2	3	4
A	「取扱注意」	「飲食禁止」	「医薬用外」	「毒物注意」
B	赤地に黒色	赤地に白色	白地に赤色	白地に黒色
C	赤地に黒色	赤地に白色	白地に赤色	白地に黒色

正解 A：3，B：2，C：3

解説
容器及び被包には，「医薬用外」の文字と共に，毒物は赤地に白色で「毒物」の文字，劇物は白地に赤色で「劇物」の文字を表示しなければなりません。

ヒント ◆◇◆◇◆◇◆◇◆◇◆◇◆◇◆◇◆◇◆◇◆◇◆◇◆◇

　容器及び被包には，毒物は「**医薬用外毒物**」，劇物は
「**医薬用外劇物**」の文字を指定された色で表示しなければ
なりません。

◆◇◆◇◆◇◆◇◆◇◆◇◆◇◆◇◆◇◆◇◆◇◆◇◆◇◆◇◆◇◆◇

発展問題16　　よくでるヨ

　**毒物，劇物の容器及び被包に関する記述について，誤っ
ているものはいくつあるか。**

　A　毒物，劇物の容器，被包には，毒物，劇物の名称，
　　　成分及び含量，解毒剤の名称(有機化合物(製剤を含
　　　む)である毒物，劇物の場合)などを表示しなければ
　　　ならない。
　B　着色，臭気など容易に毒物，劇物であることが判別
　　　できるものであれば，調味料の容器に使用されてい
　　　るガラス瓶を使用して小分け製造してもよい。
　C　家庭用に使用される劇物であって施行令で定めるも
　　　のには，取扱い上必要な注意事項を表示することが
　　　定められている。

1．なし　　　　2．1つ　　　　3．2つ　　　　4．3つ

ヒント ◆◇◆◇◆◇◆◇◆◇◆◇◆◇◆◇◆◇◆◇◆◇◆◇

　全ての毒物，劇物の容器は飲食物容器に使用することは
禁止されています。

◆◇◆◇◆◇◆◇◆◇◆◇◆◇◆◇◆◇◆◇◆◇◆◇◆◇◆◇◆◇◆◇

正解 2
解説
容器規定に関する
内容との複合問題
です。
A，C：正しい文
章です。
B：全ての毒物，
劇物において飲食
物の容器に使用さ
れる容器を使用し
てはならないと定
められています。

4.3　農業用や家庭用の毒物劇物の販売

合格への近道

　毒物，劇物には農業用，家庭用など**特別の用途に使用されるもの**もあり，着色の方法や成分の含量などについて別途定められた基準に適合しなければ販売，譲渡できません。

着色すべき農業用劇物

1）硫酸タリウムを含有する製剤である劇物，2）りん化亜鉛を含有する製剤である劇物の2つが規定され，あせにくい黒色に着色することが定められています。

家庭用に使用される劇物

　毒物劇物営業者は**家庭用に使用される劇物**については，その成分の含量又は容器若しくは被包について施行令で定める基準に適合するものでなければ，販売又は授与してはなりません。

覚えよう

着色すべき農業用劇物⇒硫酸タリウムを含む製剤，りん化亜鉛を含む製剤。
家庭用に使用される劇物⇒塩酸，硫酸を含む洗浄剤，DDVP を含む防虫剤。

確認問題

　次の記述のうち正しいものには〇，間違っているものには×をつけなさい。
問1．特定の用途に供される毒物または劇物とは，農業の用途に供される劇物，および家庭用に使用される劇物が該当する。
問2．酢酸タリウムを含有する製剤である劇物は，あせにくい黒色で着色していないと農薬として販売できない。
問3．塩化水素又は硫酸を含有する住宅用の液体洗浄剤は，施行令で定める基準に適合していないものは販売または授与してはならない。

正解と解説

問1〇　正しいです。

問2✕　酢酸タリウムを含有する製剤は，農薬取締法において農薬の登録が失効したため，農薬として販売することはできません。

問3○　正しい文章です。

チャレンジ！発展問題

発展問題17　よくでるヨ

　毒物劇物営業者が規則で定める方法によって着色したものでなければ，農業用として販売してはならないものとして施行令で定められている劇物と，着色する方法の組み合わせとして正しいものはどれか。

1. 硫酸タリウムを含有する製剤
　　　　　　　　　－あせにくい青色で着色する方法
2. 硫化カドミウムを含有する製剤
　　　　　　　　　－あせにくい黒色で着色する方法
3. 二硫化炭素を含有する製剤
　　　　　　　　　－あせにくい青色で着色する方法
4. よう化水素を含有する製剤
　　　　　　　　　－あせにくい青色で着色する方法
5. りん化亜鉛を含有する製剤
　　　　　　　　　－あせにくい黒色で着色する方法

ヒント

　農業用劇物として着色することが定められているものは，硫酸タリウムを含有する製剤およびりん化亜鉛を含有する製剤です。

正解 5

解説

規則で定める方法によって着色したものでなければ，農業用として販売してはならないものとして施行令で定められている劇物は，**硫酸タリウムを含有する製剤**と**りん化亜鉛を含有する製剤**で，ともに「**あせにくい黒色**」で着色することが規定されています。

5. 毒物，劇物の譲渡，販売時の手続き

重要暗記ポイント

1．譲渡手続き

(a)　**手続きの方法**→書面への記録又は譲受人が押印した書面の受理。

(b)　**書面の保存**→書面又は電磁的記録を販売又は授与した日から **5 年間**保管。

2．**交付制限**→人的要件に該当する者への販売禁止。

(a)　**交付できない相手**：18歳未満，心身障害を有する者，薬物中毒者。

(b)　**交付を受ける者の確認**：発火性又は爆発性を有する劇物で施行令で定めるものを交付するとき。

3．**情報の提供**→

譲受人に対する当該毒物，劇物の性状及び取扱いに関する情報の提供

- 化学物質等および会社情報
- 危険有害性の要約
- 組成、成分情報
- 応急措置
- 火災時，漏出時の措置
- 取扱いおよび保管上の注意
- 毒性に関する情報　など

5.1 譲渡手続き

合格への近道

　毒物劇物営業者は毒物，劇物を販売又は授与するときは，法に定める譲渡手続きをしなければ販売，授与することはできません。また譲渡手続きの**書面は5年間保管**することが義務付けられています。

譲渡手続きの方法

a) <u>他営業者へ販売する場合</u>：その都度書面へ譲渡人が記録。

b) <u>営業者以外へ販売，授与する場合</u>：譲受人が押印，記載した書面を受理。

注意！

譲受人が**営業者であるかどうか**によって手続き方法は異なります。

書面への記載事項

1) 毒物，劇物の名称及び数量
2) 販売又は授与の年月日
3) 譲受人の氏名，職業，住所(法人の場合は名称と主たる事務所の所在地)

書面の保存

　これらの書面又は電磁的記録を**販売又は授与した日から**5年間保管しなければなりません。

覚えよう

書面の保存期間は5年間。

確認問題

次の記述のうち正しいものには〇，間違っているものには×をつけなさい。

問1．毒物劇物営業者は毒物，劇物を同じ者に継続的に販売又は授与するときは，書面への記録，又は譲受人が押印した書面の受理を何回かに一度行えばよい。

問2．毒物劇物営業者以外の者へ譲渡するときもその都度譲渡人が書面へ記

録することが必要である。

問３．書面には毒物，劇物の名称及び数量，販売又は授与の年月日，譲受人の氏名，職業及び住所を記載しなければならない。

問４．記録，または受理した書面は10年間保管しなければならない。

＊ **正解と解説** ＊＊＊＊＊＊＊＊＊＊＊＊＊＊＊＊＊＊＊＊＊＊＊＊

問1✕　同じ者に継続して販売する場合でも，**その都度**書面への記録(他営業者へ販売する場合)，押印された書面を受理(営業者以外へ販売する場合)しなければなりません。

問2✕　毒物劇物営業者以外の者へ譲渡するときは，**譲受人が押印した書面を受理**しなければなりません。

問3○　正しいです。

問4✕　記録，または受理した書面の保管期間は**5年間**です。

チャレンジ！発展問題

発展問題18　😊ﾂ 非常によくでる！

次の文章の空欄に当てはまる語句の組み合わせとして正しいものを下欄から選びなさい。

「毒劇物営業者は，毒物，劇物を他の毒物劇物営業者に販売，授与したときは，以下の事項を書面に記載しておかなければならない。

一　毒物又は劇物の(A)及び数量

二　問販売又は授与の(B)

三　譲受人の氏名，(C)，住所（法人の場合は名称と主たる事務所の所在地)」

	A	B	C
1	名称	年月日	職業
2	名称	年月日	年齢
3	成分名	場所	職業
4	成分名	場所	年齢
5	成分名	年月日	職業

正解 1

解説

書面へは

1）毒物,劇物の名称及び数量,

2）販売又は授与の年月日,

3）譲受人の氏名，職業，住所（法人の場合は名称と主たる事務所の所在地)の記載が規定されています。

🐙ﾋﾝﾄ ◆◆◆◆◆◆◆◆◆◆◆◆◆◆◆◆◆◆

譲渡時の書面への記載事項に関する問題です。⇒p.64参照

5.2 毒物，劇物の販売先の制限（交付制限）

合格への近道

　毒物劇物営業者は毒物，劇物を法に定める人的要件に該当する者に交付してはいけません。また，**発火性又は爆発性を有する劇物**を販売する場合は，身分証で氏名等を確認できた者にしか販売できません。

交付を受けることができない者

1）18歳未満の者。
2）心身の障害により毒物又は劇物による保健衛生上の危害の防止の措置を適正に行うことができない者として規則で定める者。
3）麻薬，大麻，覚せい剤等の中毒者。

交付を受ける者の確認方法

a）**対象：発火性又は爆発性を有する毒物及び劇物**で施行令で定めるものを販売，授与するとき。
b）**確認方法**：交付を受ける者の氏名及び住所を身分証などによって確認し，帳簿に記載しなければなりません。
c）**例外：常時取引関係にある者（継続した売買契約を結んでいる者），官公署の職員にその業務に関し交付する場合**などに際しては確認義務はありません。

帳簿への記載事項

　1）交付した劇物の名称，2）交付の年月日，3）交付を受けた者の氏名，住所，の3項目を記載し，記載日から**5年間**保管しなければなりません。

注意！
毒物，劇物を安心して手渡せる相手であるかどうかが基準となります。

注意！
発火性，爆発性のある毒物，劇物
⇒p.36参照

覚えよう
譲渡人の確認が必要なもの
⇒発火性又は爆発性を有する劇物で施行令で定めるもの。

確認問題

次の記述のうち正しいものには○，間違っているものには×をつけなさい。

問1．継続した売買契約を結んでいる他の毒物劇物営業者の社員であっても18歳未満の者には毒物，劇物を交付してはならない。

問2．毒物劇物営業者は，法に定める譲渡手続きをすれば毒物，劇物を誰にでも販売できる。

問3．継続した売買契約を結んでいる他の毒物劇物営業者に対しても，その都度身分証などの提示がないと発火性又は爆発性を有する劇物を販売することはできない。

問4．発火性又は爆発性を有する劇物の販売履歴を記録した帳簿は，記載日から5年間保管しなければならない。

正解と解説

問1○　正しいです。毒物，劇物の交付制限の規定は，**所有権の移転の有無にかかわらず，その物を安心して手渡せる相手であるかどうか**が基準となります。よって取引先の社員であったとしても未成年である場合には交付できないことになります。

問2×　譲渡手続きの有無にかかわらず，法に定める人的要件に該当する者には毒物，劇物を交付することはできません。

問3×　継続した売買契約を結んでいる他の毒物劇物営業者に対して，施行令で定める発火性又は爆発性を有する劇物を販売する場合は，その都度身分証等の提示を求める必要はありません。

問4○　正しいです。

チャレンジ！発展問題

発展問題19　非常によくでる！

次の文章の空欄に当てはまる語句の組み合わせとして正しいものを下欄から選びなさい。

「毒物劇物営業者は，毒物又は劇物を次に掲げる者に交付してはならない。

一　(A)の者

二　心身の障害により毒物，劇物による(B)の防止の措

正解　A：3，B：4，C：1

解説

1）**18歳未満**の者，

2）心身の障害により毒物又は劇

置を適正に行うことができない者として規則で定めるもの。

三　麻薬，大麻，あへん又は覚せい剤の(C)」

	1	2	3	4
A	16歳以下	20歳未満	18歳未満	20歳以下
B	環境汚染	犯　罪	事　故	保健衛生上の危害
C	中毒者	密売者	密造者	使用者

ヒント ❖❖❖❖❖❖❖❖❖❖❖❖❖❖❖❖❖❖❖

交付を受けることができない者に関する規定です。p.66
参照

❖❖❖❖❖❖❖❖❖❖❖❖❖❖❖❖❖❖❖❖❖❖❖❖❖❖❖❖❖

発展問題20　　**よくでるヨ**

次の引火性，発火性又は爆発性を有する毒物，劇物として，業務その他正当な理由による場合を除いて，所持してはならないものの交付制限に関する文章について，正しいものの組み合わせを選びなさい。

A　交付を受ける者の氏名及び住所を身分証明書，運転
免許証などによって確認しなければならない。

B　交付を受けた者の氏名，住所，交付の年月日，交付
した薬品の名称を帳簿に記録しておかなければならない。

C　上記の帳簿は記載日から5年間保存しなければならない。

D　19歳の者に対して販売してはならない。

1．すべて　　　2．A，B，C　　　3．B，C，D
4．A，C，D　　5．A，B，D

ヒント ❖❖❖❖❖❖❖❖❖❖❖❖❖❖❖❖❖❖❖

発火性，爆発性を有する毒物及び劇物で施行令で定めるものを販売，授与するときは，交付時に氏名，住所などの

物による**保健衛生
上の危害**の防止の
措置を適正に行う
ことができない者
として規則で定め
る者，

3）麻薬等の**中毒
者**には交付するこ
とはできません。

正解2

解説
全ての毒物，劇物
を交付する場合の
譲受人の年齢制限
は18歳以上ですの
で，所定の手続き
を経れば19歳の者
に対して販売する
ことは可能です。

確認が必要です。⇒p. 66参照

❖❖❖❖❖❖❖❖❖❖❖❖❖❖❖❖❖❖❖❖❖❖❖❖❖❖❖❖❖❖❖

ちょっと道草

　毎年年末になると「今年の漢字」が発表され，清水寺貫主の方が大きく揮毫された文字がニュースで流されます。最近は「偽」，「命」，「愛」，「災」など社会が病んでいることを象徴するような漢字が選ばれています。

　1998年は和歌山の毒入りカレー事件などの毒物を使った犯罪が多発したり，ダイオキシンや環境ホルモンなどが社会問題となった年で，その年の漢字には「毒」が選ばれました。毒物を利用した犯罪は戦後以降だけでも数多く発生しています。古くは1948年に発生した帝銀事件，青酸コーラ毒殺事件，グリコ森永事件，1994～1995年に発生した松本・地下鉄サリン事件はまだ記憶に新しいことと思います。

　サリン事件が発生した当時，大学院の博士課程に在籍していた著者は，毒物を製造したのも，事件の実行犯もカルト教団にとりつかれた化学専攻の理系出身者であったことに少なからずショックを受けました。化学物質をつくりだすのは科学者の仕事ですが，その性質をコントロールして人間にとって有効利用できるようにするのも科学者の仕事です。

第1編　毒物及び劇物に関する法令

5.3 毒物，劇物の情報の提供

合格への近道

提供すべき情報内容

1．化学物質等および会社情報
2．危険有害性の要約
3．組成，成分情報
4．応急措置
5．火災時，漏出時の措置
6．取扱いおよび保管上の注意
7．暴露の防止及び保護のための措置
　など12項目

　毒物劇物営業者は毒物，劇物を販売，授与するときは，譲受人に対して当該毒物，劇物の性状及び取扱いに関する情報を提供しなければなりません。ただし，すでに情報提供が行われている場合などはこの限りではありません。

情報提供義務の例外

1）反復継続して販売し，すでに情報提供されている場合。
2）販売，授与される量が1回につき200 mg 以下の劇物の場合。（毒物は量の多少にかかわらず提供義務あり。）
3）家庭用に使用される劇物を販売する場合。
4）毒物，劇物である農薬に情報内容が容器に表示されている場合で，譲受人が承諾した場合。

注意！
購入，譲受意思のない者に対してまでの法的な情報提供義務は規定されていません。

提供の方法

　1）文書の交付，2）磁気ディスクの交付，3）ファクシミリ，4）ホームページの閲覧などがあり，2）〜4）は譲受人の承諾が必要です。

注意！
家庭用に使用される劇物
⇒p.61参照

提供する情報内容

　提供する情報には，緊急時の措置，取扱い及び保管上の注意などが記載されていなければなりません。また提供する情報に変更が生じた場合にはすみやかに変更するよう努力しなければなりません。（**努力義務規定**）

確認問題 •

次の記述のうち正しいものには〇，間違っているものには✕をつけなさい。

問１．毒物劇物営業者は毒物，劇物を販売，授与するときは，譲受人に対して当該毒物，劇物の性状及び取扱いに関する情報を提供しなければならない。

問２．反復継続して販売し，すでに情報提供されている場合は情報提供義務はない。

問３．毒物，劇物の性状及び取扱いに関する情報を提供する方法としては，磁気ディスクの交付，ファクシミリ，ホームページの閲覧などを提供する側が自由に選択できる。

問４．提供する情報には，危険有害性の要約，組成・成分情報，取扱い及び保管上の注意などについて書かれている。

＊ 正解と解説 ＊＊＊＊＊＊＊＊＊＊＊＊＊＊＊＊＊＊＊＊＊＊＊

問１〇　正しいです。

問２〇　正しいです。

問３✕　情報の提供方法は提供する側が自由に選択できるわけではなく，譲受人の承諾が必要です。

問４〇　正しいです。

チャレンジ！発展問題

発展問題21　　時々出るヨ

毒物劇物営業者等による情報の提供に関する記述のうち，正しいものはいくつあるか。下欄から選びなさい。

A 毒物劇物営業者は，毒物，劇物を販売するときは，そのときまでに譲受人に対し販売する毒物，劇物の性状及び取扱いに関する情報を提供しなければならない。

B 毒物劇物営業者は，販売しようとする毒物，劇物の性状及び取扱いに関する情報の提供を文書以外の方法で行うことができる。

正解 4

解説

提供した毒物，劇物の性状及び取扱いに関する情報の内容に変更を行う必要が生じたときの**変更情報の提供は，速やかに行う**こととされ，特に責務遂行の期限が

C　1回につき200 mg 以下の劇物を販売する場合は，毒物劇物営業者は譲受人に対し，性状及び取扱いに関する情報を提供しなくともよい。

D　毒物劇物営業者は，提供した毒物，劇物の性状及び取扱いに関する情報の内容に変更を行う必要が生じたときは，30日以内に当該譲受人に対し，変更の情報を提供しなければならない。

E　毒物劇物営業者が，毒物，劇物の譲受人に対して提供しなければならない情報の内容には，応急措置，毒性に関する情報，輸送上の注意がある。

1．1つ　　　　2．2つ　　　　3．3つ

4．4つ　　　　5．5つ

 ヒント

提供した毒物，劇物の情報内容に変更が生じた場合は，速やかに変更するよう努力しなければなりません。⇒p.70参照

規定されているわけではありません。（ただし，確実な実行義務を規定するものではなく，そう努力するように定められた**努力義務規定**です。）

6.毒物及び劇物の廃棄，運搬等に対する規制

重要暗記ポイント

1．毒物，劇物の廃棄
- (a) **廃棄の方法**→中和，加水分解，酸化，還元，希釈。
- (b) **回収等の命令**→
  廃棄の方法が基準に適合しない場合，都道府県知事が命じる。

2．毒物，劇物の運搬
- (a) **容器と運搬の方法**
  - i. **運搬容器の基準が定められているもの**：四アルキル鉛を含む製剤，無機シアン化合物である毒物(液体)，フッ化水素又はこれを含有する製剤。
  - ii. **運搬方法**：積載の方法，車両の前後への掲示など。
- (b) **荷送人の通知義務**→
  1回につき1,000kgを超える場合は，荷送人が運送人へ書面を発行しなければならない。

3．事故時の措置
- (a) **飛散・漏出時**：保健所，消防署，警察署への速やかな連絡。
- (b) **盗難・紛失時**：直ちに警察に届け出る。

4．監督→
立ち入り検査，改善命令，変更命令，登録の取り消しなど。

6.1 毒物，劇物を廃棄するには？

合格への近道

中和　加水分解　酸化還元　希釈

毒

毒物，劇物又は毒物，劇物を含有し施行令で定めるもの(シアン廃液，酸・アルカリ含有廃液)は，**中和，加水分解，酸化，還元**(化学的変化)，**希釈**(物理的変化)，その他の方法で，**これらに該当しないものとして廃棄**しなければなりません。

ガス体，揮発性のもの

保健衛生上，危害を生じる恐れのない場所で少量ずつ揮発，放出させます。

可燃性のもの

保健衛生上危害を生じる恐れのない場所で少量ずつ燃焼させます。

上記の方法によっても処理できないもの

地下1m以上の深さで，地下水を汚染しない地中に埋めるか，海面に引き上げられたり浮き上がるおそれのない方法で海中に沈めます。

回収等の命令

都道府県知事等は，毒物劇物営業者，特定毒物研究者が行う廃棄の方法がこれらの基準に適合していない場合は，必要な措置をとるよう命じることができます。

覚えよう

中和，加水分解，酸化，還元(化学的変化)，希釈，揮発，燃焼(物理的変化)，埋め立て

覚えよう

廃棄処理義務の対象⇒
1) 全毒物，劇物
2) 施行令で定めるもの(P.55の「施行令で定めるもの」)

確認問題

次の記述のうち正しいものには〇，間違っているものには×をつけなさい。

問1．毒物，劇物又は毒物，劇物を含有し施行令で定めるものは，法に定める方法でこれらに該当しないものとして廃棄しなければならない。

問２．どんな毒物，劇物であっても一定濃度以下に希釈するだけで廃棄してよい。

問３．毒物，劇物のうち可燃性のものは，保健衛生上危害を生じる恐れのない場所で少量ずつ燃焼させて廃棄しなければならない。

問４．厚生労働大臣は，毒物劇物営業者，特定毒物研究者が行う廃棄の方法がこれらの基準に適合していない場合は，必要な措置をとるよう命じることができる。

✳ **正解と解説** ✳＊＊＊＊＊＊＊＊＊＊＊＊＊＊＊＊＊＊＊＊＊＊＊

問１○　正しいです。

問２✕　毒物，劇物を廃棄する場合は，希釈するのみではなく，中和，加水分解，酸化，還元などの化学的方法も用いて処理して，毒性を可能な限り低減させた状態で，廃棄しなければなりません。

問３○　正しいです。

問４✕　毒物劇物営業者，特定毒物研究者に対して，廃棄した毒物，劇物の回収命令は**都道府県知事，市長又は区長**が行います。

チャレンジ！発展問題

発展問題22　👀〜「非常によくでる！」

次の文章は毒物，劇物の廃棄方法に関する毒物及び劇物取締法施行令の一部である。（　）内にあてはまる適切な語句を選択肢から選びなさい。

1．（A），加水分解，酸化，還元，希釈，その他の方法により，毒物及び劇物ならびに法第11条第2項に規定する政令で定めるもののいずれにも該当しない物とすること。

2．(B)体又は(C)性の毒物又は劇物は，保健衛生上危害を生じるおそれがない場所で，少量ずつ放出し，又は(C)させること。

3．(D)性の毒物又は劇物は，保健衛生上危害を生ずるおそれがない場所で，少量ずつ燃焼させること。

4．前各号により難しい場合には，地下1メートル以上で，かつ，(E)を汚染するおそれがない地中に確実に

正解　A：3，B：6，C：5，D：8，E：9

解説

毒物，劇物の廃棄方法に関する規定は，毒物及び劇物ならびに法第11条第2項に規定する施行令（P.55の「施行令で定めるもの」で定めるものについて規定されています。特にガス体または揮発性の毒物，劇物，

埋め，海面上に引き上げられ，もしくは浮き上がるおそれがない方法で海水中に沈め，または保健衛生上危害を生ずるおそれがないその他の方法で処理すること。

可燃性の毒物，劇物，中和，加水分解，酸化，還元，希釈等によっては処理しがたい毒物，劇物については，それぞれ別途廃棄方法が決められています。

【語群】
1．電気分解　2．吸着　3．中和　4．吸湿
5．揮発　6．ガス　7．液　8．可燃　9．地下水
10．飲料水

ヒント ◆◇◆◇◆◇◆◇◆◇◆◇◆◇◆◇◆◇◆

　毒物劇物の廃棄方法には，中和，加水分解，酸化，還元（**化学的変化**），希釈，揮発，燃焼（**物理的変化**），埋め立てなどが定められています。⇒p.74参照

◆◇◆◇◆◇◆◇◆◇◆◇◆◇◆◇◆◇◆◇◆◇◆◇◆◇◆

ちょっと道草

　私たちが食べている食物の中にも自然由来の毒物が含まれている場合がありますが，古くからの知恵によってその毒をさけて食べる方法を見出してきました。ジャガイモの芽に含まれるソラニンやフグ毒の卵巣に含まれるテトロドキシンなどは調理時にその部位を除去することによって毒の影響を受けずに食材を味わうことができます。またワラビなどの山菜は重曹（炭酸水素ナトリウム）で煮てアク抜きをすることにより，一緒に含まれる発癌物質も除去することができます。

　また毒物とは関係ありませんが，食中毒を起こす細菌は加熱処理によって殺菌することができますが，食中毒菌が増殖する際に生成した毒素は加熱処理では無毒化できません。2000年に某乳業会社がおこした大規模食中毒事件の原因は，ここにありました。

6.2 <u>毒物，劇物を運搬するには？</u>

合格への近道

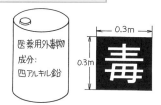

　毒物，劇物を運搬する際には施行令で定めるものには運搬容器の基準が定められ，積載方法など運搬の方法に関する基準も定められています。

運搬容器基準の対象

1） 四アルキル鉛を含有する製剤
2） 無機シアン化合物である毒物（液体状のもの）
3） 弗化水素又はこれを含有する製剤（70％以上含有するもの）

運搬方法の概要　（すべての毒物及び劇物が対象）

　以下のような項目が義務づけられています。
1） 容器，被包への収納と，ふた，弁による密閉
2） 容器，被包外部への名称及び成分の表示（**1回あたり1,000kg以上の運搬の場合**）
3） 落下，転倒防止の措置
4） 積載装置の長さ，幅を超えないよう積載する。

注意！

平成23年2月の改正によって四アルキル鉛の運搬でも従来のドラム缶以外に，自動車用アンチノック剤に限り国際海事機関が定める容器も使用可になりました。他については平成15年の改正によって同機関が定める容器が追加済みです。

黄りんなど施行令で定める23品目の運搬方法（5,000kg/回以上運搬する場合）

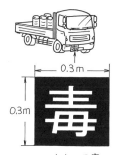

黒地に白文字で「毒」

覚えよう

1） 交替運転要員の同乗（一人当たり4時間を超えての連続運転，又は一人当たりの一日の運転時間が9時間を超えるの場合）。
2） **0.3ｍ平方の板に黒地に白色文字で「毒」と表示し**，車両の前後に掲げる。
3） **必要な保護具を2名分以上備える。**
4） 応急措置等の内容を記載した**書面を車両に設置する。**

荷送人の通知義務

覚えよう

　毒物劇物を**車両又は鉄道によって運搬する場合**で，運搬を他に委託し，**1回につき1,000kgを超える場合**は，荷送人は運送人に対し，あらかじめ，事故の際の応急措置等を記した**書面を交付**しなければなりません。

a) **書面の記載内容**：書面には，1）毒物，劇物の名称，2）成分，含量，数量，3）事故の際の応急措置を記載します。

b) **交付方法**：書面だけでなく，運送人が承諾する場合は電磁的方法も可能です。

確認問題

次の記述のうち正しいものには〇，間違っているものには✕をつけなさい。

問1．1回につき2,000 kg以上の毒物，劇物を運搬する場合，容器，被包の外部に名称及び成分の表示がなされていなければならない。

問2．黄りん，四アルキル鉛を含有する製剤など施行令で定める23品目の毒物，劇物を車両によって1回につき5,000 kg以上を運搬する場合は，0.3 m平方の板に黒地に白色文字で「危」と表示し，車両の前後に掲げなければならない。

問3．毒物，劇物を車両に積載する場合は，積載装置の長さ，幅を超えないようにしなければならない。

問4．1回につき1,000 kgを超える毒物劇物を車両又は鉄道によって委託運搬する場合，荷送人は運送人に対してあらかじめ，毒物，劇物の名称，成分，含量，数量などを記した書面を交付しなければならない。

＊　正解と解説　＊＊＊＊＊＊＊＊＊＊＊＊＊＊＊＊＊＊＊＊＊＊＊＊

問1✕　1回につき**1,000kg以上**の毒物，劇物を運搬する場合は容器，被包の外部に名称及び成分の表示がなされていなければなりません。

問2✕　施行令で定める毒物，劇物を車両によって1回につき**5,000 kg以上**運搬する場合は，車両の前後に0.3 m平方の板に黒地に白色文字で

「毒」と表示しなければなりません。

問３〇　正しい文章です。

問４〇　正しいです。

チャレンジ！発展問題

発展問題23　よくでるヨ

運送会社が60％硫酸6,000kgを１台のタンクローリー車で運搬する場合の記述として正しいものを選びなさい。

1．運搬距離が300km未満だったので，一人で連続して６時間運転した。

2．0.3m平方の板に地を黒色，文字を白色として「毒」と表示して車両の前面の見やすい箇所に表示した。

3．連続して５時間運転したが，同乗者と運転を交代しなかった。

4．車両に保護衣，保護長靴，防毒マスクを二人分備えた。

ヒント

黄りんなど施行令で定める23品目に対しては，**一人当たり連続４時間を超えるまたは９時間/日を超える運転時間**の場合，交代運転要員の同乗が必要です。⇒p.77参照

正解 4

解説

設問１：運搬距離によって一人当たりの連続運転時間が制限されることはありません。

設問２：「毒」の表示は車両の前面だけではなく，**前後の見やすい箇所**に表示しなければなりません。

設問３：**連続運転時間が４時間を超える場合**は，運転の交代要員を同乗させて運転を交代する必要があります。

設問４：正しい文章です。

発展問題24　非常によくでる！

次の毒物，劇物の運搬に関する文章のうち，空欄に入る最も適切な語句を語群から選びなさい。

１回の運搬につき(A)kgを超える毒物，劇物を車両で運搬する場合で，当該運搬を他に委託するときは，その荷送人は運送人に対して，あらかじめ当該毒物，劇物の名称，成分及びその(B)並びに数量並びに事故の際に講じな

正解 A：1，B：5，C：7

解説

１回の運搬につき1,000kgを超える毒物，劇物を車両

ければならない(C)の内容を記載した書面を交付しなければならない。

【語群】
1．1,000　2．2,000　3．5,000　4．用途　5．含量
6．毒性に関する情報　7．応急の措置　8．連絡体制
9．廃棄上の注意

ヒント

　1回の運搬につき1,000 kgを超える毒物，劇物を車両で運搬する場合には，荷送人には通知義務があります。⇒p.78参照

で運搬する場合で，当該運搬を他に委託するとき，荷送人は運送人に対し，あらかじめ1）毒物，劇物の名称，2）成分，**含量**，数量，3）事故の際の**応急措置**を記した書面を交付しなければなりません。

ちょっと道草

　毒物が体内に入ってきたときの対処方法は，第3編でも勉強しますが，1）毒をすみやかに対外に排出させる，2）解毒剤（無毒化する物質）を投与する，3）症状を抑える化合物を投与する，などの方法があります。フグ毒のように食品中の毒を摂取してしまった場合は，まずは吐き出させることが第一で，猛毒であっても口から摂取した場合には吐き出すことによって救命率はかなり高くなります。ただし，意識を失ってしまっている場合などの人工呼吸などにおいては，介護者が口移しに毒物を摂取しないように気をつけないといけません。

6.3 もし，事故が発生したら？

合格への近道

毒物劇物営業者及び特定毒物研究者は，取り扱う毒物，劇物または施行令に定めるもの(シアン廃液，酸・アルカリ廃液)が飛散，漏出，盗難，紛失した場合は，直ちに関係機関に届け出るとともに，保健衛生上の危害を防止するための措置を講じなければなりません。

飛散，漏出時

　直ちに保健所，警察署または消防署のいずれかに届け出るとともに，危害防止のための応急措置を講じること。

盗難，紛失時の届出

　直ちに警察署に届け出ること。

覚えよう

飛散，漏出⇒保健所，警察，消防のいずれかへ。
盗難，紛失⇒警察署へ届出

確認問題 ●●●●●●●●●●●●●●●●●●●●●●●●●●●●●

　次の記述のうち正しいものには○，間違っているものには✕をつけなさい。
問1．毒物劇物営業者及び特定毒物研究者は，取り扱う毒物，劇物または施行令に定めるシアン廃液，酸・アルカリ廃液が飛散，漏出，盗難，紛失した場合は，直ちに保健所，警察署，消防署のいずれかに届け出なければならない。
問2．毒物，劇物が飛散，漏出した場合は，かならず保健所に届け出るとともに，危害の防止のための応急措置を講じなければならない。
問3．毒物，劇物を盗難，紛失した場合は，直ちに警察に届け出なければならない。

＊ **正解と解説** ＊＊＊＊＊＊＊＊＊＊＊＊＊＊＊＊＊＊＊＊＊＊＊

問1✕　毒物，劇物が盗難，紛失した場合は警察署へ届け出ます。
問2✕　毒物，劇物が飛散，漏出した場合は，直ちに保健所，警察署または消防署のいずれかに届け出た上で，危害防止のための応急措置を講じるこ

とが義務付けられています。

問3○ 正しいです。

チャレンジ！発展問題

発展問題25 〜 非常によくでる！

次の文章は毒物，劇物の取扱における事故時の措置に関する記述です。次のA〜Dに入る語句の正しい組み合わせを下欄から選びなさい。

毒物劇物営業者は，その取扱に係る毒物，劇物又は第11条第2項に規定する施行令で定める物が飛散し，漏れ，流れ出，しみ出，または地下にしみ込んだ場合において，不特定又は多数の者について（A）上の危害が生ずるおそれがあるときは，直ちにその旨を（B），（C）又は（D）に届け出るとともに，（A）上の危害を防止するために必要な応急措置を講じなければならない。

	A	B	C	D
1	保健衛生	保健所	警察署	消防署
2	保健衛生	都道府県知事	市役所	警察署
3	環境衛生	都道府県知事	警察署	消防署
4	環境衛生	保健所	市役所	消防署
5	環境衛生	保健所	市役所	警察署

🐙 ヒント ◇◇◇◇◇◇◇◇◇◇◇◇◇◇◇◇◇◇◇◇◇◇◇◇

事故が発生したときの届出先：**飛散，漏出**のときは保健所，警察，消防の**いずれか**へ，**盗難，紛失**の場合は警察署へ届出。⇒p.81参照

◇◇◇◇◇◇◇◇◇◇◇◇◇◇◇◇◇◇◇◇◇◇◇◇◇◇◇◇◇◇◇◇◇◇

正解 1

解説

毒物劇物営業者は，毒物，劇物の飛散，漏出等によって不特定又は多数の者に対して，**保健衛生上の危害**が生ずるおそれがあるときは，**保健所，警察署，消防署**のいずれかに速やかに届け出ると共に，**保健衛生上の危害を防止**するための応急措置を講じなければなりません。

附表：毒劇法の必須事項のまとめ

　最後にこの法令で出てきた重要事項をまとめておきましたので，暗記すると
きの整理に役立ててください。

全般

項目	まとめ
法の目的	毒物，劇物について保健衛生上の見地から必要な取締りを行う。
用語の定義	毒物，劇物，特定毒物
営業者の登録	製造業，輸入業 ⇒5年ごとに都道府県知事に申請
	販売業(一般販売業，農業用品目販売業，特定品目販売業)，販売品目の制限⇒都道府県知事，市長又は区長へ6年ごとに申請
許可	特定毒物研究者・・・都道府県知事が許可
禁止及び制限	1)特定毒物の製造，輸入，使用，譲り渡し，譲受，所持の禁止。
	2)興奮，幻覚，麻酔の作用を有する毒物，劇物(これらを含有するものを含む)として施行令で定めるものの摂取，吸収，所持の禁止。
	3)引火性，発火性，爆発性のある毒物，劇物として施行令で定める物の不法所持の禁止。
	4)毒物，規則で定める劇物の，通常飲食物の容器として使用される容器の使用禁止⇒すべての毒物，劇物
毒物劇物取扱責任者	毒物劇物営業者，施行令で定める事業(業務上取扱者)であって，施行令で定める毒物，劇物を直接取り扱う事業所ごとに設置。
取扱者の業務	1)毒物，劇物の取り扱い 2)毒物，劇物の容器，被包の表示(開封販売時の記載事項を含む) 3)毒物，劇物の貯蔵，陳列場所の表示
	4)毒物，劇物の譲渡手続き(毒物劇物営業者間と営業者以外の者) ⇒書面保管(5年間)
	5)毒物，劇物の交付制限
	6)引火性，発火性，爆発性のある毒物，劇物の交付時の確認及び帳簿記載⇒書面保管(5年間)
	7)特定の用途に供される毒物，劇物の販売等

（前表の続き）

項目	まとめ
廃棄	毒物，劇物又は施行令で定める毒物，劇物を含有するものの廃棄基準及び廃棄方法
運搬等	1）毒物，劇物の運搬等の技術上の基準，2）荷送人の通知義務
事故時の措置	1）毒物，劇物の盗難，紛失時の措置 2）毒物，劇物の飛散，流出時の措置
情報の提供	1）毒物劇物営業者が販売，授与時に行う。 2）情報提供の方法，3）提供する情報の内容

届出			
	1）毒物劇物営業者	・氏名又は住所変更	都道府県知事（製造業，輸入業），都道府県知事，市長又は区長（販売業）に**30日以内**に届出
		・製造，貯蔵，運搬設備の重要部分の変更	
		・名称の変更	
		・製造所，営業所，店舗の廃止	
		・取扱責任者の設置，変更	
	2）特定毒物研究者	・氏名又は住所変更	都道府県知事に**30日以内**に届出
		・研究所の廃止	
	3）業務上取扱者	シアン化ナトリウム又は施行令で定める毒物，劇物を業務上取り扱うとき	都道府県知事，取り扱うこととなった日から**30日以内**に届出
	4）毒物劇物営業者，特定毒物研究者，業務上取扱者	毒物，劇物の盗難，紛失	警察署に**直ちに**届出
		毒物，劇物の飛散，漏出，流出	保健所，警察署，又は消防。**直ちに**届出
	5）毒物劇物営業者，特定毒物研究者，特定毒物使用者	登録，許可の失効，又は特定毒物使用者でなくなったとき特定毒物を所持する場合	都道府県知事（製造業，輸入業），都道府県知事，市長又は区長（販売業），研究者，使用者は知事へ，**15日以内**に特定毒物の品名と数量を届出

暗記すべき数字　※日数は期間ごとに短いものから順に記載

件名または内容	数字
・毒物劇物営業者，特定毒物研究者，特定毒物使用者でなくなったとき，現在所有する特定毒物の品名と数量	15日以内に届出
・毒物劇物取扱責任者の設置，変更 ・氏名，住所（名称，所在地）の変更 ・毒物，劇物の製造，貯蔵，運搬など重要な設備の変更 ・製造所，営業所，店舗の名称の変更 ・毒物，劇物の営業の廃止	30日以内に届出
・特定毒物研究者の氏名，住所の変更 ・特定毒物研究者の廃止	
・業務上取扱者としての業務開始	
・上記の者が上記の届出をしなければならなくなった日から他の営業者にその品物を譲渡するとき	50日以内に譲渡
・毒物劇物営業者の登録更新手続きの期日	失効日の1ヶ月前まで
・毒物劇物営業者の登録取り消し処分後の登録復権期間 ・特定毒物研究者資格の取り消し処分後の登録復権期間	2年を経過していること
・特定毒物研究者資格の犯罪による取り消し処分後の復権期間 ・毒物劇物取扱責任者資格の犯罪による取り消し処分後の復権期間	3年を経過していること
・毒物劇物営業者の登録更新期間	5年ごと（製造，輸入），6年ごと（販売）
・譲渡書類の保存年数 ・交付者の住所，氏名の確認帳簿の保存年数	5年間
・毒物劇物取扱責任者の欠格事由（年齢） ・毒物劇物交付制限年齢	18歳未満
・運送時に荷送人の通知義務を要する毒物劇物の数量	1回につき1,000 kgを**超える**数量
・運搬方法の規定	5,000 kg**以上**／回
・運送業における業務上取扱者の届出義務	最大積載量5,000 kg以上

基礎化学

─合格への第 2 ステップ！─

出題パターン把握で楽々制覇！

　毒物劇物取扱者試験を受験される方の中には，高校までしか化学を勉強していないという方がほとんどと思いますが，出題の中心は高校の化学で習う内容ですので，高校のときの化学の授業をよく思い出していただければ決して難しい内容ではありません。試験では以下のような内容が中心となりますので，類義語の意味の違いや計算パターンなどをよく整理しておきましょう。

1．穴埋め問題，正誤の選択などによる化学の基本用語の説明
2．化学式関連の問題
　　元素記号と化学式，有機化合物の官能基
3．化学反応関連問題
　　中和反応と pH，酸化還元反応，反応式を完成させる問題
4．計算問題
　　モル，各種濃度計算，化学反応(中和)，反応熱
では，頑張りましょう。

第1章

1

物質の成り立ち

学習の道しるべ

　まずは，化学という学問の基本である「物質」の概念について勉強しておきましょう。化学は物質の性質や成り立ち，変化の仕組みを調べる学問です。私たちの身の回りにあるあらゆる「物体」は「物質」で構成されています。「物質」は，「単体」や「化合物」の単一成分や混合物として成り立ち，物体の特性はそれらを構成する単体や化合物の性質によって決まります。

　本章では物質の構成と化学式などの記載方法，気体・溶液などの基本的性質について勉強し，化学反応について勉強します。

1.「物質」を理解しよう！

重要暗記ポイント

1. **物質の分類**
   (a) **純物質**→どの部分をとっても同じ比率で成分が存在し，同じ性質を有する物質。
   (b) **混合物**→二種類以上の物質が混ざっているもの。（例：空気，海水，石油など）
   (c) **単体**→単一の元素でできている物質。（例：金，銀，酸素など）
   (d) **元素**→物質を構成する基本的な成分。
   (e) **化合物**→二種類以上の元素からできている物質。（例：水，食塩，塩酸など）

2. **物質の変化**
   (a) **物理変化**→物質がその特有の性質を変えない変化。
   (b) **化学変化**→物質がその特有の性質を変える変化。

3. **物質の状態変化**
   (a) **物質の三態**→「固体」「液体」「気体」
      「物質の状態変化」：温度，圧力などにより物質の状態が変化すること。（融解，凝固，蒸発，凝縮，昇華）
   (b) **沸騰**→液体内部から激しく蒸発が起こる現象。
   (c) **潮解**→固体が空気中から水分を吸収してこれに溶ける現象。
   (d) **風解**→結晶水を含む固体が空気中で結晶水の一部又は全部を失う現象。

化学の基本は『物質』を理解すること…

1.1　物質とは，どんなものか？

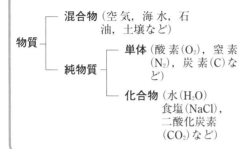

合格への近道

物質 ─ 混合物（空気，海水，石油，土壌など）

純物質 ─ 単体（酸素(O_2)，窒素(N_2)，炭素(C)など）

化合物（水(H_2O）食塩(NaCl)，二酸化炭素(CO_2)など）

私たちの身の回りに存在し，空間の一部を占有していて，私たちの感覚でその存在を知ることができるものを「**物体**」といい，物体を構成する実質，材料を「**物質**」といいます。

物質は「**単体**」や「**化合物**」の単一成分（「**純物質**」）や混合物として構成されています。

純物質

どの部分をとっても**同じ比率で成分が存在**し，同じ性質を有する物質で，二つ以上の成分に分ける（分離する）ことができない，**単一成分**であるものをいいます。

混合物

純物質に対応する対義語で，二種類以上の物質が混ざっており，**何種類かの純物質に分けることができる**ものをいいます。例）空気(O_2，N_2など），海水(NaCl，H_2Oなど)，石油（種々の炭化水素の混合物）など。

単体と元素

a) **単体**：単一の元素でできている物質で，これ以上，他の物質に分ける（分解する）ことができないものをいいます。

例）酸素(O_2)，窒素(N_2)，黒鉛(C)，ダイヤモンド(C)など。

b) **同素体**：同じ元素からできている単体で性質が異なるものをいいます。例）酸素とオゾン(O_2とO_3），ダイヤモンドと黒鉛など。

覚えよう

純物質⇒均一に成分が存在し，同じ性質を有する。

覚えよう

混合物⇒何種類かの純物質に分けることができるもの。

注意！

「**単体**」と「**元素**」の意味の違いに注意！

c) **元素**：物質を構成する基本的な成分で，元素の種類は**元素記号**で表します。例）酸素(O)，窒素(N)，金(Au)，炭素(C)など。

化合物

単体に対応する対義語で，**二種類以上の元素からできて**いて，他の物質に分解することができるものをいいます。
例）水(H_2O)，食塩(NaCl)，二酸化炭素(CO_2)など。

確認問題 ●●●●●●●●●●●●●●●●●●●●●●●●●●●●●●●●●●●

次の記述のうち正しいものには○，間違っているものには×をつけなさい。

問1．単体とは，単一の元素でできている物質で，これ以上他の物質に分解することができないものをいう。

問2．混合物とは，二種類以上の元素からできていて，他の物質に分解することができるものをいう。

問3．化合物とは，二種類以上の物質が混ざっており，何種類かの純物質に分けることができるものをいう。

問4．「水は酸素と水素からなる」といった場合の「酸素」や「水素」は元素をさしている。

問5．ダイヤモンドは化合物である。

＊ **正解と解説** ＊＊＊＊＊＊＊＊＊＊＊＊＊＊＊＊＊＊＊＊＊＊＊＊＊

問1○　正しいです。

問2×　これは「化合物」を定義する文章です。混合物は，**二種類以上の物質**が混ざっており，何種類かの純物質に分離することができるものをいいます。

問3×　化合物は**二種類以上の元素**からできていて，他の物質に分解することができるものをいいます。

問4○　正しい文章です。

問5×　ダイヤモンドは元素記号Cであらわされ，これ以上**他の物質に分解することができない**物質ですので，**単体**です。

チャレンジ！発展問題

発展問題26　よくでるヨ

次の文章のうち正しいものはいくつあるか。下から選びなさい。

A　水は純物質であり，混合物ではない。
B　水は酸素と水素の化合物である
C　食塩はナトリウム，塩素という元素からなる。
D　食塩はナトリウムと塩素の混合物である。

1．なし　　　　2．1つ　　　　3．2つ
4．3つ　　　　5．4つ

ヒント

純物質はどの部分をとっても同じ比率で成分が存在し，同じ性質を有する物質，混合物は二種類以上の物質が混ざっており，何種類かの純物質に分けることができるものをいいます。

正解 4

解説

A，B：水は酸素と水素からなる化合物であり，純物質であって，混合物ではありません。C，D：食塩はナトリウム，塩素という元素からなる純物質で，混合物ではありません。

第2編

基礎化学

単体は酸素・水素など単一元素でできている物質のこと！

単体

化合物は二種類以上の元素でできている物質です

化合物

1.2 物質の変化って何？

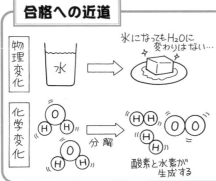

物質の変化は**物理変化**と**化学変化**に分けることができます。物理変化は化学反応を伴わず，**物質の特有の性質を変えない変化**をいい，化学変化は化学反応を伴い，物質がその特有の性質を変える変化をいいます。

物理変化

　化学反応を伴わず，物質の特有の性質を変えない変化をいいます（水が凍る，蒸発するなどの**形状や体積のみの変化**）。

化学変化

　化学反応を伴い，物質の特有の性質を変える変化をいいます（**化合，分解，燃焼，中和，酸化，還元**など）。

　　水の生成（化合）　　　　$2\,H_2 + O_2 \rightarrow 2\,H_2O$
　　木炭の燃焼　　　　　　$C + O_2 \rightarrow CO_2$
　　鉄さびの生成（酸化）　$4\,Fe + 3\,O_2 \rightarrow 2\,Fe_2O_3$

分離と分解

a) **分離**：混合物から**物理的方法により**物質を分けること（泥水をろ過して砂と水に分けたり，土をふるいにかけて土の中の石を取り除いたりすることなど）。

b) **分解**：化合物を**化学的方法により**全く異なる二つの物質に分けること（水の電気分解など）。

　　水の電気分解　　　　　　$2\,H_2O \rightarrow 2\,H_2 + O_2$

注意！
水が凍って氷になったり，蒸発して水蒸気になっても，化合物 H_2O としての性質は変化していません。

覚えよう
物理変化：形状や体積のみの変化
化学変化：物質の性質を変える変化

注意！
水の電気分解は上記例の「水の生成」と全く逆の反応です。

確認問題

次の記述のうち正しいものには○，間違っているものには×をつけなさい。
問1．化学反応を伴わず，物質の特有の性質を変えない変化を物理変化という。
問2．氷が融けて水になるのは化学変化である。
問3．混合物はふるいにかけたり，ろ過したりすることによって分離できる。
問4．水を電気分解すると水素と酸素が発生する。

＊　正解と解説　＊＊＊＊＊＊＊＊＊＊＊＊＊＊＊＊＊＊＊＊＊＊＊

問1○　正しいです。
問2×　氷が融けて水になる変化は，変化の前後で H_2O であることには変わりありませんから，物理変化です。
問3○　正しいです。
問4○　正しいです。

チャレンジ！発展問題

発展問題27

次のうち化学変化でないものを一つ選びなさい。
1．氷が水になる。　　2．木炭が燃焼する。
3．鉄がさびる。　　　4．水を電気分解する。

 ヒント ＊＊＊＊＊＊＊＊＊＊＊＊＊＊＊＊＊＊＊＊

化学変化は化学反応を伴い，物質の特性をかえる変化をいいます。

◆◇◆◇◆◇◆◇◆◇◆◇◆◇◆◇◆◇◆◇◆◇◆◇◆◇◆◇◆◇

正解 1
解説
設問1は化学反応を伴わないので，化学変化とはいえません。よって設問1が誤りです。

1.3 物質の状態変化とは？

合格への近道

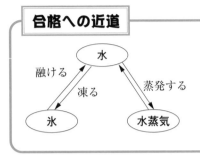

　物質は温度の変化によって液体，固体，気体に変化します。液体，固体，気体を**物質の三態**，温度，圧力などにより物質の状態が変化することを**物質の状態変化**といいます。

状態変化と温度

a) **融解**：**固体が液体になる現象**をいい，固体が融解するときの温度を**融点**といいます。

b) **凝固**：**液体が固体になる現象**をいい，液体が凝固するときの温度を**凝固点**といいます。融点と凝固点は同じ状態変化に対応した温度なので，同じ温度になります。

c) **蒸発（気化）**：**液体がその表面から気体になる現象**をいいます。

d) **凝縮（液化）**：**気体が液体になる現象**をいいます。

e) **昇華**：**固体が液体を経ず直接気体になったり，気体が直接固体になる現象**をいいます。

> **覚えよう**
> 融点，凝固点⇒物質により一定の温度。（ただし，圧力などの条件が異なると温度も異なってきます）

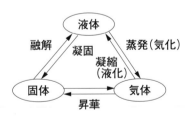

状態変化	名称	温度の名称
固体→液体	融解	融点
液体→固体	凝固	凝固点
液体→気体	蒸発（気化）	－
気体→液体	凝縮（液化）	－
固体→気体	昇華	－
気体→固体	昇華	－

沸騰と沸点

　液体の表面からだけでなく，**液体の内部からも激しく蒸発が起こる現象を沸騰**といい，**沸騰を起こす温度を沸点**といいます。ただし，沸点は気圧に左右されやすく，気圧が

> **覚えよう**
> 沸点も同一条件下では物質ごとにより一定の温度です。

低くなると沸点も低くなります。

潮解と風解

a) 潮解：固体が**空気中の水分を吸収してこれに溶ける現象**をいいます。例）塩化カルシウム（$CaCl_2$），水酸化ナトリウム（$NaOH$），水酸化カリウム（KOH）など。

b) 風解：結晶水を含む固体（結晶）が**空気中で結晶水の一部または全部を失う現象**をいいます。例）硫酸銅（$CuSO_4 \cdot 5\,H_2O$），炭酸ナトリウム（$Na_2CO_3 \cdot 10\,H_2O$），しゅう酸（$H_2CO_2 \cdot 2\,H_2O$）など

比重

　物質の質量とそれと同体積の標準物質の質量との比を**比重**といいます。標準物質は固体，液体の場合は**4℃における水**，気体の場合は**0℃，1気圧における空気**が用いられます。

> **覚えよう**
> 潮解：空気中の水分を吸収して溶ける現象。
> 風解：固体中の結晶水を失う現象。

第2編

基礎化学

確認問題

　次の記述のうち正しいものには○，間違っているものには×をつけなさい。

問1．融解は液体が固体になる現象をいいます。

問2．凝縮とは気体が液体になる現象をいいます。

問3．昇華とは固体が液体を経ず直接気体になったり，気体が直接固体になる現象をいう。

問4．蒸発と沸騰は同様の現象である。

問5．水酸化ナトリウムは風解しやすい。

正解と解説

問1× 　液体が固体になる現象は「凝固」といいます。

問2○ 　正しいです。

問3○ 　正しいです。

問4× 　「蒸発」とは**液体の表面から液体が気化する現象**で，「沸騰」は**液体の内部からも激しく気化が起こる現象**をいいます。

問5× 　水酸化ナトリウムや水酸化カリウムは潮解性の物質で，風解はしません。

チャレンジ！発展問題

発展問題28　非常によくでる！

次の文章の空欄に適切な語句を下の語群から選び，その記号を記入しなさい。

A　固体の物質が直接気体に変化することを（　　）という。

B　物質が空気中の水分を吸収して自然に溶けていくことを（　　）という。

C　液体の物質が気体に変化することを（　　）という。

D　結晶水をもっている化合物が空気中で水を失いもろくなることを（　　）という。

E　物質の質量とこれと同体積の標準物質の質量の比を（　　）という。

【語群】
1．酸化　2．比重　3．凝固　4．昇華　5．中和
6．風解　7．潮解　8．飽和　9．液化　10．気化

ヒント ◆◆◆◆◆◆◆◆◆◆◆◆◆◆◆◆◆◆◆◆◆◆◆◆◆

状態変化に関する用語，物質の性質に関する用語に分類して整理しておきましょう。

◆◆◆◆◆◆◆◆◆◆◆◆◆◆◆◆◆◆◆◆◆◆◆◆◆◆◆◆◆◆◆◆

正解　A：4，B：7，C：10，D：6，E：2

解説

A〜Eの文章はいずれも物質の状態変化と性質に関する用語です。各用語とも毒物劇物取扱責任者試験では空欄の穴埋め問題などでよく出題される内容です。用語とその意味，他の用語との違いなどよく整理しておきましょう。

発展問題29 🐌 よくでるヨ

次の物質の三態の変化に関する図のア〜オの全てが正しい組み合わせを選びなさい。

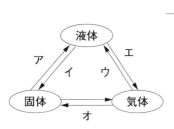

	ア	イ	ウ	エ	オ
1	潮解	凝固	液化	蒸発	昇華
2	融解	析出	凝縮	昇華	気化
3	潮解	析出	凝縮	昇華	気化
4	融解	凝固	凝縮	蒸発	昇華
5	風解	析出	液化	昇華	気化

🐙 ヒント ◆◆◆◆◆◆◆◆◆◆◆◆◆◆◆◆◆◆◆

図（96ページ）を使って物質の三態と用語の関係を覚えましょう。

正解 4

解説

液体→気体の変化は**蒸発**又は**気化**，気体→液体の変化は**凝縮**又は**液化**といい，それぞれ二通りの言い方があります。また**昇華**は固体→気体，気体→固体のどちらの場合もいいますので注意が必要です。

第2編

基礎化学

発展問題30 🐌 非常によくでる！

次のA〜Dの現象を表す化学用語の組み合わせとして正しいものを選びなさい。

A 金属が錆びる現象は（　）である。

B 結晶体が空気中で水分を失って粉末状になる現象は（　）という。

C 固体が空気中の水分を吸収して溶解する現象は（　）である。

	A	B	C
1	加水分解	潮解	溶解
2	還元	酸化	風解
3	酸化	風解	潮解
4	風解	崩壊	融解

🐙 ヒント ◆◆◆◆◆◆◆◆◆◆◆◆◆◆◆◆◆◆◆

「さびること」，「結晶水を失うこと」，「空気中の水分で溶解すること」を性質を現す別の言葉に置き換えるとどうなるでしょうか。

◆◆◆◆◆◆◆◆◆◆◆◆◆◆◆◆◆◆◆◆◆◆◆◆◆◆◆◆◆◆◆◆

正解 3

解説

金属が錆びる反応（鉄錆びの生成など）は，木炭の燃焼のように発光と発熱を伴った激しい反応ではなく，金属の表面において**空気中の酸素と徐々に反応して酸化物を生成する酸化反応**です。このほかの現象も間違えないように整理しておきましょう。

2.物質を構成する粒子

重要暗記ポイント

1．物質の構成単位

(a) **原子**→物質の基本的構成単位となる粒子で，**原子核**と**電子**からなる。原子＝原子核＋電子

(b) **分子**→原子の集合体で，物質の化学的性質を有する最小粒子。

(c) **イオン**→原子や分子から**電子が放出**されたり，**電子を取り込んで**電気的に正負に帯電したもの。

(d) **電子殻**→電子が原子核の周囲を運動しているときに形成している層。原子核に近いほうから「**K殻，L殻，M殻，N殻・・・**」。

2．化学結合と化学式

(a) **化学結合**→**共有結合，イオン結合，金属結合，分子間力**
結合力の強さ：共有結合＞イオン結合＞金属結合＞分子間力

(b) **化学式の種類**→組成式，分子式，構造式，示性式，イオン式

3．モルと原子量・分子量

(a) **モル**→**6.02×10²³**個の分子，原子，イオンの集まりを**1モル**という。

(b) **原子量**→炭素原子1個の質量を12としたときの元素の相対的な質量。

(c) **分子量**→分子を構成する元素の原子量の総和。

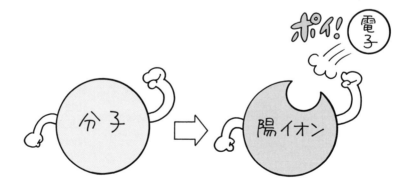

2.1　物質は何からできている？

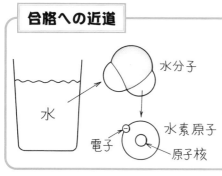

合格への近道

水分子
水
電子
水素原子
原子核

　私たちの身の回りにある物質はすべて**分子**，**原子**という微細な粒子で構成されています。物質の性質を知るには，まずこれらの微細な粒子の性質を知る必要があります。本節ではまず最初に原子，分子の性質について勉強しましょう。

原子

a) **原子**：正の電荷を有する**原子核**と負の電荷を有し，原子核の周囲を回転運動する**電子**から構成されます。

b) **原子核**：正の電荷を有する**陽子**と電気的に中性である（電荷をもたない）**中性子**からなり，陽子の数と電子の数は等しく，原子全体では電気的に中性を保っています。

覚えよう

原子＝原子核（＝陽子＋中性子）＋電子

元素記号の表示方法

例)ヘリウム
質量数 →4
原子番号 →2 **He**
　　　　陽子
電子→ ●　●中性子
原子核

図2.1　元素記号の書き方

覚えよう

　陽子の数と中性子の数を合わせたものを**質量数**，陽子（または電子）の数を**原子番号**といい，原子番号は元素ごとに異なります。
　質量数＝（陽子の数）＋（中性子の数）
　原子番号＝陽子の数（＝電子殻の電子の数）
原子番号が同じでも質量数が異なるものを**同位体**といい，天然にはごくわずかずつしか存在しません。

分子

　原子の集合体で，**物質の化学的性質を有する最小粒子を**いいます。例)酸素分子 O_2，水素分子 H_2，水分子 H_2O など。

イオン

　原子や分子から**電子が放出**されたり，**電子を取り込んで**電気的に正または負に帯電したものをいいます。

電子殻

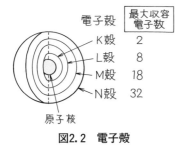

電子殻	最大収容電子数
K殻	2
L殻	8
M殻	18
N殻	32

原子核

図2.2　電子殻

> 😀 **覚えよう**
>
> 　原子中の電子は原子核の周囲に何層かに分かれて回転していると考えられ，この層を**電子殻**といいます。電子殻には**原子核に近いほうから順に電子が収容**されていきますが，各電子核への電子の収容可能な数は決まっています。

電子配置

　原子の各電子殻への電子の収容数を**電子配置**といいます。原子の電子配置は，原子番号1である水素原子 H からはじまって原子核に最も近い**K殻**から順番に収容されていきます。

価電子

　最も外殻の電子殻に収容されている電子で，他原子との化学結合や化学反応に関与するものを**価電子**といい，**価電子の数が同じ元素は性質が似通っています。**（He，Ne などの**希ガスの価電子数は0**として扱います。）

> 😀 **覚えよう**
>
> 元素の性質は，原子の価電子の数に左右されます。

周期表

　元素を原子番号順に並べたものを元素の**周期表**といいます。

確認問題 ....

　次の記述のうち正しいものには〇，間違っているものには✕をつけなさい。

　問1．原子は原子核とその周囲を回転運動する中性子からなる。

問２．質量数は原子核中の陽子の数と中性子の数を合わせたものである。

問３．原子番号は原子核中の中性子の数と等しい。

問４．電子は原子核の周囲を電子殻といういくつかの層に分かれて回転運動し，原子核に近い電子殻から順に電子が収容されていく。

問５．化学結合や化学反応に関与する最外電子殻の電子を価電子という。

＊ **正解と解説** ＊＊＊＊＊＊＊＊＊＊＊＊＊＊＊＊＊＊＊＊＊＊＊＊＊＊＊

問１× 　原子は正の電荷を有する**原子核**と，負の電荷を有し，原子核の周囲を回転運動している**電子**からなります。

問２○ 　正しいです。

問３× 　原子番号は原子核中の**陽子の数**を表しています。また**中性の原子は原子核中の陽子の数と電子の数は等しい**ので，原子番号は電子の数も表しています。

問４○ 　正しいです。

問５○ 　正しいです。

チャレンジ！発展問題

発展問題31　　非常によくでる！

次の文章の(　)内にあてはまる語句の正しい組み合わせを一つ選びなさい。

「原子は中心に正の電荷をもつ(A)と，その周囲に負の電荷をもつ(B)からなり，さらに(A)は正の電荷をもつ(C)と電荷をもたない(D)からなっている。」

	A	B	C	D
1	原子核	中性子	分子	陽子
2	陽子	電子	イオン	分子
3	原子核	電子	陽子	中性子
4	陽子	中性子	原子核	電子

ヒント ◇◆◇◆◇◆◇◆◇◆◇◆◇◆◇◆◇◆◇

原子は正の電荷をもつ**原子核**と負の電荷をもつ**電子**からできており，電子は原子核の正の電荷によって引力を受け

正解 3

解説

中性子は電気的に中性ですが，正の電荷をもつ陽子をくっつける**接着剤のような役割**をしていると覚えておきましょう。

第2編

基礎化学

ながら，原子核の周囲を回転運動しています。また，原子核は正の電荷をもつ**陽子**と電荷をもたない**中性子**からなっています。

発展問題32 〔よくでるヨ〕

次の文章のうち正しいものを一つ選びなさい。
1．原子核中の陽子の数を質量数という。
2．原子核中の中性子の数と原子核の周囲を運動する電子の数は等しい。
3．最外殻の電子を価電子といい，化学結合や化学反応に関与する。
4．質量数が同じで原子番号が異なるものを同位体という。

ヒント

　原子核中の陽子の数と原子核の周囲を運動する電子の数は等しく，その数を**原子番号**といい，元素に特有の数値です。**質量数**は原子番号と原子核中の中性子の数をあわせたものをいいます。**同位体**は原子番号が等しく，質量数が異なるもの（**陽子**または**電子**の数が同じで，**中性子**の数が異なる元素）をいいます。

正解 3
解説
価電子は原子の最外殻の電子で，化学結合や化学反応に関与しますので，価電子数が同じ原子は性質も似通っています。

発展問題33 〔時々出るヨ〕

次のうち，中性子の数が等しいものの組み合わせを選びなさい。
1．$^{12}_{6}C$ と $^{13}_{6}C$　　2．$^{19}_{9}F$ と $^{20}_{10}Ne$
3．$^{40}_{18}Ar$ と $^{56}_{26}Fe$　　4．$^{40}_{19}K$ と $^{40}_{20}Ca$

ヒント

同位体を区別するときの元素記号の書き方は「$^{質量数}_{原子番号}M$」

正解 2
解説
よって左上の質量数から左下の原子番号を差し引くとその原子の中性子の数が求まります。中性子の数が

です。

等しいのは${}^{19}_{9}$F と
${}^{20}_{10}$Ne の組み合わせ
です。

◆◇◆◇◆◇◆◇◆◇◆◇◆◇◆◇◆◇◆◇◆◇◆◇◆◇◆◇

ちょっと道草

　「毒物」といえば，やはりマイナスのイメージがつきまといますが，自然界に分布する毒草の中には毒性を示さない少量だけを用いることによって薬となるものがあります。たとえば，実際の保険金殺人事件にも使われたことのあるトリカブトの根は，多量に用いると酩酊，不整脈，呼吸麻痺などの毒性があります。しかし少量の場合は，強心，利尿，鎮痛などの作用があるため，「ブシ」または「ウズ」という生薬として少量が漢方薬に配合されています。また，古くは江戸時代に華岡青洲が完成させた全身麻酔薬「通仙散」にも「ウズ」が配合されていましたが，主薬はチョウセンアサガオ（曼陀羅華）の葉でした。チョウセンアサガオの葉にはアルカロイドという有毒成分が含まれ，副交感神経の興奮を著しく妨げる作用がありますが，少量であれば胃痛，腹痛などを抑える効果があります。花岡青洲はこの麻酔薬を妻と実母に対して人体実験を行うことにより完成させましたが，その副作用によって妻は失明，実母は命を落としてしまいました。その様子は有吉佐和子による小説「華岡青洲の妻」に描かれています。

第2編

基礎化学

2.2 化学式はどうやって書くのか？

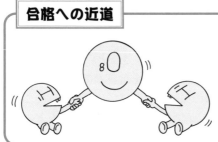

合格への近道

　原子間または分子間に働く結合，引力を**化学結合**といいます。また元素記号を組み合わせて分子を表す記載方法を**化学式**といいます。この項目では化学結合と化学式について勉強します。

共有結合

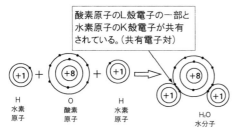

酸素原子のL殻電子の一部と水素原子のK殻電子が共有されている。（共有電子対）

H 水素 原子　O 酸素 原子　H 水素 原子　H_2O 水分子

図2.3　共有結合

覚えよう

　原子の価電子の一部を共有すること（電子対の共有）により結合します。共有結合でできた物質を**分子性物質（分子結晶）**［例］H_2O，よう素など］または**共有結合性物質（共有結合結晶）**［例）ダイヤモンドなど］といいます。

イオン結合

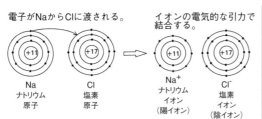

電子がNaからClに渡される。　イオンの電気的な引力で結合する。

Na ナトリウム 原子　Cl 塩素 原子　Na⁺ ナトリウム イオン （陽イオン）　Cl⁻ 塩素 イオン （陰イオン）

図2.4　イオン結合

覚えよう

　陽イオンと**陰イオン**が**電気的引力**により結合します。イオン結合でできた物質を**イオン結合性物質（イオン結合結晶）**といいます。例）NaCl，KF（ふっ化カリウム），KCN（シアン化カリウム）など。

金属結合

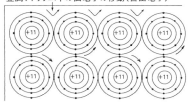

金属ナトリウム中の価電子の移動（自由電子）

図2.5　金属結合

第2編

基礎化学

😀 **覚えよう**

　金属原子が結合することにより重なり合った電子殻を伝わって，各金属原子の**価電子が自由に移動できる状態**にあります。この電子を**自由電子**といい，このため金属は熱や電気をよく通します。例）Fe（鉄），Cu（銅），Na（ナトリウム）など。

分子間力

　分子と分子の間に働く引力で，一般に固体や液体は気体に比べて分子間力が大きく働きます。

😀 **覚えよう**

結合力の強さ共有結合＞イオン結合＞金属結合＞分子間力

結合力の強さ

　化学結合の結合力の強さは**共有結合＞イオン結合＞金属結合＞分子間力**です。

化学式の表し方

	組成式	分子式	構造式
水	H_2O	H_2O	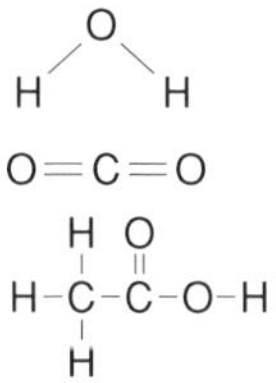
二酸化炭素	CO_2	CO_2	$O=C=O$
酢酸	CH_2O	$C_2H_4O_2$	

図2.6　化学式

😀 **覚えよう**

　化学式は，化学結合してできた物質の組成を元素記号で表したもので，**組成式，分子式，構造式，示性式**などがあります。その分子の化学結合の種類によって化学式を区別して使用します。

a)　**組成式**：物質の割合を最も簡単な割合で表した式で，イオン結合性物質は組成式で表します。例）NaCl（塩化ナトリウム）などの無機塩類。

b)　**分子式**：単体または化合物の実際の組成（原子の個数）を表す式で，組成式の整数倍に当たります。例）H_2O_2（過酸化水素），C_6H_6（ベンゼン）など。

c) 構造式：

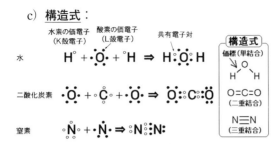

図2.7　構造式の書き方

d) 示性式：原子および原子団を組み合わせて示した式
　　で，化合物の特徴を表しています。例)CH_3COOH(酢
　　酸)，C_2H_5OH(エタノール)など。

確認問題

次の記述のうち正しいものには○，間違っているものには×をつけなさい。

問1．共有結合は陽イオンと陰イオンの電気的な引力により結合する。

問2．二重結合は2個の電子を共有することにより形成される。

問3．分子に働く結合力の強さの順は共有結合＞イオン結合＞金属結合＞分子間力である。

問4．ダイヤモンドは金属結合によって結晶を形成している。

問5．塩化ナトリウム，硫酸カリウムなどのイオン結合性物質の化学式は構造式を用いて表す。

問6．エタノールを分子式で表すと C_2H_6O となり，示性式では C_2H_5OH となる。

＊ **正解と解説** ＊＊＊＊＊＊＊＊＊＊＊＊＊＊＊＊＊＊＊＊＊＊＊＊

問1×　共有結合は，**価電子の一部を共有する**(2個1組の電子対を共有する)ことによって形成する結合で，イオン間の電気的な引力によって結合するのはイオン結合です。

問2×　二重結合は2個1組の電子対の2対を共有することにより形成されます。

問3○　正しいです。

問4×　ダイヤモンドは炭素原子間で共有結合している**共有結合性結晶**で，金属結合はしていません。（電気や熱はほとんど通しません）

問5✕　イオン結合をしている物質は通常，組成式で表します。
問6◯　正しいです。

チャレンジ！発展問題

発展問題34　　よくでるヨ

次の文章の正誤の組み合わせのうち正しいものはどれ
か。

A　共有結合は原子間で価電子の一部を共有し合うこと
により形成される。

B　金属結合は金属イオン間の電気的な引力によって形
成される。

C　一般にイオン結合結晶の物質の化学式は構造式を使
って表示する。

D　示性式は1対の共有電子対を価標といわれる1本の
線で表す表示方法である。

	A	B	C	D
1	正	誤	誤	誤
2	誤	正	正	誤
3	正	誤	正	正
4	誤	正	誤	誤

ヒント　◆◇◆◇◆◇◆◇◆◇◆◇◆◇◆◇◆◇◆

共有結合は価電子の共有による結合，金属結合は金属原
子の最外殻の軌道の重なりによって結合します。組成式は
イオン結合結晶の化学式に用いられ，構造式は有機化合物
の化学式に用いられます。

◆◇◆◇◆◇◆◇◆◇◆◇◆◇◆◇◆◇◆◇◆◇◆◇◆

正解 1

解説

設問A：正しいで
す。

設問B：金属結合
は金属原子の最外
殻の一部が重なり
合うことにより各
原子の価電子が自
由に動き回れる状
態にある化学結合
です。

設問C：イオン結
合結晶は組成式を
使って表示されま
す。

設問D：構造式の
表示方法です。

第2編

基礎化学

2.3 化学の難所「モル」，でも意外に簡単！

合格への近道

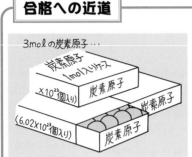

化学の世界では6.02×10²³個の原子や分子の集まりを**モル**(記号：mol)という単位で表します。質量数12の炭素原子の1モル分(炭素原子6.02×10²³個分)の質量を**12 g**としたときの元素1モルの相対質量を**原子量**，分子を構成する元素の原子量の総和を**分子量**といいます。

モル

　6.02×10²³個の原子，分子やイオンなどの粒子の集まり一つを**1モル**(1 mol)といいます。二つあれば**2モル**(2 mol)と表現します。またこの6.02×10²³という定数を**アボガドロ数**といいます。

原子量

　質量数12の炭素原子1モル分の質量(≒重さ)を12 gとしたときの他の原子の相対質量を原子量といい，<u>原子量に重さの単位「g」をつければ，その原子1モル分の質量(重さ)を表す</u>ことになります。主な元素の原子量は以下のようになります。

覚えよう
アボガドロ数
＝6.02×10²³

補足
実際の炭素の原子量は質量数12と13の炭素原子の存在比から12×0.9890＋13.00×0.0110＝12.011と計算できます。

表2.1主な原子の原子量

元　素	元素記号	原子量	元　素	元素記号	原子量
水　素	₁H	1.0079	硫　黄	₁₆S	32.065
炭　素	₆C	12.011	カリウム	₁₉K	39.0983
窒　素	₇N	14.0067	鉄	₂₆Fe	55.845
酸　素	₈O	15.9994	臭　素	₃₅Br	79.904

分子量

　分子を構成する元素の原子量の総和を分子量といいます。

分子量の計算例：硫酸鉛 $PbSO_4$ の分子量を求めます。ただし原子量を $O=16$，$S=32$，$Pb=207$ とします。

　　硫酸鉛の分子量

　　　　　$=$（鉛の原子量）$+$（硫黄の原子量）

　　　　　　　　　　　$+$（酸素の原子量）$\times 4$

　　　$=207+32+16\times 4=303$

モルの計算例　五塩化りん PCl_5 の $0.5\,mol$ は何 g に相当するかを計算します。ただし，$P=31$，$Cl=35.5$ とします。

　　五塩化りんの重さ（g）

　　　　　$=$（五塩化りんの分子量）$\times$（モル数（mol））

　　　　　$=(31+35.5\times 5)\times 0.5$

　　　　　$=104.25$（g）

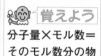

覚えよう

分子を構成する元素の原子量の総和
＝分子量

これも「g」をつければその**分子1モル分の質量（重さ）**になります。

覚えよう

分子量×モル数＝そのモル数分の物質の重さ（g）

第2編

基礎化学

確認問題 •••••••••••••••••••••••

　次の記述のうち正しいものには○，間違っているものには×をつけなさい。

問1．質量数12の炭素12 g 中には 6.02×10^{23} 個の炭素原子が含まれる。

問2．6.02×10^{23} をアボガドロ数という。

問3．酸素分子0.2モルは 1.204×10^{24} 個の酸素分子に相当する。

問4．原子量は質量数16の酸素原子の質量を16としたときの他の元素の相対質量である。

問5．エタノール C_2H_5OH の分子量は46である。ただし $C-12$，$O-16$，$H=1$ とする。

問6．塩化ナトリウム $NaCl$ の $0.01\,mol$ は2.925 g に相当する。ただし，$Na=23$，$Cl=35.5$ とする。

＊ 正解と解説 ＊＊＊＊＊＊＊＊＊＊＊＊＊＊＊＊＊＊＊＊＊＊

問1○　正しいです。

問2○　正しいです。

問3×　1モルは 6.02×10^{23} 個の粒子の集まりなので，0.2モルは $6.02\times 10^{23}\times$

0.2＝1.204×10²³個に相当します。

問 4 ✕　原子量は**質量数12の炭素原子の質量を12としたときの相対質量**です。

問 5 ○　12×2＋1×6＋16＝46で正しいです。

問 6 ✕　NaCl の分子量は23＋35.5＝58.5なので，1モルだと58.5 g に相当します。よって0.01モルは58.5 g×0.01＝0.585 g に相当します。

チャレンジ！発展問題

発展問題35　🕐 時々出るヨ

以下の各設問に対し答えを各選択肢から一つ選びなさい。

問 A　シアン化カリウム KCN の分子量はいくらですか。ただし，C＝12，N＝14，K＝39とします。
1．53　2．60　3．77　4．65

問 B　ふっ化カリウム KF の0.58 g は何モルに相当しますか。ただし，F＝19，K＝39とします。
1．0.2　2．0.01　3．0.1　4．0.05

問 C　メタノール CH_3OH の6.4 g 中に含まれるメタノール分子の個数に最も近いものはどれですか。ただし，C＝12，H＝1，O＝16とします。
1．$6.02×10^{23}$　　2．$1.20×10^{22}$
3．$1.20×10^{23}$　　4．$3.01×10^{23}$

ヒント　◆◆◆◆◆◆◆◆◆◆◆◆◆◆◆◆

問 A：分子量は**原子量の総和**です。問 B：分子量は1 molあたりの質量なので，重さを分子量で割ればモル数が得られます。問 C：1 mol は$6.02×10^{23}$個の粒子の集まりなので，まずモル数を求め，$6.02×10^{23}$を掛けます。

◆◆◆◆◆◆◆◆◆◆◆◆◆◆◆◆◆◆◆◆◆◆◆◆◆

正解 問 A：4，
問 B：2，
問 C：3

解説

問 A：39＋12＋14＝65と計算できます。

問 B：ヒントより0.58 g／（39＋19）＝0.01 molとなります。

問 C：分子，原子の数(個)＝モル数×$6.02×10^{23}$なので，(6.4 g／(12＋4＋16))×($6.02×10^{23}$)＝$1.204×10^{23}$個。

3. 気体と溶液の性質

重要暗記ポイント

1．気体の性質

(a) **アボガドロの法則**→どんな気体でも同温，同圧，同体積中には同数の分子を含む。1 mol の気体は 0 ℃，1気圧(atm)で22.4 ℓ を占める。

(b) **ボイル・シャルルの法則**→一定量の気体の体積は，圧力に反比例し，絶対温度に比例する。

2．溶液の性質

(a) **溶液の定義**

ⅰ．**溶解**→ある物質(溶質)が他の物質(溶媒)と混和して均一な状態になる現象。

ⅱ．**溶液**→「溶解」によってできた均一な液体。

ⅲ．**溶解度**→溶媒100 g 中に溶けることができる溶質の g 数。

(b) **濃度の表示方法**

ⅰ．**重量百分率**(% 又は w/w %)→溶液100 g 中の溶質の g 数。

ⅱ．**容量百分率**(v/v %)→溶液100 ml 中の溶質の ml 数。

ⅲ．**モル濃度**(mol/ℓ)→溶液 1 ℓ 中の溶質のモル数。

(c) **コロイド溶液**：コロイド粒子(10^{-7}～10^{-5}cm)が溶媒に分散した溶液。

ⅰ．**親水コロイド**→親水性のコロイド。(でんぷんなど)

ⅱ．**疎水コロイド**→親水性の低いコロイド。(塩化銀など)

ⅲ．**凝析**→疎水コロイドへの少量の電解質の添加によって粒子が沈降する現象。

ⅳ．**塩析**→親水コロイドへの多量の電解質の添加によって粒子が沈降する現象。

3.1 気体の性質

合格への近道

　1 mol の気体は 0 ℃，1 気圧(atm)で22.4 ℓ を占めることがわかっており，これを**アボガドロの法則**といいます。毒劇物取扱責任者試験では気体の性質に関する用語の説明以外にも，体積に関する計算問題もよく出題されますので注意が必要です。

アボガドロの法則

　「どんな気体でも同温，同圧，同体積中には同数の分子を含む。」という法則で，1 mol の気体は 0 ℃，1 気圧(atm)で22.4 ℓ を占めることがわかっています。また 0 ℃，1 atm の温度，圧力の条件を**標準状態**といいます。

ボイル・シャルルの法則

　「一定量の気体の体積は，圧力に反比例し，絶対温度に比例する。」という法則。ここで，絶対温度は $T = 273 + t$（t はセ氏温度（℃））で表されます。

気体反応の法則

　気体と気体が化学反応して気体が生成するとき，各気体の体積の間には**同温，同圧**で簡単な**整数比**が成り立ちます。

> **覚えよう**
> アボガドロの法則
> ⇒「どんな気体でも同温，同圧，同体積中には同数の分子を含む。」（混合気体でも成立します。）

> **覚えよう**
> 標準状態⇒0 ℃，1atmの温度，圧力の条件

確認問題 ・・・

　次の記述のうち正しいものには○，間違っているものには×をつけなさい。

　問1．純粋な気体の場合は同温，同圧，同体積中には同数の分子を含むが，混合気体の場合にはこの法則は成り立たない。

　問2．20℃，1 atm の温度の条件を標準状態という。

　問3．標準状態において，0.5 mol の気体の体積は11.2 ℓ になります。

問４．一定量の気体の体積は，圧力に反比例し，絶対温度に比例する。

＊ **正解と解説** ＊＊＊＊＊＊＊＊＊＊＊＊＊＊＊＊＊＊＊＊＊＊＊＊＊＊

問１× 　**アボガドロの法則**では，純粋な気体でも混合気体でも同温，同圧，同体積中には同数の分子を含むということが成り立ちます。

問２× 　**標準状態**とは０℃，１atm の温度，圧力の条件をいいます。

問３○ 　正しいです。

問４○ 　正しいです。

第2編

基礎化学

チャレンジ！発展問題

発展問題36 🐙 **時々出るヨ**

　次の文章の空欄にあてはまる語句の組み合わせで正しいものを一つ選びなさい。

　「気体の体積は(A)に反比例し，(B)に比例する。この法則を(C)の法則という。」

	A	B	C
1	圧力	絶対温度	ボイル・シャルル
2	絶対温度	圧力	アボガドロ
3	質量	濃度	ヘンリー
4	濃度	質量	倍数比例

🐙 **ヒント** ◆◆◆◆◆◆◆◆◆◆◆◆◆◆◆◆◆◆◆◆◆◆◆

　ボイル・シャルルの法則は，ボイルの法則(気体の体積は圧力に反比例する)とシャルルの法則(気体の体積は温度に比例する)の２つの法則をあわせたものです。

◆◆◆◆◆◆◆◆◆◆◆◆◆◆◆◆◆◆◆◆◆◆◆◆◆◆◆◆◆◆

正解 1

解説
ボイル・シャルルの法則は「気体の体積は圧力に反比例し，絶対温度に比例する。」という法則です。

発展問題37 🐌 **非常によくでる！**

　標準状態で，ある気体5.6ℓの質量を測ったところ11ｇであった。この気体の分子量に最も近いものを一つ選びなさい。

正解 4

解説
標準状態で5.6ℓ

1. 11   2. 22   3. 33   4. 44

 ヒント ◆◆◆◆◆◆◆◆◆◆◆◆◆◆◆◆◆◆◆◆◆◆◆◆◆◆◆◆

1 mol の気体は種類に関係なく，標準状態で22.4ℓを占めるので，気体のモル数＝$\dfrac{体積（ℓ）}{22.4（ℓ）}$でモル数を求めることができます。

◆◆◆◆◆◆◆◆◆◆◆◆◆◆◆◆◆◆◆◆◆◆◆◆◆◆◆◆◆◆◆◆◆

の気体は5.6÷22.4＝0.25（mol）に相当します。したがって，分子量は 11（g）÷ 0.25（mol）＝44となります。

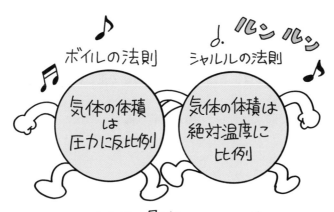

♪ ボイルの法則   ♪ ルンルン シャルルの法則 ♪

気体の体積は圧力に反比例

気体の体積は絶対温度に比例

二人あわせて『ボイルシャルルの法則』といいます…。

3.2　溶液の性質と濃度の計算方法

第2編

基礎化学

合格への近道

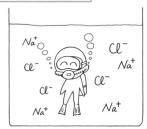

　ある物質(溶質)が他の物質(溶媒)と混和して均一になった状態を**溶液**といい，溶質の溶媒への溶けやすさは**溶解度**で表します。**溶液中の溶質の割合を濃度**といい，**重量百分率，容量百分率，モル濃度**などの表示方法があります。

溶液

a)　**溶解**：ある物質(溶質)が他の物質(溶媒)と**混和して均一な状態になる現象**をいいます。

b)　**溶質**：溶液において**溶けている物質**。

c)　**溶媒**：溶液において**溶かしている物質**で，溶媒が水の場合を**水溶液**といいます。

d)　**飽和溶液**：溶質が溶媒に**限度まで溶けた溶液**をいいます。

覚えよう

溶質⇒溶けている物質，溶媒⇒溶かしている物質(液体)

溶解度

　溶質が**溶媒に溶けうる限度**を意味しており，飽和溶液の%濃度で表すこともありますが，溶質によって以下のように異なります。

・**固体の溶解度**：溶媒100 g 中に溶けることができる溶質の g 数で表します。一般に，**温度が高いほど溶解度は高く**なります。

・**気体の溶解度**：気体の溶解度は**ヘンリーの法則**に従うので，溶媒に接しているその気体の圧力が 1 atm のときの，**1 ml の溶媒に溶けている気体の体積を標準状態の体積に換算した値**で示します。

補足

温度による溶解度の差を利用して物質を精製する操作を**再結晶**といいます。

覚えよう

「気体の溶解度はその気体の圧力に比例する。」(ヘンリーの法則)

濃度の表示方法

a) **重量百分率**(%または w/w%)：**溶液100 g 中の溶質のg数。**

b) **容量百分率**(v/v%)：**溶液100 ml 中の溶質の ml 数。**

c) **百万分率**(ppm)：**溶液を**1,000,000**としたときの溶質の量**で，通常**溶液1 kg**（1 ℓ）**中の溶質の mg 数で表します。**

d) **モル濃度**(mol/ℓ)：**溶液 1 ℓ 中の溶質のモル数。**

覚えよう

重量百分率＝
$$\frac{溶質(g)}{溶液(g)} \times 100$$

容量百分率＝
$$\frac{溶質(ml)}{溶液(ml)} \times 100$$

濃度の計算例

例1） 10%の砂糖水200 g をつくる。⇒水180 g に対して砂糖20 g を溶解して全体を200 g にする。

$$\frac{20(g)}{180(g) + 20(g)} \times 100 = 10(\%)$$

例2） 70 v/v%のエタノール水溶液300 ml をつくる。⇒エタノール210 ml に水を加えて全量を300 ml にすればよい。

$$\frac{210(ml)}{300(ml)} \times 100 = 70(v/v\%)$$

注意！

エタノール70 ml と 水30 ml を混和しても全量100 ml にはなりません。（P.123の「ちょっと道草」参照）

コロイド溶液

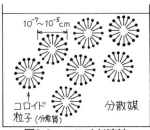

コロイド粒子(分散質)　分散媒

図2.8　コロイド溶液

覚えよう

a) **親水コロイド**：コロイド粒子が親水基(−OH など)をもち，水中に分散するとその表面に多くの水分子を吸着しているコロイド。例)でんぷん，石鹸など。

b) **疎水コロイド**：親水基をもたず，**表面に吸着している水分子が少ないコロイド。**例)塩化銀，水酸化鉄など。

コロイドの性質

a) **チンダル現象**：コロイド溶液に側面から強い光を当てると光の通路が見える現象。

覚えよう

凝析＝疎水コロイド＋少量の電解質

b) <u>ブラウン運動</u>：コロイド粒子の不規則運動。

c) <u>凝析</u>：疎水コロイド溶液に**少量の電解質**を入れると
コロイドが沈降する現象。

d) <u>塩析</u>：親水コロイド溶液に**多量の電解質**を入れると
コロイドが沈降する現象。

e) <u>電気泳動</u>：電圧をかけるとコロイド粒子が電荷と反
対の電極に集まる現象。

> 塩析＝親水コロイ
> ド＋多量の電解質

確認問題 ・・・・・・・・・・・・・・・・・・・・・・・・・・・・・・・・・

第2編

基礎化学

次の記述のうち正しいものには〇，間違っているものには✕をつけなさい。

問１．固体の溶解度は溶媒100 g 中に溶けることができる溶質の g 数で表わ
される。

問２．20 v/v％エタノール溶液の100 ml には10 ml のエタノールが含まれ
る。

問３．水酸化カリウム KOH の1.4 g を水に溶かして全量を500 ml にする
と，0.05 mol/ℓ になる。ただし，O＝16，H＝1，K＝39とする。

問４．500 ppm を百分率に換算すると0.5％になる。

問５．凝析は疎水コロイドに少量の電解質を添加したときに沈降する現象で
ある。

問６．塩析は疎水コロイドに多量の電解質を添加したときに沈降する現象で
ある。

＊ 正解と解説 ＊＊＊＊＊＊＊＊＊＊＊＊＊＊＊＊＊＊＊＊＊＊＊＊＊＊＊

問1〇　正しいです。

問2✕　全量100 ml のうちの20 v/v％なので,100×0.2＝20(ml)になります。

問3〇　モル濃度＝(溶質のモル数)÷(溶液の体積)なので，(1.4÷56)÷0.5＝
0.05(mol/ℓ)

問4✕　1 ppm＝0.0001％の関係があるので0.0001×500＝0.05(％)になりま
す。

問5〇　正しいです。

問6✕　塩析は**親水コロイド**に多量の電解質を添加した際に沈降する現象をい
います。

チャレンジ！発展問題

発展問題38　よくでるヨ

次の文章のうち正しいものを一つ選びなさい。

1．一定の溶媒に溶ける気体の体積は，一定温度であれば圧力に関係なく一定である。

2．一定の溶媒に溶ける気体の体積は，一定温度であれば圧力に比例する。

3．一定の溶媒に溶ける気体の体積は，一定温度であれば圧力に反比例する。

4．一定の溶媒に溶ける気体の体積は，一定温度であれば圧力が1 atm のとき最も溶けにくく，圧力が低いときや高いときは溶けやすい。

ヒント

ヘンリーの法則は「気体の溶解度は気体の圧力に比例する。」

正解 2

解説
一定温度下では，一定の溶媒に溶ける気体の体積は，圧力に比例します。これを**ヘンリーの法則**といいます。

発展問題39　よくでるヨ

硝酸カリウムを60℃の水200 g に飽和させ，10℃まで冷やしたとき，何 g の硝酸カリウムの固体が析出するか。最も近いものを一つ選びなさい。ただし，硝酸カリウムの溶解度は60℃で110，10℃で22とする。

1．88 g　2．132 g　3．176 g　4．264 g

ヒント

60℃の水200 g に飽和させたときの含まれる溶質の量は220 g，この飽和溶液を10℃まで冷やすと44 g しか溶けなくなります。

正解 3

解説
温度を下げると溶解度の差に相当する量の溶質が固体として析出するので，220 − 44 = 176 (g)が析出することになります。

発展問題40　😊🐌 非常によくてる！

　0.1 mol／ℓのしゅう酸(H₂C₂O₄・2H₂O)溶液250 ml をつくるには何gのしゅう酸が必要か。最も近いものを一つ選びなさい。ただし，H=1，C=12，O=16とします。
　　1．2.25 g　　2．3.15 g　　3．12.6 g　　4．22.5 g

😊 ヒント ◆◆◆◆◆◆◆◆◆◆◆◆◆◆◆◆◆◆

　H₂C₂O₄・2H₂O の分子量は $1 \times 2 + 12 \times 2 + 16 \times 4 + 2 \times (1 \times 2 + 16) = 126$。モル濃度＝溶質のモル数÷溶液の体積で求まります。

◆◆◆◆◆◆◆◆◆◆◆◆◆◆◆◆◆◆◆◆◆◆◆◆

正解 2
解説
$0.1\,(\text{mol}/\ell) \times 0.25\,(\ell) \times 126 = 3.15\,(\text{g})$ となります。

第2編

基礎化学

発展問題41　😊🐌 よくてるヨ

　85 v/v％エタノール100 ml と55 v/v％エタノール200 ml を混合すると濃度は何 v/v％になるか。最も近いものを一つ選びなさい。ただし，混合による体積変化はないものとします。
　　1．65 v/v％　　2．70 v/v％　　3．60 v/v％　　4．75 v/v％

😊 ヒント ◆◆◆◆◆◆◆◆◆◆◆◆◆◆◆◆

　85 v/v％エタノール100 ml 中のエタノールは85 ml，55 v/v％エタノール200 ml 中のエタノールは110 ml なので，混合液中のエタノールは合計85＋110＝195(ml)になります。

◆◆◆◆◆◆◆◆◆◆◆◆◆◆◆◆◆◆◆◆◆◆

正解 1
解説
混合による体積変化はないので，混合後は100＋200＝全量300 ml になります。よって，$(195 \div 300) \times 100 = 65(\text{v/v}％)$ となります。

発展問題42　😊🐌 よくてるヨ

　次の文章の空欄にあてはまる語句の組み合わせで正しいものを一つ選びなさい。
　「疎水コロイドは(A)をもっていないため，その表面に吸着している水分子は(B)，少量の電解質の添加によって

正解 4
解説
疎水コロイドは親水性が低いため，

コロイドが沈降する。この現象を（C）という。」

	A	B	C
1	疎水基	少なく	凝析
2	親水基	多く	透析
3	官能基	多く	塩析
4	親水基	少なく	凝析

ヒント

　疎水コロイドに少量の電解質を添加して沈降する現象を**凝析**といいます。

発展問題43　　**時々出るヨ**

　次のコロイドに関する文章のうち正しいものを一つ選びなさい。

　1．硫黄や水酸化鉄などの無機質コロイドに多いものを，親水コロイドという。

　2．少量の電解質でコロイドが沈殿するのを塩析という。

　3．コロイド溶液に直流電流を通じた場合には電気泳動が起こる。

　4．限外顕微鏡でコロイド溶液を観察すると，粒子が不規則に振動しているのが観察される。これをチンダル現象という。

ヒント

　コロイドの性質に関する用語です。再度よく確認しておきましょう。

吸着している水分子は少なく，少量の電解質の添加によって表面電荷が**中和されて沈降**します。この現象を**凝析**といいます。よって正しい組み合わせは4です。

正解 3

解説
設問1：無機質コロイドは一般に**疎水コロイド**です。設問2：少量の電解質でコロイドが沈殿する現象を**凝析**といいます。設問4：コロイド粒子の不規則運動は**ブラウン運動**といいます。よって正しいのは設問3です。

「親水コロイド」はその表面に多くの水分子が吸着している。

「疎水コロイド」は表面に吸着している水分子が少ない。

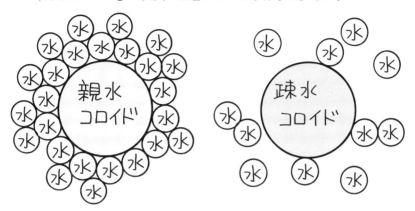

第2編

基礎化学

🐄〰️👑👑👑ちょっと道草👑👑👑🐄

「液体同士を混合したときの体積変化について」

　液体，例えば1ℓずつの水を混合すると体積は2ℓになります。しかし，1ℓの水と1ℓのエタノールを混ぜても混合液の体積は2ℓよりもわずかに少なくなります。これはなぜでしょうか。その理由は分子の大きさとかさ高さにあります。

　エタノールと水を混ぜるとそれぞれの分子が混ざり合い，均一な液体となります。ところが，エタノールなどのアルコールなどの分子は，水分子に比べて非常に大きく，かさ高い形をしていますので，両者を混合するとアルコール分子の隙間に水分子が入り込んでしまいます。その分だけ体積の増加は少なくなってしまいます。例えば，いくつかのバレーボールが入った大きなカゴに同じ体積だけのピンポン玉を入れると，ピンポン玉の一部はバレーボールの隙間に入り込みます。このバレーボールがエタノール分子，ピンポン玉が水分子に相当します。

　よって p.118の濃度の計算例のように，液体同士を混ぜ合わせて濃度が容量（体積）百分率で表された液体をつくる場合は，溶質である液体の一定量に溶媒となる液体を加えて一定体積にします。すなわち，10 v/v％のエタノール水溶液を200 mlつくるには20 mlのエタノールに水を加えて体積を200 mlにします。

化学反応

学習の道しるべ

　いよいよ化学の真骨頂，化学反応の基礎について勉強します。

　ここでは中和反応，酸化還元反応を中心に勉強しますが，そのためには化学反応式は欠かせません。化学反応式の書き方にもルールがありますので，まずはその書き方について勉強します。化学反応式というと難しく思われるかもしれませんが，基本的な考え方は数学の数式と変わらないと思っていただいてかまいません。

　その後，化学反応に伴うエネルギーの計算や pH，イオン化傾向などについても勉強します。

1. 化学反応の基礎をマスターしよう！

重要暗記ポイント

1．化学反応式の書き方と計算

(a) **化学反応式**→矢印をはさんで**反応する物質（反応物）**，**生成する物質（生成物）**とその分子の数を表し，**化学反応式の係数の比は物質量の比**になる。

(b) **化学反応式の書き方**→矢印をはさんで**左辺に反応物**，**右辺に生成物**を書き，**左辺と右辺の原子数が等しくなるように係数をつける**。

2．化学反応における基本法則

(a) **質量保存の法則**→化学反応の前後で質量の総和は変化しない。

(b) **定比例の法則**→同一化合物では生成条件が異なっても，その成分元素の質量比は一定である。

(c) **化学反応の分類**→化合，分解，置換，複分解，その他（中和，酸化還元，加水分解など）。

3．化学反応のエネルギー

(a) **反応熱の種類**→燃焼熱，生成熱，中和熱など。

(b) **熱化学方程式**→化学反応式の右辺に反応熱の量を書き加えて反応前後の全エネルギーが等しいことを表すために，矢印を等号（＝）に書き換えたものを**熱化学方程式**という。

(c) **ヘスの法則**→反応熱の大きさは反応の始めの状態と終わりの状態によって決まり，反応の経路にはよらない。

化学反応式と熱化学方程式の違いに注意しよう！

1.1 化学反応式の書き方と計算

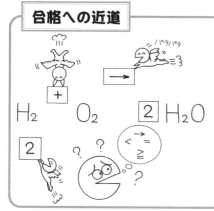

合格への近道

　化学反応式は化学反応を化学式を使って**数式化したもの**で，これをもとに生成物の質量や体積を計算で求めることができます。化学反応式を書くには**化学法則にのっとった一定のルールに基づいて記載する必要があります**が，数式としての基本的な考え方は数学と変わりはありません。

第2編

基礎化学

化学反応式

　化学反応を化学式を使って数式化したもの。

化学反応式の書き方

- **手順1）**：右向きの矢印（→）をはさんで，**左辺に反応する物質（反応物），右辺に生成する物質（生成物）**を化学式で書きます。

　　（反応物1）＋（反応物2）＋…
　　　　　　→（生成物1）＋（生成物2）＋…

- **手順2）**：左辺と右辺の原子数が等しくなるように，化学式の前に係数をつけます（係数1は省略）。

覚えよう

化学反応式：
左辺に反応物，右辺に生成物を原子数が等しくなるように記載。

$$2H_2 \quad + \quad O_2 \quad \longrightarrow \quad 2H_2O$$

図2.9　水の生成反応の化学反応式

注意！

　物質は原子の状態では安定に存在できないので，必ず分子式または示性式で表します。また係数は通常は整数で表します。

悪い例：　　$H_2 + O \rightarrow H_2O$

　　　　　　$H_2 + \frac{1}{2}O_2 \rightarrow H_2O$

化学反応式の係数

　化学反応式の係数の比は**物質量(モル)の比**，気体の場合は**同温同圧での体積比**を表します。

化学反応式を用いた計算例

　化学反応の前後では反応物の重量の合計と生成物の重量の合計は変わらない(**質量保存の法則**といいます)ので，化学反応式を用いて反応物の物質量から生成物の質量や体積を計算することができます。

　例) 0.02 g の水素ガスを完全に燃焼させて生成する水蒸気は何 mol か。ただし，H＝1，O＝16とする。

　　　この化学反応式は$2H_2 + O_2 \rightarrow 2H_2O$なので，2つの水素分子が反応して2つの水(蒸気)分子（2 molの水素ならば2molの水蒸気)が生成します。よって0.02gの水素は，

　　　　　$0.02 / 2 = 0.01 \,(mol)$

なので，水蒸気も0.01 mol 生成します。

化学反応の分類

化学反応はいくつかのパターンに分類できます。

a) **化合**(A＋B→C)：成分元素の単体から化合物をつくる反応。

b) **分解**：化合と反対の方向へ反応が進行するような化学反応。

c) **置換**(A＋BC→AC＋B)：化合物の一つの成分元素が他の元素と置き換えられた形式をもつ反応。

d) **複分解**(AB＋CD→AC＋BD)：二種類の物質が反応するとき，互いにその元素を交換して新たな二種の物質を生ずる反応。

補足
化学反応式における係数の比は，反応に関与する分子の数の比を表しますから，結果的に**物質量(モル)の比**や同温同圧での体積比を表します。

覚えよう
化学反応のパターン⇒化合，分解，置換，複分解

確認問題

次の記述のうち正しいものには〇，間違っているものには×をつけなさい。

問1．化学反応式では，左向きの矢印をはさんで右辺に反応物を，左辺に生成物を書く。

問２．化学反応式では，左辺と右辺の各元素の原子数は等しい。

問３．化学反応式の係数の比は左右の元素数の比を表している。

問４．0.12 g の木炭が不完全燃焼すると標準状態（0 ℃，1 atm）で2.24 ℓ の一酸化炭素が発生する。

問５．化合と分解は相反する向きの反応である。

＊ 正解と解説 ＊＊＊＊＊＊＊＊＊＊＊＊＊＊＊＊＊＊＊＊＊＊＊＊＊

問１ ✕ 　化学反応式は，**右向きの矢印をはさんで左辺に反応物**を，**右辺に生成物**を書きます。

問２ ○ 　正しいです。

問３ ✕ 　化学反応式の係数の比は物質量の比を表しています。

問４ ✕ 　木炭が不完全燃焼して一酸化炭素を発生する化学反応式は$2C + O_2 \rightarrow 2CO$ ですので，一酸化炭素は炭素と同じモル数だけ発生しますから，アボガドロの法則から，

$$\frac{0.12}{12} \times 22.4 = 0.224\,(\ell)$$

となります。

問５ ○ 　正しいです。

第2編

基礎化学

チャレンジ！発展問題

発展問題44 　　よくてるヨ

次の各反応式の A～G の（　）に係数を入れて反応式を完成させなさい。

1．$CaCO_3 + (A)HCl \rightarrow CaCl_2 + H_2O + (B)CO_2$

2．$(C)Mg + O_2 \rightarrow 2MgO$

3．$N_2 + (D)H_2 \rightarrow (E)NH_3$

4．$(F)NaOH + (G)H_2SO_4 \rightarrow Na_2SO_4 + 2H_2O$

ヒント ◆◆◆◆◆◆◆◆◆◆◆◆◆◆◆◆◆◆

化学反応式では，左辺と右辺の原子数が等しくなるように係数を決めます。

◆◆◆◆◆◆◆◆◆◆◆◆◆◆◆◆◆◆◆◆◆◆◆◆◆◆

正解　A：2，B：1，C：2，D：3，E：2，F：2，G：1

解説

1．$CaCO_3 + 2HCl \rightarrow CaCl_2 + H_2O + CO_2$

2．$2Mg + O_2 \rightarrow 2MgO$

3．$N_2 + 3H_2 \rightarrow 2NH_3$

4．$2NaOH + H_2SO_4 \rightarrow Na_2SO_4 + 2H_2O$

発展問題45  時々出るヨ

　次の反応式のうち，反応の前後において分子の総数に変化がないものはどれですか。

1．$N_2 + O_2 \rightarrow 2\,NO$
2．$2\,NO_2 \rightarrow N_2O_4$
3．$N_2 + 3\,H_2 \rightarrow 2\,NH_3$
4．$4\,NH_3 + 5\,O_2 \rightarrow 4\,NO + 6\,H_2O$

ヒント

　化学反応式の係数は反応に関与する分子数を表していますから，「反応の前後において分子の総数に変化がないもの」というのは，**反応物と生成物の化学式の係数の総和が変わらないものを選べばよい**ことになります。

正解 1
解説
設問1の化学反応式は反応物の係数の総和は$1+1=2$，生成物の係数は2で，反応前後で分子の総数に変化はありません。

発展問題46 非常によくでる！

　一酸化炭素14gを完全燃焼させたときに発生する二酸化炭素は何gですか。ただし，$C=12$，$O=16$とします。

1．11g　　　2．22g　　　3．28g
4．14g　　　5．33g

ヒント

　化学反応式が与えられていない計算問題はまず反応式を書いてみましょう。一酸化炭素を完全燃焼させたときの反応式は$2\,CO + O_2 \rightarrow 2\,CO_2$のようになります。COとCO$_2$の係数比は1：1なので，一酸化炭素と同モル数の二酸化炭素が発生します。

正解 2
解説
14gの一酸化炭素は$14/(12+16)=0.5\,mol$なので，二酸化炭素も同量の0.5molが発生します。0.5molの二酸化炭素の重さは，$0.5 \times (12+16 \times 2)=22\,g$となります。

発展問題47　よくでるヨ

プロパンの燃焼は以下の化学反応式で示されます。標準状態で11.2ℓのプロパンを燃焼させると何gの水が生成しますか。ただし，H=1，C=12，O=16とします。

$$C_3H_8 + 5O_2 \rightarrow 4H_2O + 3CO_2$$

1．9g　　　　2．18g　　　　3．30g

4．36g　　　　5．72g

ヒント

C_3H_8 と H_2O の反応式の係数比は1：4なのでプロパン1 mol に対して4 mol の水が生成します。

正解 4

解説
標準状態では1 mol の気体は22.4ℓを占めるので，プロパンの11.2ℓは11.2/22.4＝0.5 molに相当します。ですから発生する水は0.5×4×（1×2＋16）＝36gになります。

第2編

基礎化学

ちょっと道草

「余の辞書に不可能の文字はない」といったのは19世紀初頭のフランスを皇帝として治めていたナポレオン。このナポレオンの死には，現在でも不明な点が残っています。一般にはひ素による毒殺説，壁紙から気化したひ素による中毒事故説，またアンチモン中毒による死亡説などもあります。ひ素は原子番号33の窒素族の元素で，一般に無水亜ヒ酸 As_2O_3 などの無機ひ素（炭素原子とひ素原子との結合をもたないひ素化合物）は毒性が強いですが，有機ひ素（炭素原子とひ素原子との結合をもつひ素化合物）の毒性は非常に弱いです。ひ素はヒジキ，カキ，クルマエビなどの海産物にも多く含まれており，いずれも海水中のひ素が濃縮されたものです。そのほとんどは有機ひ素であるため，毒性は非常に弱く，これらを摂取してもすぐに体外に排出されてしまいます。またヒジキなどの無機ひ素を含む海産物を摂取しても非常に微量であるので，すぐに肝臓で有機ひ素に変換されて尿として排出されてしまいます。

1.2 化学反応のエネルギーの求め方

合格への近道

化学反応や物質の溶解に伴って出入りするエネルギー(熱)を**反応熱**といいます。熱が発生する反応(左図上：反応物のエネルギーの総和が生成物のエネルギーの総和よりも大きいとき)を**発熱反応**といい，逆に熱を吸収する反応(左図下：生成物のエネルギーの総和の方が大きいとき)を**吸熱反応**といいます。化学反応式に反応熱を書き加えたものを**熱化学方程式**といい，計算によって反応熱を求めることも可能です。

熱化学方程式の書き方

化学反応式に反応熱を書き加えたものを**熱化学方程式**といい，以下のようなルールに沿って書きます。
- **ルール1**：化学反応式の右向きの矢印(→)の代わりに**等号(＝)を用いる**。
- **ルール2**：反応の中心となる物質の**係数が1となるよう**に各物質の係数を合わせる。(**割り切れない場合は分数にしてかまわない。**)
- **ルール3**：右辺の最後に反応熱を書き加える。(**符号：発熱反応のときは＋，吸熱反応のときは－**)
- **ルール4**：各反応物，生成物の各化学式の後ろには状態を表す言葉を付記する。
    例)気体：(気)又は(g)
        液体：(液)又は(l)
        固体：(固)または(s)
        水溶液：aq

反応熱の種類

a) **生成熱**：物質1 mol がその成分元素の単体からつくられるとき(生成反応)の反応熱。

$$\frac{1}{2}N_2（気）+\frac{3}{2}H_2（気）=NH_3（気）+Q \text{ kJ/mol}$$

（アンモニアの生成熱）

b) **燃焼熱**：物質1 mol が完全燃焼するときに発生する反応熱。

$$CH_3OH（液）+\frac{3}{2}O_2（気）$$
$$=CO_2（気）+2 H_2O（液）+Q \text{ kJ/mol}$$

（メタノールの燃焼熱）

c) **溶解熱**：物質1 mol が多量の溶媒に溶解するときの反応熱。

$$H_2SO_4（液）+aq=H_2SO_4aq+Q \text{ kJ/mol}（硫酸の希釈熱）$$

d) **中和熱**：水溶液中で，酸と塩基が中和して1 mol の水が生成するときの反応熱。

$$HClaq+NaOHaq=NaClaq+H_2O（液）+Q \text{ kJ/mol}$$

（塩酸と水酸化ナトリウム水溶液の中和熱）

※実際の熱化学方程式では，**Q** に反応熱の熱量(数値)を書き入れます。

覚えよう

左の熱化学方程式の例からもわかるように反応物，生成物の化学式は物質の種類を表わすと同時に，それぞれが有するエネルギーを表わしています。

第2編

基礎化学

ヘスの法則と熱化学方程式の計算

a) **ヘスの法則**：「化学反応の前後で物質とその状態が定まっていれば，**出入りする熱量の総和は反応経路に関係なく一定である。**」

b) **熱化学方程式の計算**：ヘスの法則が成り立つのを利用して，反応経路の反応熱から計算によって反応熱を求めることができます。

補足

反応物と生成物が同じであれば，反応経路が異なっても反応熱は同じである。

確認問題

次の記述のうち正しいものには○，間違っているものには×をつけなさい。

問1．物質の化学反応や状態変化に伴って出入りするエネルギーを反応熱という。

問2．反応物のエネルギーの総和が生成物のエネルギーの総和よりも大きいときは，反応に伴って熱が吸収される。

問3．物質1 mol がその成分元素の単体からつくられるとき(生成反応)の反応熱を生成熱という。

問4．反応熱は反応物と生成物が同じであっても，反応経路が異なれば反応

熱も異なる。

問 5．化学反応では質量保存の法則が成り立つので，反応経路の反応熱から化学反応に伴う反応熱を計算で求めることができる。

＊ **正解と解説** ＊＊＊＊＊＊＊＊＊＊＊＊＊＊＊＊＊＊＊＊＊＊＊＊＊＊

問1○　正しい。

問2×　反応物のエネルギーの総和が生成物のエネルギーの総和よりも大きいときは，**反応に伴って熱が発生**するので，このような反応を**発熱反応**といいます。

問3○　正しい。

問4×　反応熱は，反応物と生成物が同じであれば，どのような反応経路であっても同じになります。

問5×　化学反応においては，もちろん質量保存の法則も成り立ちますが，ヘスの法則(問 4)も成り立ちますので，測定不可能な反応熱も反応経路の反応熱が求まれば計算で推定することができます。

チャレンジ！発展問題

発展問題48　非常によくでる！

次の A〜D の熱化学方程式の反応熱 Q の種類として正しいものをそれぞれ一つずつ選びなさい。

A　$CH_3OH(液) + \frac{3}{2}O_2(気) = CO_2(気) + 2 H_2O(液) + Q$ kJ/mol

B　$HClaq + NaOHaq = NaClaq + H_2O(液) + Q$ kJ/mol

C　$NaOH(固) + aq = NaOHaq + Q$ kJ/mol

D　$C(黒鉛) + 2 H_2(気) = CH_4(気) + Q$ kJ/mol

1．中和熱　2．燃焼熱　3．生成熱　4．溶解熱

ヒント　◆◆◆◆◆◆◆◆◆◆◆◆◆◆◆◆◆◆◆◆

生成熱：物質1 mol がその成分元素の単体からつくられるとき(生成反応)の反応熱。**燃焼熱**：物質1 mol が完全燃焼するときに発生する反応熱。**溶解熱**：物質1 mol が多量の溶媒に溶解するときの反応熱(溶質が液体である場合は**希釈熱**ともいいます)。**中和熱**：水溶液中で，酸と塩基が

正解　A：2，B：1，C：4，D：3

解説
A：メタノールの燃焼熱
B：塩酸と水酸化ナトリウムの中和熱
C：水酸化ナトリウムの溶解熱
D：メタンの生成熱です。

中和して1 mol の水が生成するときの反応熱。

❖❖❖❖❖❖❖❖❖❖❖❖❖❖❖❖❖❖❖❖❖❖❖❖❖❖❖❖❖❖

発展問題49　 よくでるヨ

炭素の燃焼熱は何 kJ/mol ですか。最も近いものを一つ選びなさい。ただし，一酸化炭素の生成熱，および一酸化炭素の燃焼熱はそれぞれ110.6 kJ，283.7 kJ で，その熱化学方程式は以下のようであるとする。

$$C(黒鉛) + \frac{1}{2}O_2(気) = CO(気) + 110.6\,kJ/mol \quad （式１）$$

$$CO(気) + \frac{1}{2}O_2(気) = CO_2(気) + 283.7\,kJ/mol \quad （式２）$$

　　1．394.3 kJ/mol　　　　2．315.4 kJ/mol
　　3．197.2 kJ/mol　　　　4．591.4 kJ/mol

 ヒント ❖❖❖❖❖❖❖❖❖❖❖❖❖❖❖❖❖❖❖❖❖❖

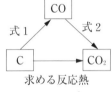
求める反応熱

ヘスの法則が成り立つので式１と式２をあわせた熱の変化が求める反応熱となります。よって式１と式２の両辺を足し合わせると目的の熱化学方程式を求めることができます。

$$C(黒鉛) + \frac{1}{2}O_2(気) + CO(気) + \frac{1}{2}O_2(気)$$
$$= CO(気) + CO_2(気) + (110.6 + 283.7)\,kJ/mol$$

よって，同じ化学式を整理すると

$$C(黒鉛) + O_2(気) = CO_2(気) + 394.3\,kJ/mol$$

となります。

❖❖❖❖❖❖❖❖❖❖❖❖❖❖❖❖❖❖❖❖❖❖❖❖❖❖❖❖❖❖

発展問題50　 非常によくでる！

次の熱化学方程式に関する記述として誤っているものを一つ選びなさい。

$$\frac{1}{2}N_2 + \frac{3}{2}H_2 = NH_3 + 46\,kJ/mol$$

正解 1

解説

ヒントのようにわかっている熱化学方程式を連立方程式のように数学的に変形して目的の熱化学反応式を導くことによって，反応熱が求まります。

第2編

基礎化学

正解 4

解説

与えられた熱化学方程式を変形する

1．アンモニアの生成熱は46 kJ/mol である。

2．この反応は発熱反応である。

3．窒素0.5 mol と水素1.5 mol がもつエネルギーの合計は，アンモニア1 mol がもつエネルギーよりも大きい。

4．アンモニアが分解して窒素と水素が生じる反応は発熱反応である。

ヒント ◆◆◆◆◆◆◆◆◆◆◆◆◆◆◆◆◆◆◆◆◆◆◆

　この反応は，**反応熱の符号から明らかに発熱反応**ですので，**反応前の反応物がもつエネルギーの合計の方が生成物がもつエネルギーよりも反応熱の分だけ大きくなっている**ことを表わしています。この反応の逆向きの反応の反応熱を求めるには**右辺と左辺を入れ替えて，反応熱だけを再度右辺に移項**すれば逆向きの反応の熱化学方程式が求まります。このとき反応熱量の項が逆向きの反応の反応熱になります。

◆◆◆◆◆◆◆◆◆◆◆◆◆◆◆◆◆◆◆◆◆◆◆◆◆◆◆◆◆

と，

$$NH_3 = \frac{1}{2}N_2 + \frac{3}{2}H_2$$
$$-46 \text{ kJ/mol}$$

よってアンモニアの分解反応は反応熱の符号から**吸熱反応**であることがわかります。

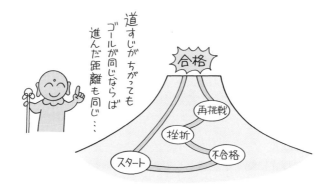

道すじが ちがっても
ゴールが同じならば
進んだ距離も同じ…

合格

再挑戦

挫折

スタート

不合格

2. 酸と塩基について理解しよう！

重要暗記ポイント

1．酸・塩基の性質
(a) 酸→水溶液で**電離して水素イオン** H^+ を生じる物質。
(b) 塩基→水溶液で**電離して水酸化物イオン** OH^- を生じる物質。
(c) **電離**→溶液中で陽イオンと陰イオンに分かれることで，その度合い を**電離度**という。
(d) **酸・塩基の強弱**→酸・塩基の電離度によってきまる。
(e) **中和**→酸と塩基が反応してその性質を打ち消しあい，**塩と水ができ る反応**をいう。

2．酸・塩基の濃度計算と加水分解
(a) **酸塩基の当量**→
酸の1グラム当量：水素イオン1 mol を与えることができる酸の質 量(g)。
塩基の1グラム当量：水素イオン1 mol を受け取ることができる塩 基の質量(g)。
規定濃度(N)：溶液1 ℓ 中の酸または塩基のグラム当量数。
(b) **水素イオン濃度**→水素イオン濃度 $[H^+]$ の逆数の対数を**水素イオン 濃度指数**といい，記号 pH で表す。
(c) **塩**→酸分子中の H^+ を塩基の陽イオンで置き換えた化合物。
(d) **塩の加水分解**→塩が水に溶けると，**電離したイオンが水と反応して** 弱い酸または弱い塩基の分子ができる。

2.1 「酸」「塩基」とは？

合格への近道

　酸はすっぱい味で，いろいろな金属と反応して水素を発生させる性質をもっています。一方，**塩基**は苦味をもち，酸の性質を打ち消す性質があります。酸の性質を**酸性**，塩基の性質を**アルカリ性**（または**塩基性**）といいます。

酸・塩基の性質

a) **酸**：水溶液で**電離して水素イオン** H^+ を生じる物質。（酸味を有し，金属と反応して水素を発生，青色リトマス紙を赤変させる，など）例）塩酸 HCl，硝酸 HNO_3，酢酸 CH_3COOH，硫酸 H_2SO_4，炭酸 H_2CO_3，りん酸 H_3PO_4 など。

b) **塩基**：水溶液で**電離して水酸化物イオン** OH^- を生じる物質。（苦味を有し，赤色リトマス紙を青変させ，酸の性質を中和させる，など。）例）水酸化カリウム KOH，水酸化ナトリウム $NaOH$，アンモニア NH_4OH，水酸化カルシウム $Ca(OH)_2$，水酸化バリウム $Ba(OH)_2$ など。

覚えよう

酸⇒
1）H^+ を発生
2）青リトマスを赤変
3）酸っぱい
塩基⇒
1）OH^- を発生
2）赤リトマスを青変
3）苦い

電離

a) **電離**：溶液中で陽イオンと陰イオンに分かれることをいい，その度合いを**電離度**といいます。

b) **電解質**：溶液中で電離することのできる物質。

注意！

電離度は割合なので0～1までの小数で表されます。

酸・塩基の強弱

　電離度が1に近いものを**強酸**，**強塩基**，電離度が小さいものを**弱酸**，弱

覚えよう

主な強酸：塩酸，硝酸，硫酸など，**主な弱酸**：酢酸など
主な強塩基：水酸化ナトリウム，水酸化カリウムなど
主な弱塩基：アンモニアなど

塩基といいます。

酸・塩基の価数

　酸，塩基は1分子中に含まれるH⁺またはOH⁻の数（価数）によっても分類されます。

中和

　酸と塩基が反応してその性質を打ち消しあい，**塩**と水ができる反応をいいます。

例）HCl + NaOH→NaCl + H$_2$O

　　　　　　（塩酸と水酸化ナトリウムの中和）

第2編

基礎化学

塩の種類

a) **正塩**：全てのH⁺またはOH⁻を金属又は酸基で置換した塩。例）NaCl，Na$_2$CO$_3$，Na$_3$PO$_3$など。

b) **酸性塩**：2価以上の酸の一部のH⁺が金属で置換された塩。例）NaHSO$_4$，NaHCO$_3$，NaH$_2$PO$_3$など。

c) **塩基性塩**：2価以上の塩基の一部のOH⁻が酸基で陰イオン置換された塩。例）Cu$_2$(OH)$_2$CO$_3$，Bi(OH)$_2$NO$_3$など。

確認問題

次の記述のうち正しいものには○，間違っているものには×をつけなさい。
問1．酸は水溶液中で電離して水酸化物イオンを生じる物質である。
問2．塩基の水溶液は赤色リトマス紙を青くする。
問3．電離度が小さな酸は，電離して水素イオンを生じやすいので，弱酸という。
問4．酸と塩基が反応して塩と水ができる反応を中和という。
問5．塩酸HClは1価の酸，水酸化カルシウムCa(OH)$_2$は2価の塩基である。

＊ **正解と解説** ＊＊＊＊＊＊＊＊＊＊＊＊＊＊＊＊＊＊＊＊＊＊＊＊＊＊＊＊

問1 ✕　酸は水溶液中で電離して**水素イオンを生じる物質**です。

問2 ◯　正しいです。

問3 ✕　酸，塩基の強弱はその**電離の度合い（電離度）**によって決まります。**電離度が小さいもの**は H⁺ または OH⁻ を生じにくいので，**弱酸又は弱塩基**といわれます。

問4 ◯　正しいです。

問5 ◯　正しいです。酸及び塩基の価数は**1分子中に含まれる H⁺ または OH⁻ の数**を表しています。

チャレンジ！発展問題

発展問題51　時々出るヨ

次の文章の空欄に入る語句の組み合わせで正しいものを一つ選びなさい。

酸とは，水溶液中で(A)を生じる物質であり，塩基とは水溶液中で(B)を生じる物質である。

	A	B
1	水素イオン	過酸化物イオン
2	塩素イオン	水酸化物イオン
3	水素イオン	水酸化物イオン
4	過酸化物イオン	塩素イオン

ヒント ◆◇◆◇◆◇◆◇◆◇◆◇◆◇◆◇◆◇◆◇◆◇◆◇◆◇◆

酸は水溶液中で**水素イオンを生じる物質**で，塩基は**水酸化物イオンを生じる物質**です。

◆◇◆◇◆◇◆◇◆◇◆◇◆◇◆◇◆◇◆◇◆◇◆◇◆◇◆◇◆◇◆◇◆◇◆◇◆

正解 3

解説
酸は水溶液中で**水素イオンを生じる物質**で，塩基は**水酸化物イオンを生じる物質**です。過酸化物イオンは酸，塩基とは関係ありません。

発展問題52　時々出るヨ

次の酸，塩基に該当する化合物名を選択肢から一つずつ選びなさい。

正解 A：2，B：3，C：5，

A　1価の酸　　B　2価の塩基　　C　3価の酸　　D　3価の塩基

【語群】

1．水酸化銀　　　　2．塩酸　　　　3．水酸化バリウム

4．水酸化カリウム　　　　5．りん酸　　　6．炭酸

7．水酸化アルミニウム　　　　8．しゅう酸

 ヒント ◆◇◆◇◆◇◆◇◆◇◆◇◆◇◆◇◆◇◆◇◆◇◆◇◆◇◆◇◆◇

　酸，塩基は，1分子中に含まれる H^+ または OH^- の数（**価数**）によって分類されます。価数はそれぞれの化学式を書いてみれば判断できるはずです。

◆◇◆◇◆◇◆◇◆◇◆◇◆◇◆◇◆◇◆◇◆◇◆◇◆◇◆◇◆◇◆◇◆◇◆◇◆◇

 ちょっと道草

　さて，次節では中和反応の濃度計算と pH（「ピーエッチ」と読みます）という考え方に関して勉強します。そのためには高校のときの数学で習った「対数」を少しだけ復習しておく必要があります。「対数」を使うと「10^7」という7桁もある大きな数字も対数であらわすと「7」という簡単な数字で表すことができます（つまり，下記の公式より $\log 10^7 = 7$）。または掛け算を足し算に，割り算を引き算に変換したりできる計算法で，pH もその考え方をつかって計算します。次節で計算がわからなくなったら，もう一度ここへ戻ってきて計算の仕方を復習してください。

【公式】

　$y = a^x$ であるとき，　　$x = \log_a y$ である。

　　　　　（ただし，$a = 10$ のときは a を省略して「log」とする。）

　$\log(a \times b) = \log a + \log b$　　$\log\dfrac{a}{b} = \log a - \log b$

　$\log a^b = b \log a$（ただし，$a, b \neq 0$）

　$\log 10 = 1$　　　　$\log 1 = 0$

D：7

解説

語群の物質を化学式にすると，水酸化銀 $AgOH$，塩酸 HCl，水酸化バリウム $Ba(OH)_2$，水酸化カリウム KOH，りん酸 H_3PO_4，炭酸 H_2CO_3，水酸化アルミニウム $Al(OH)_3$，しゅう酸 $H_2C_2O_4$ のようになります。

第2編

基礎化学

2.2 酸・塩基の濃度計算をマスターしよう！

合格への近道

　中和反応は酸と塩基が互いの酸性，アルカリ性の性質を打ち消しあう反応で，**塩**と水が生じます。よって中和反応は酸，塩基分子の濃度よりも，それらから生じる H^+，OH^- の濃度が反応に影響します。中和反応の濃度計算もよく出題されますので，よく整理しておきましょう。

酸塩基の当量

　H^+ または OH^- 1 mol に相当する酸又は塩基の量(モルあるいは質量)をその酸又は塩基の**1グラム当量**といいます。

覚えよう
酸と塩基はグラム当量数が等しいとき過不足なく中和します。

規定濃度

　溶液1ℓ中の溶質のグラム当量数で表した濃度(記号：N)をいい，酸と塩基が過不足なく中和するときは，酸と塩基のグラム当量数が等しいときです。

$$NV = N'V' \qquad N,\ N'：規定度\ V,\ V'：容量(ml)$$

水素イオン濃度指数

　水素イオン濃度$[H^+]$ $(mol/ℓ)$ **の逆数の対数**をいい，記号 pH で表します。

$$pH = \log\frac{1}{[H^+]} = -\log[H^+] \qquad [H^+] = 10^{-pH}$$

覚えよう
pH は水素イオン濃度を 10^{-a} の形にしたときの指数の部分の数字(aの部分)に相当します。

pH 　　0 ・・・・・・・・・・・・・・・・・・ 7 ・・・・・・・・・・・・・・・・・・14

$[H^+]$ 　$10^{-0} \Longleftarrow\!\!\Longrightarrow 10^{-7} \Longleftarrow\!\!\Longrightarrow 10^{-14}$

　　(1) 酸性　中性　アルカリ性

純水中では$[H^+] = [OH^-] = 10^{-7}$

よって$[H^+] \times [OH^-] = [H^+]^2 = 1 \times 10^{-14}$…水イオン積

図2.10　pHの値の範囲

覚えよう
pH 7のとき　　中性
pH < 7のとき　酸性
pH > 7のとき　アルカリ性

塩の加水分解

　塩と水が反応して，弱酸又は弱塩基の分子ができること
をいいます。よって加水分解することにより液性は酸性又
はアルカリ性になります。すなわち，酸と塩基が過不足な
く中和しても，必ず中性(pH 7)になるわけではありませ
ん。

a) **強酸と強塩基の塩**：水に溶けても加水分解しないの
　で中性のまま。

b) **強酸と弱塩基の塩**：一部が加水分解して弱酸性を示
　す。

c) **弱酸と強塩基の塩**：一部が加水分解して弱アルカリ
　性を示す。

覚えよう
強酸と弱塩基の塩
　⇒弱酸性
弱酸と強塩基の塩
　⇒弱アルカリ性

第 2 編

基礎化学

確認問題

次の記述のうち正しいものには○，間違っているものには×をつけなさい。

問１．H_2SO_4の１グラム当量は98 g である。ただし原子量は H = 1，O = 16，
　S = 32とする。

問２．0.2 mol/ℓ のりん酸溶液は規定濃度に直すと0.6規定である。

問３．0.5 mol/ℓ の硫酸溶液100 ml を過不足なく中和するには0.1 mol/ℓ 水
　酸化ナトリウム溶液は１ℓ が必要である。

問４．pH 3の硝酸溶液の水素イオン濃度は0.03 mol/ℓ である。

問５．硫酸アンモニウムを水に溶かすと弱塩基性を示す。

＊　正解と解説 ＊＊＊＊＊＊＊＊＊＊＊＊＊＊＊＊＊＊＊＊＊＊＊＊＊＊＊

問１× 　H_2SO_4は２価の酸で，$H_2SO_4$1 mol に対して H^+2 mol が生じるので，H^+
　　1 mol に相当する H_2SO_4は0.5 mol になります。つまり H_2SO_4の分子量は
　　2 + 32 + 16 × 4 = 98なので，1グラム当量は98 × 0.5 = 49 g になります。

問２○　正しいです。りん酸は３価の酸なので，規定濃度は0.2 mol/ℓ × 3 =
　　0.6規定になります。

問３○　正しいです。硫酸は２価の酸なので，0.5 mol/ℓ × 2 = 1 規定。水酸
　　化ナトリウムは１価の塩基なので，0.1規定。よって NV = $N'V'$ より
　　(1 × 100 ml)/0.1 = 1,000 ml = 1 ℓ 。

問４×　$[H^+] = 10^{-pH}$ なので，$[H^+]$ = 10^{-3} = 0.001 mol/ℓ です。

問5✕　硫酸アンモニウムは強酸の硫酸と弱塩基のアンモニアが反応してできた塩なので，以下のように**一部が加水分解してH^+を生じるために弱酸性**を示します。

$$NH_4SO_4 \rightarrow NH_4^+ + SO_4^{2-} \quad (\rightarrow NH_3 + H^+ + SO_4^{2-})$$

チャレンジ！発展問題

発展問題53　　非常によくでる！

　pH 6の水溶液がある。この水溶液中の水素イオン濃度は水酸化物イオン濃度の何倍ですか。正しいものを一つ選びなさい。

　1．0.1倍　　2．2倍　　3．20倍　　4．100倍

ヒント ◇◇◇◇◇◇◇◇◇◇◇◇◇◇◇◇◇◇◇◇◇◇

　pH 6ということはその水溶液の水素イオン濃度は，$[H^+]=10^{-pH}=10^{-6}$なので，水酸化物イオン濃度は水のイオン積10^{-14}より$[OH^-]=10^{-14}/10^{-6}=10^{-8}$となります。

◇◇◇◇◇◇◇◇◇◇◇◇◇◇◇◇◇◇◇◇◇◇◇◇◇◇◇

正解 4
解説
ヒントの計算式より
$[H^+]/[OH^-]=$
$10^{-6}/10^{-8}=10^2$

発展問題54　　よくでるヨ

　次のA～Cの文章の正誤について，正しい組み合わせを右の表から一つ選びなさい。

A　酸性の水溶液を多量の水で希釈すると，液性は酸性からアルカリ性に変化する。

B　アルカリ性の水溶液はどんなに水で希釈しても酸性にはならない。

C　pH 2の水溶液を水で10倍に希釈すると，pH 3になる。

	A	B	C
1	誤	正	誤
2	正	正	誤
3	正	誤	正
4	誤	正	正

正解 4
解説
C：pHは溶液を10倍に希釈すると水素イオン濃度は1/10になるので，pH 2の水溶液の水素イオン濃度は$[H^+]=10^{-2}/10=10^{-3}$となります。よってpH 3になります。よってCは正しいです。

ヒント ◇◇◇◇◇◇◇◇◇◇◇◇◇◇◇◇◇◇◇◇◇◇

　酸性やアルカリ性はいくら希釈しても無限に中性に近づ

くだけで，逆の液性にはなりません。酸性を多量の水で希釈すると弱酸性に，アルカリ性は弱アルカリ性になるだけです。

❖❖❖❖❖❖❖❖❖❖❖❖❖❖❖❖❖❖❖❖❖❖❖❖❖❖

発展問題55　😊 時々出るヨ

次の物質の水溶液で酸性を示すものを選びなさい。
1．塩化アンモニウム
2．塩化ナトリウム
3．炭酸水素ナトリウム
4．炭酸ナトリウム

🐙 ヒント ❖❖❖❖❖❖❖❖❖❖❖❖❖❖❖❖❖❖

塩を水に溶解したときに，酸性を示すか，アルカリ性を示すかは，その物質がどのような酸と塩基からできているかによります。

❖❖❖❖❖❖❖❖❖❖❖❖❖❖❖❖❖❖❖❖❖❖❖❖❖❖

正解 1
解説
塩化アンモニウムは，強酸である塩酸と弱塩基であるアンモニアが反応したものですから，電離してできたアンモニウムイオンの一部が加水分解するので弱酸性を示します。

第2編

基礎化学

発展問題56　🐌 非常によくでる！

硫酸19.6 g を中和するのに，濃度が2.0 mol/ℓ の水酸化ナトリウム水溶液は何 ml 必要か。正しいものを一つ選びなさい。ただし，硫酸の分子量は98とする。
1．10 mℓ　　2．100 mℓ　　3．200 mℓ　　4．400 mℓ

🐙 ヒント ❖❖❖❖❖❖❖❖❖❖❖❖❖❖❖❖❖❖

酸と塩基のグラム当量数が等しいとき，すなわち溶液中の水素イオン濃度と水酸化物イオン濃度が等しいとき，過不足なく中和します。

❖❖❖❖❖❖❖❖❖❖❖❖❖❖❖❖❖❖❖❖❖❖❖❖❖❖

正解 3
解説
硫酸19.6 g は19.6/98 ＝ 0.2 mol なので，求める容量を $[V ℓ]$ とすると $0.2 × 2 ＝ 2.0 × V$ となり，$V ＝ 0.2$（ℓ）

発展問題57  非常によくでる!

2 mol/ℓ の硫酸50 ml がある。過不足なく中和させるには水酸化ナトリウムは何 g 必要か。正しいものを一つ選びなさい。ただし，水酸化ナトリウムの分子量を40とする。

　　1．4 g　　　2．8 g　　　3．10 g　　　4．40 g

ヒント ◆◇◆◇◆◇◆◇◆◇◆◇◆◇◆◇◆◇◆◇◆◇◆◇◆◇◆

中和反応の計算⇒グラム当量数が等しいことを利用して計算します。

◆◇◆◇◆◇◆◇◆◇◆◇◆◇◆◇◆◇◆◇◆◇◆◇◆◇◆◇◆◇◆◇◆

正解 2
解説
2 mol/ℓ の硫酸50 ml は $2 \times 2 \times 0.05 = 0.2$ グラム当量に相当しますから，水酸化ナトリウムは 1 価の塩基なので，$40 \times 0.2 = 8$ g になります。

発展問題58  非常によくでる!

10％硫酸98 g を中和するのに，8 ％水酸化ナトリウム水溶液は何 g 必要か。正しいものを一つ選びなさい。ただし，硫酸の分子量は98，水酸化ナトリウムの分子量は40とする。

　　1．50 g　　　2．100 g　　　3．150 g　　　4．200 g

ヒント ◆◇◆◇◆◇◆◇◆◇◆◇◆◇◆◇◆◇◆◇◆◇◆◇◆◇◆

10％硫酸98 g 中には $(98 \times 0.1)/98 = 0.1$ mol の硫酸が含まれますから，これを中和するには $0.1 \times 2 = 0.2$ mol の水酸化ナトリウムが必要になります。

◆◇◆◇◆◇◆◇◆◇◆◇◆◇◆◇◆◇◆◇◆◇◆◇◆◇◆◇◆◇◆◇◆

正解 2
解説
よって必要な 8 ％水酸化ナトリウム水溶液を x g とすると，$0.2 = x \times 0.08/40$ となり，よって $x = 100$ (g)

3.酸化還元反応の基礎を理解しよう！

重要暗記ポイント

1．酸化・還元の定義
 (a)　**酸化反応**→1）酸素と化合すること
　　　　　　　　　2）水素を失うこと
　　　　　　　　　3）電子を失うこと
　　　　　　　　　4）酸化数が増加すること。
 (b)　**還元反応**→1）酸素を失うこと
　　　　　　　　　2）水素と化合すること
　　　　　　　　　3）電子を得ること
　　　　　　　　　4）酸化数が減少すること。
 (c)　**酸化数**→原子やイオンがどれだけ電子を失ったかを示す数字で，酸
　　　　　　　化状態を判別できる。
 (d)　**酸化剤・還元剤**
　　　 ⅰ．**酸化剤**→相手を酸化し，自身は還元される物質。
　　　 ⅱ．**還元剤**→相手を還元し，自身は酸化される物質。

第2編

基礎化学

酸化反応と
還元反応は
必ず同時に
おこる‥‥。

酸化
反応

還元
反応

ボクらは仲よし、いつでも一緒‥‥

3.1 「酸化」「還元」とは？

合格への近道

電子の授受によって説明できる化学反応を**酸化還元反応**といい，電子を失う**酸化反応**と電子を受け取る**還元反応**が同時に起こる化学反応です。

毒物劇物取扱責任者試験では，酸・塩基の中和反応と並んでよく出題される反応ですので，よく整理しておきましょう。

酸化反応と還元反応の定義

酸化と還元は相反する反応で，それぞれ対義語を用いて定義できます。また反応の何に着目するかによって定義が異なってきますが，特に下表の1）と2）を定義として覚えておきましょう。

> **覚えよう**
>
> 酸化⇒電子を失うこと。
> 還元⇒電子を得ること。

表2.2　酸化と還元の定義

酸化	還元
1）電子を**失う**こと。	1）電子を**得る**こと。
2）酸化数が**増加**すること。	2）酸化数が**減少**すること。
3）酸素と**化合**すること。	3）酸素を**失う**こと。
4）水素を**失う**こと。	4）水素と**化合**すること。

酸化還元反応の例

酸化銅の生成（銅と酸素の直接反応）

酸化
$$2Cu + O_2 \longrightarrow 2CuO$$
還元

銅原子が電子を失う．

$$\begin{cases} 2Cu \longrightarrow 2Cu^{2+} + 4e^- \\ O_2 + 4e^- \longrightarrow 2O^{2-} \end{cases}$$

酸素分子が電子を受け取る．

図2.11　酸化銅の生成反応

> **注意！**
>
> 銅原子が失った電子（酸化反応：反応式上段）は，酸素に与えられて酸素イオンを生じ（還元反応：反応式下段），両者が結合して酸化銅を生じます。すなわち，「酸化」と「還元」は個別に起こるものではなく，常に同時に起こります。

酸化数

原子やイオンがどれだけ電子を失ったかを表す数で，反応の前後でその原子，イオンの酸化数が増加すれば酸化されており，減少すれば還元されていることがわかります。

酸化数を求めるときのルール

・**ルール1**　単体の原子の酸化数，化合物中の成分原子の酸化数の総和はゼロとする。
・**ルール2**　化合物中の酸素原子は－2，水素原子を＋1とし，単原子イオンの酸化数，多原子イオン中の成分原子の酸化数の総和は，その**イオンの価数**に等しい。
　例）単原子イオンの酸化数　Ca^{2+}：＋2，Fe^{3+}：＋3，S^{2-}：－2，NH_4^+：$(-3)+(+1)\times 4=+1$，SO_4^{2-}：$(+6)+(-2)\times 4=-2$

酸化剤と還元剤

a）**酸化剤**：他の物質を酸化する（自身は還元される）ことができる物質。
b）**還元剤**：他の物質を還元する（自身は酸化される）ことができる物質。

覚えよう
酸化数の増加⇒酸化された。
酸化数の減少⇒還元された。

注意！
過酸化物の酸素原子は－1，水素化物の水素原子は＋1とします。

第2編

基礎化学

覚えよう
酸化剤⇒他の物質を酸化
還元剤⇒他の物質を還元

表2.3　主な酸化剤と還元剤

主な酸化剤	主な還元剤
過マンガン酸カリウム（硫酸酸性下）$KMnO_4$	塩化すず(II)（塩化第一すず）　　　　　　　　　　$SnCl_2 \cdot 2H_2O$
過酸化水素 $H_2O_2^*$	硫酸鉄(II)（硫酸第一鉄）$FeSO_4 \cdot 7H_2O$
濃硝酸，希硝酸 HNO_3	硫化水素 H_2S
二クロム酸カリウム（重クロム酸カリウム）$K_2Cr_2O_7$	二酸化硫黄 SO_2
オゾン O_3	過酸化水素 $H_2O_2^*$

*過酸化水素は，より強い酸化剤に対しては還元剤としても働きます。

確認問題

次の記述のうち正しいものには〇，間違っているものには✕をつけなさい。

問1．酸化反応は電子を失うことをいい，還元反応とは電子を得ることをいう。

問2．酸化数とは原子やイオンがどれだけ電子を得たかを表す数である。

問3．過酸化水素の酸素原子の酸化数は－1である。

問4．クロム酸イオン CrO_4^{2-} のクロム原子の酸化数は－3である。

問5．塩素酸イオン ClO_3^- と次亜塩素酸イオン ClO^- の塩素原子の酸化数を比べると，次亜塩素酸イオンの塩素原子の方が大きい。

＊　正解と解説　＊＊＊＊＊＊＊＊＊＊＊＊＊＊＊＊＊＊＊＊＊＊＊＊

問1〇　正しいです。

問2✕　酸化数とは原子やイオンがどれだけ**電子を失った**かを表す数です。

問3〇　正しいです。

問4✕　多原子陰イオン中の成分原子の酸化数の総和は，そのイオンの価数と等しいので，クロム原子の酸化数を x とすると $x+(-2)\times 4 = -2$ となります。よって $x = +6$ です。

問5✕　ClO_3^- の塩素原子の酸化数 x は $x+(-2)\times 3 = -1$ より $+5$，ClO^- の塩素原子の酸化数 x' は $x'+(-2)=-1$ より $+1$ なので，塩素酸イオンの塩素原子の方が酸化数が大きいです。

チャレンジ！発展問題

発展問題59　　非常によくでる！

次の物質のうち硫黄原子の酸化数が＋6のものを一つ選びなさい。

1．H_2SO_4　　　2．S　　　3．Na_2SO_3
4．H_2S　　　5．SO_2

ヒント　◆◇◆◇◆◇◆◇◆◇◆◇◆◇◆◇◆◇◆◇◆

酸化数の求め方を再度確認しておきましょう⇒149ページ

設問1：$(+2)+(Sの酸化数)+(-2)\times 4 = 0$，

設問3：$(+2)+(Sの酸化数)+(-2)\times 3 = 0$，

正解 1

解説

ヒントの計算式から，設問1：Sの酸化数 $= +6$，

設問2：硫黄単体なので，Sの酸化数 $= 0$，

設問3：Sの酸化数 $= +4$，

設問 4 ：（＋ 2 ）＋（S の酸化数）＝ 0，

設問 5 ：（S の酸化数）＋（－ 2 ）× 2 ＝ 0

発展問題60　😊 **よくでるヨ**

次の化合物中の原子のうち酸化数が最も大きいものを一つ選びなさい。

1 ．HCl の塩素原子

2 ．Al_2O_3のアルミニウム原子

3 ．$KMnO_4$のマンガン原子

4 ．H_3PO_4のりん原子

😊 **ヒント** ◆◆◆◆◆◆◆◆◆◆◆◆◆◆◆◆

設問 1 ：（＋ 1 ）＋（Cl の酸化数）＝ 0 ，設問 2 ：（Al の酸化数）× 2 ＋（－ 2 ）× 3 ＝ 0 ，設問 3 ：（＋ 1 ）＋（Mn の酸化数）＋（－ 2 ）× 4 ＝ 0 ，設問 4 ：（＋ 1 ）× 3 ＋（P の酸化数）＋（－ 2 ）× 4 ＝ 0 。

発展問題61　😊 **非常によくてる！**

次の化学反応で酸化された元素はどれか。正しいものを一つ選びなさい。

$$2\,CuO + C \rightarrow 2\,Cu + CO_2$$

1 ．Cu　　2 ．O　　3 ．C　　4 ．Cu と O

😊 **ヒント** ◆◆◆◆◆◆◆◆◆◆◆◆◆◆◆◆

各元素の反応前後の酸化数の変化は，1 ．銅原子は $CuO \rightarrow Cu$ なので，＋ 2 → 0 。2 ．酸素原子は $CuO \rightarrow CO_2$ と変化していますが，酸化数は－ 2 → － 2 。3 ．炭素原子は $C \rightarrow CO_2$ となって，酸化数は 0 → ＋ 2 。

設問 4 ：S の酸化数＝－ 2 ，設問 5 ：S の酸化数＝＋ 4 。よって設問 1 が正解です。

正解 3

解説

ヒントの計算式から，

設問 1 ：Cl の酸化数＝－ 1 ，

設問 2 ：Al の酸化数＝＋ 3 ，

設問 3 ：Mn の酸化数＝＋ 7 ，

設問 4 ：P の酸化数＝＋ 5 。

よって設問 3 が正解です。

第 2 編

基礎化学

正解 3

解説

1 ．銅原子は，＋ 2 → 0 と酸化数が減少しているので還元されています。2 ．酸素原子は，－ 2 → － 2 と変化ありません。3 ．炭素原子は，酸化数は 0 → ＋ 2 と増加しているので酸化されています。よって正解は 3 になります。

発展問題62 よくでるヨ

次の化学反応式のうち，酸化還元反応でないものを一つ選びなさい。

1．$2KI + Br_2 \rightarrow 2KBr + I_2$

2．$N_2 + 3H_2 \rightarrow 2NH_3$

3．$HCl + NaOH \rightarrow NaCl + H_2O$

4．$2Na + 2H_2O \rightarrow 2NaOH + H_2$

ヒント ❖❖❖❖❖❖❖❖❖❖❖❖❖❖❖❖❖❖❖❖

1．酸化されている原子：$I(-1 \rightarrow 0)$，還元されている原子：$Br(0 \rightarrow -1)$，

2．酸化されている原子：$H(0 \rightarrow +1)$，還元されている原子：$N(0 \rightarrow -3)$，

4．酸化されている原子：$Na(0 \rightarrow +1)$，還元されている原子：$H(+1 \rightarrow 0)$，

❖❖❖❖❖❖❖❖❖❖❖❖❖❖❖❖❖❖❖❖❖❖❖❖❖❖

正解 3

解説

設問3の反応は酸と塩基の中和反応で，どの原子も酸化数に増減はなく，電子の授受を伴いませんので，酸化反応ではありません。よって正解は設問3です。

ちょっと道草

第2編

基礎化学

　酸素は，地球上では植物の光合成によってつくりだされ，空気や水，各種酸化物の構成要素として大気・海・地殻のいずれにも多量に存在し，また宇宙でも広く分布します。

　人間は酸素を吸って二酸化炭素を排出する，いわゆる「呼吸」によって体内に酸素を取り入れ，食事で摂取した糖質との代謝反応によってエネルギーを作り出しています。この代謝反応の過程で発生する「活性酸素」といわれる酸素分子や酸素化合物は，非常に酸化性が強く，通常は活性酸素を無毒化する酵素(たんぱく質の一種)によって水に変換されますが，そのまま体内に残ってしまうと細胞を損傷してしまいます。また活性酸素は癌や生活習慣病、老化等，さまざまな病気の原因であることが指摘されています。

　逆に空気中に存在する酸素でも，非常に純度が高い酸素を長時間にわたって吸引することは生体にとって有害です。未熟児網膜症の原因になったり，60％以上の高濃度酸素を12時間以上吸引すると，肺の充血がみられ，最悪の場合，失明や死亡する危険性があります。酸素は呼吸をする生物にとっては必須ですが，多量に存在してたり，あまり必要としない形になってしまうと人間に害を及ぼすことがあるのです。

化学物質の性質

学習の道しるべ

　いよいよ基礎化学の最終章です。

　次編で毒物，劇物の性質を勉強するためには，まず基本的な化学物質の性質を勉強しておく必要があります。この章では以下のような内容を勉強します。

- ・元素の周期表と性質
- ・金属元素の性質
- ・非金属元素の性質
- ・有機化合物の構造と性質，反応

1. 化学物質の性質について理解しよう！

重要暗記ポイント

1．元素と周期律
(a) **周期表**→元素を原子番号順に並べたもので，同様の性質を示す元素が縦列(**族**)に並んでいる。

→アルカリ金属，アルカリ土類金属，遷移元素，ハロゲン元素，希ガスなど。

(b) **周期表と元素の性質**→原子の大きさ，イオンのなりやすさなど，周期表の配列は原子の性質と密接に関係している。

2．無機化合物の性質
(a) **金属の分類**→比重が約4以下のものを**軽金属**といい，4以上のものを重金属という。

(b) **イオン化傾向**→金属が水や水溶液中で**電子を放出して陽イオンに**なろうとする傾向をいう。

(c) **炎色反応**→それぞれの**元素特有の色に炎が発色する**現象。

(d) **アルカリ金属**→1族の元素。1価の陽イオンになりやすい。

(e) **アルカリ土類金属**→2族の元素。2価の陽イオンになりやすい。

(f) **ハロゲン元素**→17族。単体は**二原子分子**で，還元性がある。

(g) **希ガス**→電子配置が**閉殻構造**で，単原子分子として存在。

3．有機化合物の構造と性質
(a) **一般的性質**→可燃性で，水に溶けにくく，反応に時間を要する。

(b) **官能基**→反応性が大きく，化学反応に関与する部分。

(c) **異性体**→同じ分子式で，異なる構造式と性質をもっているもの。

(d) **有機化合物の化学反応**→置換，酸化，還元，縮合，加水分解

1.1 「周期表」とは？ー元素の性質と周期表ー

合格への近道

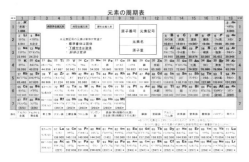

周期表は，元素を原子番号順に並べて一覧表にしたもので，縦に並んだ元素は類似の性質を示すなど，周期表から元素の性質を説明，予測することができます。これを覚えるのに苦労したという方もいらっしゃるかもしれませんが，少し我慢してください。

周期表

a) <u>族と周期</u>：縦の列を族（または「属」）といい，横の列を周期といいます。

b) <u>遷移元素</u>：3族〜11族（希土類，チタン族，マンガン族など）

c) <u>典型元素</u>：1族〜2族及び12族〜18族で，**アルカリ金属，アルカリ土類金属，ハロゲン**などが含まれます。

> **覚えよう**
>
> 遷移元素：3〜11族
> アルカリ金属：1族
> アルカリ土類金属：2族
> ハロゲン：17族
> 希ガス：18族

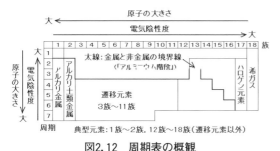

図2.12　周期表の概観

> **覚えよう**
>
> 族ごと（性質が似た元素ごと）にグループの名前がつけられています。よく出題されるので図3.1で覚えておきましょう。

周期表と元素の性質の関係

a) **電気陰性度**：原子が電子をひきつける力で，周期表の右上に行くほど大きくなります。

> **注意！**
>
> ・イオン化エネルギー：電子を取り

元素の周期

周期＼族	1	2	3	4	5	6	7	8	9	10
1	1 **H** 水素 1.008		典型非金属元素		典型金属元素		遷移金属元素		原子番号	
2	3 **Li** リチウム 6.941	4 **Be** ベリリウム 9.012	※元素記号の元素は単体が常温で ・標準書体は固体 ・下線付きは液体 ・斜体は気体						元	
3	11 **Na** ナトリウム 22.990	12 **Mg** マグネシウム 24.310							原	
4	19 **K** カリウム 39.098	20 **Ca** カルシウム 40.078	21 **Sc** スカンジウム 44.956	22 **Ti** チタン 47.867	23 **V** バナジウム 50.942	24 **Cr** クロム 51.996	25 **Mn** マンガン 54.938	26 **Fe** 鉄 55.845	27 **Co** コバルト 58.933	28 **Ni** ニッケル 58.693
5	37 **Rb** ルビジウム 85.468	38 **Sr** ストロンチウム 87.620	39 **Y** イットリウム 88.906	40 **Zr** ジルコニウム 91.224	41 **Nb** ニオブ 92.906	42 **Mo** モリブデン 95.960	43 **Tc** テクネチウム (99) *	44 **Ru** ルテニウム 101.070	45 **Rh** ロジウム 102.906	46 **Pd** パラジウム 106.420
6	55 **Cs** セシウム 132.905	56 **Ba** バリウム 137.327	57～71 ランタノイド	72 **Hf** ハフニウム 178.490	73 **Ta** タンタル 180.948	74 **W** タングステン 183.840	75 **Re** レニウム 186.207	76 **Os** オスミウム 190.230	77 **Ir** イリジウム 192.217	78 **Pt** 白金 195.084
7	87 **Fr** フランシウム (223)	88 **Ra** ラジウム (226)	89～103 アクチノイド	104 **Rf** ラザホージウム (261)*	105 **Db** ドブニウム (262)*	106 **Sg** シーボギウム (263)*	107 **Bh** ボーリウム (264)*	108 **Hs** ハッシウム (265)*	109 **Mt** マイトネリウム (268)*	
族名	アルカリ金属	アルカリ土類金属	希土類	チタン族	土酸金属	クロム族	マンガン族	鉄族（第4周期の3元素）白金族（第5周期以下の元素）		

57～71 ランタノイド	57 **La** ランタン 138.905	58 **Ce** セリウム 140.116	59 **Pr** プラセオジム 140.908	60 **Nd** ネオジム 144.242	61 **Pm** プロメチウム (145)	62 **Sm** サマリウム 150.360	63 **Eu** ユウロピウム 151.964
89～103 アクチノイド	89 **Ac** アクチニウム (227)	90 **Th** トリウム 232.038	91 **Pa** プロトアクチニウム 231.036	92 **U** ウラン 238.029	93 **Np** ネプツニウム (237) *	94 **Pu** プルトニウム (239) *	95 **Am** アメリシウム (243) *

表

11	12	13	14	15	16	17	18	周期
							2 **He** ヘリウム 4.003	1
元素記号 素名 子量		5 **B** ホウ素 10.811	6 **C** 炭素 12.011	7 **N** 窒素 14.007	8 **O** 酸素 16.00	9 **F** フッ素 19.00	10 **Ne** ネオン 20.180	2
		13 **Al** アルミニウム 26.990	14 **Si** ケイ素 28.086	15 **P** リン 30.974	16 **S** 硫黄 32.065	17 **Cl** 塩素 35.453	18 **Ar** アルゴン 39.948	3
29 **Cu** 銅 63.546	30 **Zn** 亜鉛 65.380	31 **Ga** ガリウム 69.723	32 **Ge** ゲルマニウム 72.640	33 **As** ヒ素 74.922	34 **Se** セレン 78.960	35 **Br** 臭素 79.904	36 **Kr** クリプトン 83.798	4
47 **Ag** 銀 107.868	48 **Cd** カドミウム 112.411	49 **In** インジウム 114.818	50 **Sn** スズ 118.710	51 **Sb** アンチモン 121.760	52 **Te** テルル 127.60	53 **I** ヨウ素 126.904	54 **Xe** キセノン 131.293	5
79 **Au** 金 196.967	80 **Hg** 水銀 200.590	81 **Tl** タリウム 204.383	82 **Pb** 鉛 207.200	83 **Bi** ビスマス 208.980	84 **Po** ポロニウム (210)	85 **At** アスタチン (210)	86 **Rn** ラドン (222)	6
								7

銅族	亜鉛族	アルミニウム族	炭素族	窒素族	酸素族	ハロゲン	希ガス

*をつけた元素は人工的につくられたもので、天然には存在しない。

（　）をつけた値は、その元素の代表的な放射性同位体の質量数である（IUPAC）

64 **Gd** ガドリニウム 157.250	65 **Tb** テルビウム 158.925	66 **Dy** ジスプロシウム 162.500	67 **Ho** ホルミウム 164.930	68 **Er** エルビウム 167.259	69 **Tm** ツリウム 168.934	70 **Yb** イッテルビウム 173.054	71 **Lu** ルテチウム 174.967
96 **Cm** キュリウム (247) *	97 **Bk** バークリウム (247) *	98 **Cf** カリホルニウム (252) *	99 **Es** アインスタイニウム (252) *	100 **Fm** フェルミウム (257) *	101 **Md** メンデレビウム (256) *	102 **No** ノーベリウム (259) *	103 **Lr** ローレンシウム (260) *

第2編

基礎化学

b) **原子の大きさ(原子半径)**：原子の大きさは，周期表の**左下に行くほど大きくなります**。

c) **陽イオンのなりやすさ**：周期表では**左下へ行くほどイオン化エネルギーは小さくなり，陽イオンになりやすくなります。**

d) **陰イオンのなりやすさ**：周期表では**右上へ行くほど電子親和力は大きくなり，陰イオンになりやすくなります。**

去るときに必要なエネルギーをいう。

・**電子親和力**：原子が陰イオンになるときに放出するエネルギーをいう。

確認問題

次の記述のうち正しいものには○，間違っているものには×をつけなさい。

問1．周期表は元素をアルファベット順に並べた表である。

問2．周期表の横の列を族，縦の列を周期といい，同じ族に属する元素は同様の性質を有する。

問3．17族の元素をハロゲンという。

問4．原子が電子をひきつける力は，周期表では右上へ行くほど大きくなる。

＊ 正解と解説 ＊＊＊＊＊＊＊＊＊＊＊＊＊＊＊＊＊＊＊＊＊＊＊＊＊

問1×　周期表は元素を**原子番号順に並べた**もので，縦の列に周期的に性質の似た元素が現れたものです。

問2×　縦の列を族，横の列を周期といい，同じ族の元素は同様の性質を示します。

問3○　正しいです。

問4○　正しいです。

チャレンジ！発展問題

発展問題63 🐌 非常によくでる！

次の文章の空欄に入る語句として正しいものはどれですか。

「周期表において1族，2族および12族から18族までの元素を(A)，3族から11族

	A	B
1	遷移元素	典型元素
2	典型元素	遷移元素
3	金属元素	非金属元素
4	非金属元素	金属元素

正解 2

解説

周期表では元素は大きく2つに分類でき，1族，2族および12族から18族までの元素を**典**

までの元素を(B)という。」

ヒント

　周期表は元素を原子番号順に並べた表で，同族の元素は同様の性質を示します。

型元素，3族から11族までの元素を**遷移元素**といい，典型元素には金属元素と非金属元素が含まれます。

基礎化学

発展問題64　よくでるヨ

　以下の周期表の記号の部分の元素グループの名称の組み合わせとして正しいものはどれですか。

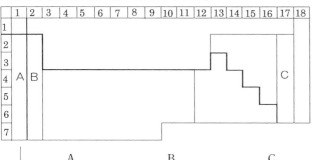

	A	B	C
1	アルカリ土類金属	ハロゲン	アルカリ金属
2	希ガス	遷移元素	アルカリ土類金属
3	アルカリ金属	アルカリ土類金属	ハロゲン
4	遷移元素	希ガス	ハロゲン

ヒント

　元素のグループ名の周期表での位置はよく覚えておきましょう。⇒158，159ページ

正解 3
解説

アルカリ金属，アルカリ土類金属，ハロゲンは典型元素の中でも最もよく出題されます。 言葉で覚えるよりは周期表の中の位置を図で覚えましょう。

発展問題65　よくでるヨ

　次の族名と族番号の組み合わせのうち，正しいものを選びなさい。

正解 4
解説

1．ハロゲン－3族

2．アルカリ土類金属－18族

3．希ガス－17族

4．アルカリ金属－1族

ヒント

154, 155ページの表と照らし合わせて整理しておきましょう。

1族はアルカリ金属，2族はアルカリ土類金属，17族はハロゲン，18族は希ガスです。正しい組み合わせは設問4です。

ちょっと道草

　周期表は19世紀の中ごろにドイツの化学者メンデレーエフによって考え出されました。メンデレーエフは元素を原子量の順に並べると明らかにその性質ごとに周期性を示すことを発見しました。これを利用して未知の元素の性質を予言し，それまで未知であった元素の発見に大きく寄与しました。

　メンデレーエフの功績はこれだけではなく，1893年のロシア度量衡局の所長となった彼はウォッカ(大麦などを原料とするロシア，東欧などで製造されている蒸留酒)の製造技術の標準化を行いました。彼はエチルアルコール分子1に対して水分子2の割合で混合する(38％アルコールと62％の水)のが最適であると結論づけ，これによりすべてのウオッカは40％(体積比)のアルコールを含むものと規定されました。この比率は現在においても多くのウオッカで用いられています。これらの功績によって1906年のノーベル化学賞にノミネートされましたが，残念ながら受賞することはできませんでした。

1.2 無機化合物の性質

合格への近道

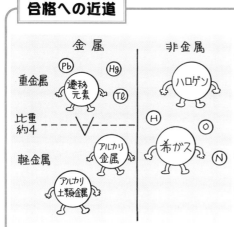

　一般に，元素は**金属**と**非金属**に分けることができます。金属は比重により**軽金属**，**重金属**に分類でき，軽金属はアルカリ金属，アルカリ土類金属とAlなどが該当し，重金属は遷移元素の全てと典型元素の一部(Hg, Pb, Tlなど)が該当します。非金属には炭素，酸素，窒素やハロゲンなどが該当します。

金属の性質

　金属は主に固体で，**展性**，**延性**，**金属光沢**があり，熱や電気をよく伝えます。また酸と反応して塩を作り，塩の水溶液中では陽イオンになります。

覚えよう

金属の性質⇒展性，延性，光沢，熱・電気の良導体

イオン化傾向

　金属が水や水溶液中で**電子を放出して陽イオンになろうとする傾向**をいい，イオン化傾向の大きいものほど反応性が大きくなります。

覚えよう

　イオン化傾向：以下のような語呂あわせで覚えましょう。

貸そうか	な	ま	あ	あ	て	に	す	な	ひ	ど	すぎる	借	金
K > Ca > Na > Mg > Al > Zn > Fe > Ni > Sn > Pb > (H) > Cu > Hg > Ag > Pt > Au

やすい ←―――――――――　イオンになり　―――――――――→ にくい

炎色反応

　白金線の先に試料溶液をつけて炎の中に入れると，それ
ぞれの元素特有の色に炎が発色する現象をいいます。

アルカリ金属

（Li，Na，K，Rb など，H を除く 1 族の元素）

表2.4　炎色反応

原子	Li	Na	K	Rb	Cs	Ca	Sr	Ba	Cu
炎色反応	赤	黄	淡紫	赤紫	青	赤橙	深紅	淡緑	緑

- 柔らかく，軽く，低融点で金属光沢があります。
- 1 価の陽イオンになりやすい。
- 常温でも水と激しく反応。
- ハロゲン及び酸素に対して強い親和性。

アルカリ土類金属

（Be，Mg，Ca，Sr，Ba など 2 族の元素）
- アルカリ金属よりも硬く，融点も高い。
- 2 価の陽イオンになりやすく，水酸化物は強塩基。
- 水素，酸素，塩素などと直接反応します。

ハロゲン

（F，Cl，Br，I など17族の元素）
- 単体はすべて二原子分子で，反応性が高く，**酸化剤**と
  して作用します。
- 種々の金属と反応して塩を生成します。
- 水溶液中では**1 価の陰イオン**になります。
- 銀と難溶性塩を生成します。（光で分解し，銀を生成
  する）

希ガス

（He，Ne，Ar，Kr，Xe など18族の元素）
- 電子配置は**閉殻構造**であるため，他の原子とほとんど

覚えよう
表2.4のうち，Li，
Na，K，Ca，Sr，
Ba，Cu の炎色反
応は覚えておこ
う。

補足
「halogen」⇒「塩
を作る」の意。

覚えよう
ハロゲンの酸化力
⇒$F_2 > Cl_2 > Br_2 >$
I_2

覚えよう
希ガス⇒反応性が
低く，単原子分子

結合しません。（**不活性ガス**ともいわれる）

● 常温で**単原子分子**として存在します。

● 大気中，地殻中の存在率は少ない。

として存在する。

表2.5　ハロゲンの性質

	ふっ素，F	塩素，Cl	臭素，Br	よう素，I
単体の分子式	F_2	Cl_2	Br_2	I_2
常温の状態	淡黄色の気体	黄緑色の気体	赤褐色の液体	黒紫色の固体
水との反応	激しく反応して酸素を発生する	わずかに反応し，光によって酸素を発生する	塩素よりも弱い反応性を示す	水に溶けにくく，反応しにくい
ハロゲン化水素	HF（弱酸）	HCl（強酸）	HBr（強酸）	HI（強酸）
銀塩	AgF（水に可溶）	AgCl（難溶，白色）	AgBr（難溶，淡黄色）	AgI（難溶，黄色）

確認問題

次の記述のうち正しいものには○，間違っているものには×をつけなさい。

問1．金属は硬さによって重金属と軽金属に分けられる。

問2．Zn，Ni，Ag，K，Cu をイオン化傾向の順に並べると，K＞Zn＞Ni＞Cu＞Ag になる。

問3．アルカリ金属は2価の陰イオンになりやすく，常温で水と激しく反応する。

問4．アルカリ土類金属はアルカリ金属よりも軟らかく，融点も低い金属である。

問5．ハロゲンの酸化力の強さの順は $F_2＞Cl_2＞Br_2＞I_2$ である。

問6．希ガスは反応性が高く，種々の元素と化合物を生成する。

正解と解説

問1×　金属のうち，比重が約4以下のものを**軽金属**，4以上のものを**重金属**といいます。

問2○　正しい文章です。

問3×　アルカリ金属は1価の陽イオンになりやすい金属で，水とも常温で激しく反応します。

問4×　一般に，アルカリ土類金属はアルカリ金属よりも硬く，融点の高い金

属です。

問5○　正しいです。

問6×　希ガスは，電子殻の**電子配置が閉殻**になっており，他の原子と結合しにくいです。よって一般に**化合物を生成せず**，単体も**単原子分子**として存在します。

チャレンジ！発展問題

発展問題66　時々出るヨ

次のうち金属の一般的な性質に該当しないものを選びなさい。

1．延性がある。
2．展性がある。
3．潮解性がある。
4．熱や電気をよく伝える。

ヒント　◆◇◆◇◆◇◆◇◆◇◆◇◆◇◆◇

金属の一般的な性質は，主に固体で，展性，延性，金属光沢があり，熱や電気をよく伝え，また酸と反応して塩を作り，塩の水溶液中では陽イオンになります。

◆◇◆◇◆◇◆◇◆◇◆◇◆◇◆◇◆◇◆◇◆◇◆◇

正解 3
解説
金属には潮解性はありません。よって設問3は金属の性質に該当しません。

発展問題67　非常によくてる！

次の文章のうち正しいものを一つ選びなさい。

1．周期表の1族の元素をアルカリ土類金属，2族の元素をアルカリ金属という。
2．アルカリ金属又はアルカリ土類金属の単体は空気中で容易に酸化されるので，水中に保存する。
3．アルカリ金属は1価の陽イオン，アルカリ土類金属は2価の陽イオンになりやすい。
4．アルカリ金属は炎色反応を示すが，アルカリ土類金属は炎色反応を示さない。

正解 3
解説
設問1：1族をアルカリ金属，2族をアルカリ土類金属といいます。
設問2：アルカリ金属，アルカリ土類金属を水と接触させるのは非常に危険です。

ヒント

アルカリ金属，アルカリ土類金属
⇒1）水と反応
　2）1価，2価の陽イオンになる
　3）炎色反応

設問3：正しいです。

設問4：アルカリ金属，アルカリ土類金属共に炎色反応を示します。

第2編

基礎化学

発展問題68　非常によくてる！

次の金属のうちイオン化傾向が最も大きいものを選びなさい。

1．銅　　　　　　　2．カルシウム
3．アルミニウム　　4．鉄　　5．白金

ヒント

太字が設問の元素⇒「借そうかな，まああてにすな，ひどすぎる借金」

正解 2

解説

設問の5つの元素をイオン化傾向の順に並べると，Ca＞Al＞Fe＞Cu＞Ptとなります。よって最も大きいのはカルシウムです。

発展問題69　非常によくてる！

次の元素と炎色反応の組み合わせで明らかに誤っているものを選びなさい。

1．バリウム－赤色
2．ナトリウム－黄色
3．カリウム－赤紫色
4．銅－青緑色
5．カルシウム－赤橙色

ヒント

表2.4（164ページ）を参照

正解 1

解説

赤色の炎色反応を示すのはリチウムで，**バリウムは淡緑色**（緑色系の炎色反応）を示します。よって明らかに誤っている組み合わせは設問1です。

発展問題70　よくでるヨ

次の同族元素の性質についてまとめた文章の（　）にあてはまる最も適切な語句を下の語群から一つずつ選びなさい。

「17族は(A)といわれ，１価の陰イオンになりやすく，元素単体は常温で(B)及び Cl_2 は気体，(C)は液体，(D)は固体であり，周期表の下へいくほど酸化力は(E)なる。」

【語群】
1．アルカリ金属　　2．ハロゲン　　3．弱く
4．Ne　　5．Mg　　6．I_2　　7．希ガス　　8．N_2
9．Br_2　10．O_2　11．F_2　12．H_2　13．強く
14．アルカリ土類金属

ヒント

ハロゲンの酸化力は $F_2>Cl_2>Br_2>I_2$ になります。

正解 A：2，B：11，C：9，D：6，E：3

解説

ハロゲンは17族の元素で１価の陰イオンになりやすく，常温でふっ素，塩素は気体，臭素は液体，よう素は固体です。これらの**酸化力の強さは周期表の下へいくほど弱く**なります。

発展問題71　時々出るヨ

次の元素のうち希ガス元素でないものを選びなさい。

1．ヘリウム　　2．アルゴン　　3．ネオン
4．窒素　　　　5．キセノン

ヒント

希ガスに相当する元素は，He，Ne，Ar，Kr，Xe が該当します。

正解 4

解説

窒素は希ガスには含まれません。

1.3　有機化合物の構造と性質

合格への近道

典型元素である炭素と水素を主骨格元素とした化合物を**有機化合物**といい，酸素，窒素，硫黄などが含まれる場合もあります。炭素の原子価は4価なので，二重結合や三重結合を形成し，鎖状，環状などの莫大な数の有機化合物を形成します。

第2編

基礎化学

一般的性質

- 一般に**可燃性**である。
- 気体，液体，固体のいずれの状態にもなるが，固体でも融点は低い。
- 一般に**水には溶けにくく，有機溶媒に溶けやすいもの**が多い。
- 反応が進むのに時間がかかり，副生成物を生じやすく，目的生成物の収率も低い。

覚えよう
有機物の性質⇒
1）可燃性
2）有機溶剤に可溶
3）無機物質よりも低い融点

官能基

　一般に有機化合物は**官能基**と**残基**からなります。

a）**官能基**：分子の一部分で**反応性が大きく，容易に化学反応に関与する部分**をいいます。（表2.6参照）

b）**残基**：官能基をのぞいた残りの部分で，化学変化を受けにくい部分をいいます。

覚えよう
官能基：反応性が大きく，化学反応に関与する部分

異性体

　同じ分子式で異なる構造式と性質をもっているものをいいます。異性体には**構造異性体，位置異性体**などがあります。（図2.13参照）

覚えよう
異性体：同じ分子式で異なる構造式と性質をもっているもの。

有機化合物の化学反応

a) **置換**：化合物中の原子又は原子団を他の原子又は原子団に置き換える反応をいいます。

$$CH_4 + Cl_2 \xrightarrow{\text{UV or heat}} CH_3Cl + HCl \text{（ハロゲン化）}$$

$$C_6H_6 + HNO_3 \xrightarrow{H_2SO_4} C_6H_5NO_2 + H_2O \text{（ニトロ化）}$$

b) **酸化**：
・炭素と水素のみからなる有機化合物を燃焼すると炭酸ガスと水になります。

補足

実際のハロゲン化反応ではハロゲンの数が異なる物質が複数種生成します。

表2.6　有機化合物の主な官能基

名称	示性式	一般名	化合物の例	官能基の性質
アルコール性水酸基	$-OH$	アルコール	エタノール C_2H_5OH	中性，エステルの生成
フェノール性水酸基	$-OH$	フェノール類	フェノール C_6H_5OH	弱酸性，$FeCl_3$で紫に呈色
アルデヒド基	$-CHO$	アルデヒド	ホルムアルデヒド $HCHO$	還元性（銀鏡反応など）
カルボニル（ケトン）基	$-CO-$	ケトン	アセトン CH_3COCH_3	還元性なし
カルボキシル基	$-COOH$	カルボン酸	酢酸 CH_3COOH	弱酸，アルコールとエステルを作る
アミノ基	$-NH_2$	アミン	アニリン $C_6H_5NH_2$	弱塩基性
ニトロ基	$-NO_2$	ニトロ化合物	ニトロベンゼン $C_6H_5NO_2$	中性，水に難溶
スルホン基	$-SO_3H$	スルホン酸	ベンゼンスルホン酸 $C_6H_5SO_3H$	強酸性
エステル結合	$-COO-$	エステル	酢酸エチル $CH_3COOC_2H_5$	加水分解でアルコールとエステルを生成
エーテル結合	$-O-$	エーテル	ジエチルエーテル $C_2H_5-O-C_2H_5$	加水分解されない

$$CH_4 + 2O_2 \rightarrow CO_2 + 2H_2O$$

$$2CH_3OH + 3O_2 \rightarrow 2CO_2 + 4H_2O$$

・メタノールは酸化されるとホルムアルデヒドになり，さらに酸化されるとギ酸になります。

$$2CH_3OH + O_2 \rightarrow 2HCHO + 2H_2O$$
（ホルムアルデヒドの生成）

$$2HCHO + O_2 \rightarrow 2HCOOH（ギ酸の生成）$$

c) **還元**：有機化合物の還元反応では水素が付加されます。

$$C_6H_5NO_2 + 6 [H] \rightarrow C_6H_5NH_2 + 2 H_2O$$
（ニトロベンゼンの還元によるアニリンの生成）

d) **縮合**：官能基から水1分子分がとれて結合することにより別の物質を生成する反応。

$$CH_3COOH + C_2H_5OH \rightarrow CH_3COOC_2H_5 + H_2O$$
（エステル化）

e) **加水分解**：官能基に水1分子分が付加することにより別の2つ物質を生成する反応。

$$CH_3COOC_2H_5 + H_2O \rightarrow CH_3COOH + C_2H_5OH$$

$$CH_3COOC_2H_5 + NaOH \rightarrow CH_3COONa + C_2H_5OH$$
（けん化）

覚えよう

アルコール
$\xrightarrow{\text{酸化}}$ アルデヒド
$\xrightarrow{\text{酸化}}$ カルボン酸

第2編

基礎化学

覚えよう

エステル
$\xrightarrow{\text{加水分解}}$ アルコール ＋ カルボン酸

補足

アルカリによる加水分解を特に「けん化」といいます。

H₃C－CH₂－CH₂－OH　　n-プロピルアルコール　　　　H₃C－CH－CH₃ の OH　　iso-プロピルアルコール　　構造異性体

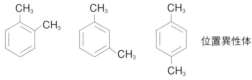

o(オルト)-キシレン　　m(メタ)-キシレン　　p(パラ)-キシレン　　位置異性体

H₃C CH＝CH CH₃　　cis(シス)-2-ブテン（シス異性体）　　CH＝CH H₃C CH₃　　trans(トランス)-2-ブテン（トランス異性体）　　幾何異性体

図2.13　主な異性体

覚えよう

・**構造異性体**：官能基が結合している炭素鎖の構造が異なるもの（ノルマル（*n*-），イソ（*iso*-），ターシャル（*tert*-））。

・**位置異性体**：ベンゼンに結合した官能基の位置関係が異なるもの（*o*-, *m*-, *p*-）。

・**幾何異性体**：炭素間の二重結合に対して立体配置が異なるもの（*cis*体, *trans*体）。

確認問題

次の記述のうち正しいものには○，間違っているものには×をつけなさい。

問1．一般に有機化合物は可燃性で，水に溶けにくいものが多い。

問2．官能基は分子の一部分で化学変化を受けにくい部分をいいます。

問3．－CHO をアルデヒド基といい，還元性を示す。

問4．ベンゼンとシクロヘキサンは互いに異性体である。

問5．ジエチルエーテルを加水分解するとメタノールを生じる。

正解と解説 ＊＊＊＊＊＊＊＊＊＊＊＊＊＊＊＊＊＊＊＊＊＊＊＊＊＊＊＊

問1○　正しい。

問2×　官能基は分子の一部分で反応性が大きく，**容易に反応性に関与する部分**をいいます。

問3○　正しい。

問4×　異性体とは同じ**分子式**で異なる**構造式と性質**をもっているものをいいます。すなわち，ベンゼン C_6H_6 とシクロヘキサン C_6H_{12} は**分子式が異なる**ので，異性体の関係にはありません。

問5×　エーテル結合は非常に安定で，加水分解を受けませんので，メタノールも生成しません。

チャレンジ！発展問題

発展問題72　よくでるヨ

次の有機化合物の性質に関する文章のうち誤っているものを一つ選びなさい。

1．一般に可燃性である。

2．無機化合物に比べて融点が低い。

3．有機化合物の化学反応では，異性体などの副生成物を生じやすい。

4．一般に水に溶けやすいものが多い。

5．同じ分子式で異なる構造と性質をもつものを互いに異性体であるという。

正解 4

解説
有機化合物は，一般に水に溶けにくいものが多く，水とは逆の性質(油に近い性質)を有する有機溶剤によく溶けるものが多いです。よって設問4が誤っています。

ヒント

有機物の性質の特徴は
1）可燃性であること。
2）有機溶剤に可溶。
3）無機物質よりも融点が低いことです。

発展問題73　非常によくでる！

次の官能基とその名称の組み合わせのうち正しいものを一つ選びなさい。
1．－NO₂：ニトロ基
2．－COOH：水酸基
3．－CHO：カルボキシル基
4．－SO₃H：アミノ基
5．－NH₂：アルデヒド基

ヒント

表2.6（170ページ）をよく参照し，官能基の構造式と名称を覚えましょう。

発展問題74　時々出るヨ

次の有機化学反応で生成するものを選択肢から一つずつ選びなさい。
A　カルボン酸とアルコールを縮合させる。
B　アルデヒドを酸化する。
C　アルデヒドを還元する。
D　第2級アルコールを酸化する。

第2編

基礎化学

正解 1
解説
正しくはそれぞれ，
設問2：カルボキシル基
設問3：アルデヒド基
設問4：スルホン基
設問5：アミノ基です。よって正しいのは設問1です。官能基の名称とその示性式をよく覚えておきましょう。

正解 A：5，B：8，C：3，D：1
解説
基本的な有機化学反応の理解度を問う問題です。いずれも有機化学反応の基本パターンといえるものですの

┌─ 選択肢 ──────────────────────┐
│ 1．ケトン　　2．アルデヒド　　3．アルコール │
│ 4．アミン　　5．エステル　　　6．エーテル │
│ 7．アミド　　8．カルボン酸 │
└──────────────────────────┘

ヒント ◆◇◆◇◆◇◆◇◆◇◆◇◆◇◆◇◆◇◆◇◆◇◆◇◆◇

・**第 1 級アルコール**—^{酸化}→アルデヒド—^{酸化}→カルボン酸

・**第 2 級アルコール**—^{酸化}→ケトン（カルボン酸はできない）

・カルボン酸＋アルコール—^{縮合}→エステル

◆◇◆◇◆◇◆◇◆◇◆◇◆◇◆◇◆◇◆◇◆◇◆◇◆◇◆◇◆◇◆◇

で，反応式と組み合わせて覚えましょう。アルコールの「**第 1 級**」，「**第 2 級**」と は**－OH**が結合した炭素に直接結合している炭素原子の数を表しています。

ちょっと道草

　生物に対して毒性を示す毒物や劇物は，大気，河川，海洋，土壌などの環境中に放出されると「環境汚染物質」といわれるようになりますが，地球温暖化やオゾン層破壊などの地球環境システムを破壊してしまうような影響とは異なり，毒物や劇物は地球上の生命体に直接有害な影響を与えてしまいます。しかし，毒物や劇物に指定されている元素の中にも，様々な理由から産業界での流通量が少なく希少な元素とされているものもあります。それらのほとんどが金属元素なので，「レアメタル」といわれています。セレン，アンチモンなどの金属は毒物，劇物であると同時にその性質から「レアメタル」とされており，様々な特殊合金や電子材料などに用いられています。下表に代表的なレアメタル（毒物，劇物以外のものも含む）とその用途をあげておきます。

レアメタル	用　途
ベリリウム	車両，航空機の部品材料，音響機器材料など
チタン	形状記憶合金，人工骨・関節などの各種金属材料，顔料，光触媒など
バナジウム	鋼添加剤，特殊合金，触媒，顔料，蛍光体など
セレン	コピー機の感光ドラム，整流器などの電子材料，ガラスの着色剤，脱色剤など
インジウム	フラットパネルディスプレイの電極(透明導電膜)，半導体材料など
アンチモン	軸受け合金，電極材料，触媒材料など
希土類金属	蛍光体，磁石，レーザー光源，光磁気ディスクなどの各種エレクトロニクス材料

第2編

基礎化学

第3編

毒物及び劇物の性質と取扱方法
―合格への第3ステップ！―
品名ごとに覚えて楽勝！

　　いよいよ最後になりましたが，毒物，劇物の性質や貯蔵，廃棄方法などの取扱方法に関する勉強です。
　　ここからの内容は「毒物及び劇物の性質及び貯蔵その他取扱方法」と「実地試験」の2科目分に相当し，実際の試験では明確な区別がなされていませんので，本書でもこれら2科目分の内容をここで解説することにします。その内容は以下のようなものです。
　・毒物，劇物の化学的性質，毒性及び貯蔵方法
　・毒物，劇物の識別方法及び廃棄方法
　　この科目の勉強方法は，他の科目に比べると暗記に頼る比重が非常に大きくなります。したがって，計算問題などは一切出題されませんが，逆に数多くの毒物，劇物の性質，毒性，貯蔵，識別，廃棄方法について整理し，覚えていく必要があります。ただし，最初から全てを暗記することは不可能ですから，まずは物質ごとよりも「○○化合物」「○○塩類」などの品名ごとに整理していきましょう。

─ この編の特徴 ─

　毒物劇物取扱者試験を受験するにあたり，最もネックとなるのがこの科目の内容ですので，もう少し詳しく内容，特徴を説明しておきます。

　まず，受験する都道府県によって科目名，科目の分け方が異なります。

1. 法規，基礎化学以外を「実地」等の科目名で1科目にまとめている場合

2. 性質及び貯蔵方法等全般に関する科目と識別方法及び取扱方法に関する科目の2科目に分けている場合

概ね2の場合がほとんどで，後者の内容が「実地」等の科目名にされています。では内容はどうでしょうか。例えば「識別方法」では

「○○の水溶液に××溶液を加えると○○色の□□の沈殿が生成する。」

「○○に強熱した××を加えると××の表面に□□が析出し，△△な臭気が発生する。」

といった識別反応(化学反応)を覚えることが中心になります。

　しかし，実際の試験では「実地」科目でも上記のような識別反応を問う問題以外にも，薬物の性状，性質を問う問題を中心に

・毒性や用途と性状等の組み合わせを問う問題

・一定濃度の溶液を作製する場合に必要な薬物量を問う計算問題

・貯蔵方法や廃棄方法，漏出時の措置などを問う問題

などが「実地」科目に出題されることもあります。つまり，「実地」科目でありながら筆記科目と内容は重複しており，内容的に明確な区別はされていません。したがって，本編では科目別に内容を分けるのではなく，問題の出題内容ごとに各章に分けて勉強するような構成にしています。

　よって，性状，毒性等を問う問題でも実地科目(識別及び取扱いに関する科目)においても出題されるということを念頭に置いて勉強してください。

毒物，劇物の性質と毒性

学習の道しるべ

　本章では，まず毒物，劇物の判定基準や毒作用の種類，代表的な解毒剤など毒性学の基礎事項のいくつかに触れた後，毒物，劇物の個別の性質，毒性について勉強しましょう。

　本章では以下のような内容について勉強します。

・毒物，劇物の毒作用の種類
・主な毒物の性質と毒性
・主な劇物の性質と毒性
・毒物，劇物の貯蔵方法

1. 毒作用の種類と解毒剤

重要暗記ポイント

・**毒物，劇物の判定基準**→経口，経皮摂取時などのLD_{50}（半数致死量）に基づいて，物性などを勘案して判定する。

・**毒作用の種類**→ 1）細胞を崩壊させるもの，

　2）代謝作用に障害をきたすもの，

　3）酸素供給を阻害するもの，

　4）中枢神経と心臓をおかすもの，

　5）神経伝達機能を阻害するものなどがあります。

・**解毒剤**→個別に有効なものが必ず存在するわけではありませんが，いくつかのものに対しては有効な解毒剤が定められています。

毒物，劇物の判定基準

　毒物，劇物の判定は，動物における知見，ヒトにおける知見，又はその他の知見に基づいて，当該物質の物性等を勘案して行います。

例）動物における知見（急性毒性）

・**経口**：毒物→LD_{50}が50 mg/kg 以下

　　　　　劇物→LD_{50}が50 mg/kg を超え300 mg/kg 以下

・**経皮**：毒物→LD_{50}が200 mg/kg 以下

　　　　　劇物→LD_{50}が200 mg/kg を超え1,000 mg/kg 以下

毒作用の種類

　毒物，劇物の生体への毒作用を大別すると以下のようになります。

　a）**細胞を崩壊させるもの**：硫酸，硝酸などの腐食性酸，水酸化ナトリウムなどの腐食性アルカリ，水銀，銀の塩類など。

　b）**代謝作用に障害をきたすもの**：黄りん，ひ素化合物，アンチモン化合物，鉛化合物など。

　c）**酸素供給を阻害するもの**：シアン化合物，ニトロベ

注意！

急性中毒→一度に多量が体内に吸収された場合

※対義語：**慢性中毒**→少量ずつが長時間にわたって体内に吸収された場合

覚えよう

LD_{50}：半数致死量（その動物体の半数を試験期間内に死に至らしめる濃度で，体重1 kg 当たりの摂取 mg 量であらわす。）

ンゼンなど。

d) **中枢神経と心臓をおかすもの**：メタノール，クロロホルムなど。

e) **神経伝達機能を阻害するもの**：EPN などの有機りん製剤。

解毒剤

特定の毒劇物に対して有効な解毒剤はあまり存在しませんが，以下のものは覚えておきましょう。

a) **一般的な解毒剤**：

吸着剤；活性炭，$Fe_2(SO_4)_3$飽和溶液など

酸化解毒剤；0.1%過マンガン酸カリウム溶液，よう素の希薄溶液など

b) **特定の毒物，劇物に対する解毒剤**：

ひ素化合物，アンチモン化合物，水銀化合物
　　　　　　　　　　　　→BAL（ジメルカプロール）

しゅう酸塩類→カルシウム剤（注射）

シアン化合物→亜硝酸ナトリウムとチオ硫酸ナトリウム（注射）

よう素→でんぷん溶液

有機りん化合物
　　→PAM（2－ピリジルアルドキシムメチオダイド）

強酸，強アルカリ→それぞれ弱アルカリ，弱酸

覚えよう

一般的な解毒剤；
吸着剤，酸化解毒剤

特定の毒劇物の解毒剤；

しゅう酸塩→カルシウム剤（注射）

シアン化合物→亜硝酸ナトリウムとチオ硫酸ナトリウム（注射）

有機りん化合物→PAM

第3編
毒物及び劇物の性質と取扱方法

確認問題

次の記述のうち正しいものには○，間違っているものには×をつけなさい。

問1．動物における経皮摂取時のLD_{50}が100 mg/kg であるものは毒物に該当する。

問2．硝酸は神経伝達機能を阻害する毒性がある。

問3．シアン化合物の解毒剤としては亜硝酸ナトリウムとチオ硫酸ナトリウムが有効である。

＊ **正解と解説** ＊＊＊＊＊＊＊＊＊＊＊＊＊＊＊＊＊＊＊＊＊＊

問1○　正しいです。

問2✕ 硝酸，硫酸などの**腐食性の強酸**は，接触した局部の細胞に作用して細胞を凝固，壊疽，すなわち細胞自身を殺してしまいます。神経の伝達機能そのものを阻害する毒性があるのは有機りん製剤です。

問3○ 正しいです。

チャレンジ！発展問題

発展問題75  よくでるヨ

経口摂取量として劇物に該当する動物における急性毒性の原則的な判定基準として正しいものを一つ選びなさい。

1．LD_{50}が200 mg/kg 以下であるもの

2．LD_{50}が50 mg/kg 以下であるもの

3．LD_{50}が50 mg/kg を超え300 mg/kg 以下であるもの

4．LD_{50}が200 mg/kg を超え1,000 mg/kg 以下であるもの

ヒント

経口摂取時の毒物，劇物の判定基準は LD_{50} にして50 mg/kg が毒物と劇物の境界線になります。また LD_{50} は，その**動物体の半数を試験期間内に死に至らしめる濃度**で，体重1 kg 当たりの摂取 mg 量であらわすので，**LD_{50}が小さいほど毒性が強い**ことになります。

正解 3

解説

LD_{50} が50 mg/kg 以下であるものが毒物で，LD_{50}が50 mg/kg を超え300 mg/kg 以下であるものが劇物になります。よって設問3が正しい基準です。

発展問題76 よくでるヨ

有機りん製剤の人体への毒性として正しいものを一つ選びなさい。

1．低血糖によるショック症状を引き起こす。

2．全身からの出血による麻痺，意識障害を引き起こす。

3．赤血球を破壊してメトヘモグロビン血症などを引き起こす。

正解 5

解説

血中の**コリンエステラーゼ**という**酵素の働きを阻害する**ため，神経伝達物質であるアセチルコリンが分解されず，**緊張状態が**

4．細胞内の呼吸酵素を阻害して呼吸困難を引き起こす。

5．血中コリンエステラーゼを阻害し，縮瞳，意識混濁等の神経障害を引き起こす。

ヒント ◆◇◆◇◆◇◆◇◆◇◆◇◆◇◆◇◆◇◆◇◆

有機りん製剤の毒性の特徴は**神経伝達機能を阻害する神経毒性**です。

◆◇◆◇◆◇◆◇◆◇◆◇◆◇◆◇◆◇◆◇◆◇◆◇◆◇◆

発展問題77　**非常によくでる！**

次の化合物とその代表的な解毒剤の組み合わせとして正しいものを一つ選びなさい。

1．しゅう酸塩類 − チオ硫酸ナトリウム

2．無機シアン化合物 − BAL

3．有機りん製剤 − PAM

4．ひ素化合物 − 亜硝酸アミル

ヒント ◆◇◆◇◆◇◆◇◆◇◆◇◆◇◆◇◆◇◆◇◆

特定の毒物，劇物に対して有効な解毒剤は非常に少なく，通常はそれらと吸着剤，酸化解毒剤などを併用して投与します。

◆◇◆◇◆◇◆◇◆◇◆◇◆◇◆◇◆◇◆◇◆◇◆◇◆◇◆

続いて縮瞳，意識混濁などの神経障害を引き起こします。よって設問5が正しい記述です。

正解 3
解説
有機りん製剤の解毒剤としてはPAM（2−ピリジルアルドキシムメチオダイド）が非常に有効であるとされています。よって正解は設問3です。

第3編

毒物及び劇物の性質と取扱方法

2. 主な毒物，劇物の性質と毒性を整理しよう！

重要暗記ポイント

　本節では具体的に個々の毒物，劇物の性質，毒性について勉強していきましょう。農業用品目，特定品目を中心として2.1節では主な毒物について，2.2節では主な劇物の性質，毒性を物質群，化合物群ごとにまとめています。それぞれ以下のような項目に分けています。

1. **物質群，化合物群に共通した項目**(毒性と解毒方法)
   - **毒性**→その物質群に共通した毒作用と中毒症状について記載。
   - **解毒剤又は解毒法**→その物質群に共通した解毒剤，解毒方法。

2. **物質ごとの項目**
   - 物質名→基本的には法別表又は指定令に記載の名称を記載していますが，略称や一般名の方が広く用いられている場合は略称，一般名を記載し，正式な化学名等は**別名**に記載。
   - [**品目制限**]→販売品目制限(一般，農業用品目，特定品目)の区別を記載。
   - **別名**→法令記載の名称以外の名称や一般名などを記載。
   - **化学式又は構造式**→無機化合物は化学式，有機化合物は構造式。
   - **性状**→常温(20℃)での外観(色，形状)，臭気，溶解性など。
   - **用途**→工業的，化学的な用途。
   - **毒性**→その物質に特有な毒作用を記載。
   - **解毒剤又は解毒法**→その物質に特有な解毒剤，解毒方法を記載。

注意

　色の表現(言葉)はきわめて主観を伴うので，他の資料などに記載の文言と必ずしも一致しない場合があります(「黄橙色」と「橙黄色」など)。

　また，「無色」は「着色していないが，形状によっては白色に見える」ことを意味し，「白色に着色している」こととは区別しています。

2.1 主な毒物

■黄りん

| 物質名 | 黄りん | [品目制限：一般] |

- **別名**：白りん
- **化学式**：P_4
- **性状**：常温で白色又は淡黄色のロウ状固体。**空気に触れると発火**，燃焼し強い**刺激臭のある煙霧を発生。暗所ではりん光を発する**。水にはほとんど不溶，ベンゼン，二硫化炭素に可溶。
- **用途**：酸素吸収剤，赤りんなどのりん化合物，殺鼠剤の原料。
- **毒性**：黄りんが燃えて発生する煙霧は，呼吸器を激しく刺激する。
- **解毒剤又は解毒法**：1）0.1％過マンガン酸カリウム溶液で胃洗浄する。2）催吐剤として硫酸銅を，下剤には塩類下剤を用いる。

> **覚えよう**
> 黄りんは空気に触れると発火し，暗所でりん光を発する。

■無機シアン化合物

この物質群に共通する毒性と解毒法

- **毒性**：酸と反応して有毒かつ引火性の**シアン化水素（青酸ガス）を発生**する。**シアン中毒**（頭痛，めまい，意識不明，呼吸麻痺など）を引き起こす。
- **解毒剤又は解毒法**：1）過マンガン酸液の5,000倍液で胃洗浄をする。2）チオ硫酸ナトリウムの静脈注射，デトキシンの筋肉注射，さらにブドウ糖注射等をする。

| 物質名 | シアン化カリウム | [品目制限：一般，農業] |

- **別名**：青化カリ，青酸カリ
- **化学式**：KCN
- **性状**：白色等軸晶の塊片又は粉末。アルコールに微溶，水には容易に溶解して強アルカリ性を呈する。空気中で

> **覚えよう**
> シアン化ナトリウム，シアン化カリウム：水溶液は強アルカリ性，吸湿，

第3編

毒物及び劇物の性質と取扱方法

湿気を吸収し，かつ空気中の炭酸ガスを吸収して青酸臭を発生する。

●**用途**：冶金，電気鍍金，写真，金属の着色，殺虫剤など。

炭酸ガスを吸収して青酸ガスを発生する。

| 物質名 | シアン化ナトリウム [品目制限：一般，農業] |

●**別名**：青化ソーダ，青酸ソーダ
●**化学式**：NaCN
●**性状**：白色の粉末，粒状又はタブレット状固体。水に溶けやすく，水溶液は強アルカリ性である。**吸湿性があり，かつ空気中の炭酸ガスを吸収して青酸臭を発生する。**
●**用途**：冶金，電気鍍金，写真，殺虫剤など。

■水銀及び水銀化合物

この物質群に共通する毒性と解毒法

　塩化第一水銀など一部の水銀化合物は劇物に該当しますが，水銀化合物としての毒性は類似していますので，ここに解説します。
●**毒性**：水銀中毒(胃腸の激痛，嘔吐，下痢，心臓衰弱など)を引き起こす。一般に，水，希塩酸に溶けるものほど猛毒性を有する。
●**解毒剤又は解毒法**：0.1%硫酸アトロピン注射，BALなどを用いる。

| 物質名 | 水銀 　　　　　　　　　[品目制限：一般] |

●**化学式**：Hg
●**性状**：銀白色で常温で液体の金属。水，塩酸に不溶，硝酸に可溶。ナトリウム，カリウム，金，銀など多くの金属とアマルガムをつくる。
●**用途**：理化学機器，水銀ランプ，整流器，歯科用アマルガムなど。

覚えよう
水銀：常温で液体，硝酸に可溶。

| 物質名 | 酸化第二水銀 　　　　　　[品目制限：一般] |

●**別名**：酸化こう(赤色酸化こう，黄色酸化こう)，酸化水

覚えよう
酸化第二水銀：

銀(II)

- **化学式**：HgO
- **性状**：赤色又は黄色の粉末(製法によって異なる)。水に不溶，酸に可溶。
- **用途**：塗料，試薬など。
- **注意**：酸化水銀５％以下を含有する製剤は劇物に該当。

|物質名|　**塩化第二水銀**　　　　　　　　[品目制限：一般]

- **別名**：塩化水銀(II)，**昇こう**
- **化学式**：$HgCl_2$
- **性状**：白色の針状結晶。水，エーテルに可溶。水溶液は酸性。
- **用途**：染色剤など。

|物質名|　**硝酸第一水銀**　　　　　　　　[品目制限：一般]

- **別名**：硝酸水銀(I)，**硝酸亜酸化こう**
- **化学式**：$HgNO_3$
- **性状**：**風解性**を有する無色の結晶。多量の水で黄色の塩基性塩を沈殿する。水溶液は酸性を呈する。エーテルに不溶。
- **用途**：たんぱく質の検出試薬。

|物質名|　**塩化第一水銀**　　　　　　　　[品目制限：一般]

- **注意!!**：劇物(指→塩化第一水銀及びこれを含有する製剤)
- **別名**：**甘こう，カロメル，**塩化水銀(I)
- **化学式**：Hg_2Cl_2
- **性状**：白色粉末。光で分解して塩化第二水銀と水銀を生成。水，エタノール，エーテルに不溶，王水に可溶，希硝酸に微溶。
- **用途**：医療用，甘こう電極，試薬など。

5％以下の製剤は劇物に該当。

第3編

毒物及び劇物の性質と取扱方法

覚えよう
硝酸第一水銀：風解性

覚えよう
塩化第一水銀(**劇物**)は光で分解する。

■セレン及びセレン化合物

┌─**この物質群に共通する毒性と解毒法**─┐

● **毒性**：急性中毒の場合，胃腸障害，神経過敏症，肺炎等をおこし，慢性中毒の場合，息のニンニク臭，皮膚，毛髪の着色，皮膚炎等をおこす。

物質名　セレン　　　　　　　　[品目制限：一般]

- **化学式**：Se
- **性状**：灰色の金属光沢を有するペレットまたは黒色の粉末。水に不溶，硫酸，二硫化炭素に可溶。
- **用途**：釉薬，整流器など。

物質名　亜セレン酸ナトリウム　　[品目制限：一般]

- **化学式**：$Na_2SeO_3 \cdot 5H_2O$
- **性状**：白色結晶性の粉末。水に可溶。硫酸銅で緑青色の沈殿を生じるが，この沈殿は酸に溶ける。
- **用途**：試薬
- **注意**：亜セレン酸ナトリウム0.00011％以下の製剤は普通物。

> **覚えよう**
> 亜セレン酸ナトリウム：0.00011％以下は普通物

物質名　二酸化セレン　　　　　[品目制限：一般]

- **別名**：無水亜セレン酸
- **化学式**：SeO_2
- **性状**：吸湿性がある白色粉末。昇華性。水に極めて可溶，硫酸，酢酸，エタノールに可溶。
- **用途**：試薬

> **覚えよう**
> 二酸化セレン：吸湿性，昇華性

物質名　セレン酸　　　　　　　[品目制限：一般]

- **化学式**：H_2SeO_4
- **性状**：無色の柱状結晶。水に極めて可溶。
- **用途**：写真用，脱水剤など。

■ひ素及びひ素化合物

この物質群に共通する毒性と解毒法

- **毒性**：急性中毒の場合，意識喪失，昏睡，呼吸器血管運動中枢の急性麻痺，腹痛，嘔吐，口渇等をおこし，慢性中毒では吐気，皮膚，粘膜の乾燥，頭痛，神経障害，脂肪変性等をおこす。
- **解毒剤又は解毒法**：BAL(ジメルカプロール)，水酸化マグネシウム，亜ひ酸解毒剤(硫酸第二鉄溶液，マグネシア，水を20：3：100の割合で混合したもの)を与える。

物質名　**ひ素**　　　　　　　　[品目制限：一般，農業]

- **化学式**：As
- **性状**：金属光沢を有する灰色結晶，または黄色，黒色，褐色の無定形固体。塩素酸カリウムとの混合物は衝撃により爆発する。
- **用途**：散弾(鉛との合金)，冶金，化学工業用など。

物質名　**三酸化二ひ素**　　　　　[品目制限：一般]

- **別名**：無水亜ヒ酸
- **化学式**：As_2O_3
- **性状**：無色結晶。**昇華性**を有する。水にわずかに溶けて亜ヒ酸を生じる。
- **用途**：ひ酸塩の原料，殺虫剤，殺鼠剤，除草剤など。

物質名　**水素化ひ素**　　　　　　[品目制限：一般]

- **別名**：アルシン，ひ化水素
- **化学式**：AsH_3
- **性状**：無色のニンニク臭を有する気体。水に可溶。点火すると無水亜ヒ酸の白色塩をはなって燃える。
- **用途**：工業用，化学反応試薬など。

第3編
毒物及び劇物の性質と取扱方法

覚えよう
三酸化二ひ素：昇華性

■ふっ化水素

この物質群に共通する毒性と解毒法

- **毒性**：非常に強い**腐食性**を有する。吸入すると気管支，呼吸器の粘膜が刺激され，肺水腫，呼吸困難を起こす。

| 物質名 | ふっ化水素 | ［品目制限：一般］ |

- **別名**：無水ふっ化水素酸
- **化学式**：HF
- **性状**：激しい刺激性を有する不燃性の無色気体。**空気中の水分と作用して白煙を生じ**，非常に強い**腐食性**を示す。水にきわめて可溶。

| 物質名 | ふっ化水素酸 | ［品目制限：一般］ |

- **別名**：ふっ酸
- **化学式**：HFaq
- **性状**：ふっ化水素の水溶液で，無色又はわずかに着色した透明液体。特有の刺激性があり，濃厚なものは**空気中で白煙**を生じる。
- **用途**：フロンガス原料，ガラスつや消し，半導体エッチング剤など。

> **覚えよう**
>
> ふっ化水素，ふっ化水素酸：強腐食性（ガラスを腐食する。）

■有機りん製剤

この物質群に共通する毒性と解毒法

- **毒性**：神経伝達機能に関与する酵素の機能阻害による**神経毒性**を有する。軽度の場合，倦怠感，頭痛，めまい，嘔吐をおこし，過度の場合，縮瞳，意識混濁，全身痙攣等をおこす。
- **解毒剤又は解毒法**：PAM（2－ピリジルアルドキシムメチオダイド）又は硫酸アトロピン製剤を投与する。

※以下のほか，TEPP，イソフェンホスなど多数が毒物，劇物に指定されている。

物質名　**EPN**　　　　　　　［品目制限：一般，農業］

- **別名**：エチルパラニトロフェニルチオノベンゼンホスホネイト
- **性状**：白色結晶，水にほとんど不溶，有機溶媒に可溶。工業品は暗褐色液体。
- **注意**：1.5％以下の製剤は劇物

・構造式

$$H_5C_2-O \quad S \quad P \quad -O \quad -NO_2$$

物質名　**パラチオン（特定毒物）**　　［品目制限：一般］

- **別名**：ジエチルパラニトロフェニルチオホスフェイト
- **性状**：無色又は淡黄色〜褐色の液体。エーテル，アルコールに可溶，水，石油エーテルにほとんど不溶。
- **用途**：遅効性殺虫剤（使用者に法的制限）

・構造式

$$H_5C_2-O \quad S \atop H_5C_2-O \quad P \quad -O \quad -NO_2$$

物質名　**メチルパラチオン（特定毒物）**

［品目制限：一般］

- **別名**：ジメチルパラニトロフェニルチオホスフェイト
- **性状**：パラチオンと同じ
- **用途**：遅効性殺虫剤（使用者に法的制限）

・構造式

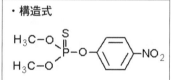

$$H_3C-O \quad S \atop H_3C-O \quad P \quad -O \quad -NO_2$$

覚えよう
特定毒物→使用者に法的な制限がある。

第3編
毒物及び劇物の性質と取扱方法

確認問題

次の記述のうち正しいものには○，間違っているものには×をつけなさい。

問１．黄りんは空気に触れると発火，燃焼し，刺激臭のある白煙を生じる。

問２．無機シアン化合物は，アルカリと反応して有毒な青酸ガスを発生する。

問３．シアン化カリウムの水溶液は強アルカリ性を呈する。

問４．酸化第二水銀を含む製剤はすべて毒物に該当する。

問５．塩化第一水銀及びこれを含有する製剤は劇物である。

問６．セレンによる慢性中毒は，息のニンニク臭や皮膚，毛髪の着色，皮膚炎などをおこす。

問7．ひ素中毒の解毒剤としては0.1%硫酸アトロピン注射が有効である。

問8．ふっ化水素は吸入すると神経伝達機能に障害を及ぼす。

問9．パラチオンは誰でも使用できる。

問10．有機りん製剤は神経毒性を有する。

＊ **正解と解説** ＊＊＊＊＊＊＊＊＊＊＊＊＊＊＊＊＊＊＊＊＊＊＊＊＊＊

問1○　正しいです。

問2✕　青酸（シアン化水素）は弱酸なので，無機シアン化合物は**他の酸（青酸より強い酸）と反応して青酸ガスを発生**します。

問3○　正しいです。

問4✕　酸化第二水銀を含む製剤のうち，**含有量が5％以下の場合は劇物**に該当します。

問5○　正しいです。

問6○　正しいです。

問7✕　亜硫酸アトロピン注射は水銀中毒などに有効な解毒剤です。ひ素中毒には**水酸化マグネシウムや亜ひ酸解毒剤**が投与されます。

問8✕　ふっ化水素は**非常に強い腐食性**を有し，吸入によって気管支，呼吸器の粘膜が刺激され，肺水腫，呼吸困難をおこします。

問9✕　パラチオン，メチルパラチオンは**特定毒物**であり，**使用者に法的な制限**がなされているため，**市販されていません**。

問10○　正しいです。

※性質，毒性に関する問題では毒物と劇物を区別して出題されることはほとんどありませんので，　**発展問題**　は次の2.2節の後ろにまとめています。

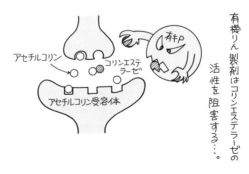

アセチルコリン

コリンエステラーゼ

有キP

アセチルコリン受容体

有機りん製剤はコリンエステラーゼの活性を阻害する…。

2.2 主な劇物

■無機亜鉛塩類

┌─ この物質群に共通する毒性と解毒法 ─┐
- **毒性**：嘔吐，下痢，腹痛，痙攣，発熱，関節痛などをおこす。
- **解毒剤又は解毒法**：1）多量のぬるま湯，食塩水で胃を洗浄する。2）鉄粉，硫黄華，マグネシア，卵白などを飲ませる。

[物質名] **硝酸亜鉛**　　　　[品目制限：一般，農業]

- **化学式**：$Zn(NO_3)_2 \cdot 6\,H_2O$
- **性状**：無水物もあるが，一般には六水和物が流通。六水和物は白色結晶，水に極めて可など。溶。潮解性がある。
- **用途**：工業用捺染剤など。

[物質名] **硫酸亜鉛**　　　　[品目制限：一般，農業]

- **別名**：皓礬（こうばん）
- **化学式**：$ZnSO_4 \cdot 7\,H_2O$
- **性状**：一般には七水和物が流通。白色結晶。水にきわめて可溶。
- **用途**：木材防腐剤，塗料，農薬，試薬など。

[物質名] **塩化亜鉛**　　　　[品目制限：一般，農業]

- **別名**：クロル亜鉛
- **化学式**：$ZnCl_2$
- **性状**：白色結晶，潮解性がある。水，アルコールによく溶ける。
- **用途**：脱水剤，木材防腐剤，乾電池材料，脱臭剤など。

第3編

毒物及び劇物の性質と取扱方法

■アンチモン化合物

この物質群に共通する毒性と解毒法

- **毒性**：急性中毒の場合，吐気，嘔吐，下痢，運動麻痺，痙攣をおこし，慢性中毒の場合，皮膚の痒み，化膿，歯肉出血などをおこす。
- **解毒剤又は解毒法**：1）タンニン酸溶液，酒類などを飲ませる。2）中毒治療には BAL を用いる。

物質名　三塩化アンチモン　　　［品目制限：一般］

- **別名**：塩化アンチモン（III），アンチモンバター
- **化学式**：$SbCl_3$
- **性状**：無色結晶，強潮解性。多量の水で加水分解する。濃塩酸に溶解。
- **用途**：木綿用媒染剤，塗装剤など。

物質名　三酸化アンチモン　　　［品目制限：一般］

- **別名**：酸化アンチモン（III），アンチモン華，アンチモン白
- **化学式**：Sb_2O_3
- **性状**：白色粉末又は結晶。水，希硝酸，希硫酸にはほとんど溶けない。濃硫酸，濃硝酸，塩酸に可溶。
- **用途**：顔料，試薬
- **注意**：三酸化アンチモンを含む製剤は普通物。

物質名　酒石酸アンチモニルカリウム

　　　　　　　　　　　［品目制限：一般］

- **別名**：吐酒石（としゅせき），酒石酸カリウムアンチモン
- **化学式**：$KSb(C_2H_4O_6) \cdot 1.5\,H_2O$
- **性状**：無色又は白色の結晶性粉末。水に溶け，アルコールに不溶。
- **用途**：媒染剤，試薬など。

注意！
三酸化アンチモンを含む製剤は普通物。

■塩素酸塩類

┌─ **この物質群に共通する毒性と解毒法** ─┐

- **毒性**：血液に作用するため，血液はどろどろになり，どす黒くなる。腎臓が侵され，重度の場合痙攣をおこす。
- **解毒剤又は解毒法**：1）胃洗浄する。2）吐剤，下剤を用いる。

[物質名] **塩素酸ナトリウム** [品目制限：一般，農業]

- **別名**：塩素酸ソーダ
- **化学式**：$NaClO_3$
- **性状**：白色の正方単斜結晶。水に可溶。**強潮解性**なので普通は溶液として使われる。
- **用途**：除草剤，酸化剤，抜染剤など。

覚えよう
塩素酸ナトリウムは**強潮解性**を有する。

[物質名] **塩素酸カリウム** [品目制限：一般，農業]

- **別名**：塩素酸カリ，塩剥
- **化学式**：$KClO_3$
- **性状**：無色の単斜晶板状の結晶。水に溶けるが，アルコールに不溶。可燃物と混合したものは衝撃で爆発する。
- **用途**：マッチ，煙火，爆発物の製造，酸化剤など。

■過酸化水素水

[物質名] **過酸化水素水** [品目制限：一般，特定]

- **別名**：過酸化水素液
- **化学式**：$H_2O_2\ aq$
- **性状**：無色透明の濃厚液体。市販品は30〜40％水溶液。**酸化性と還元性の両方**を有し，微量の不純物や金属粉の添加により激しく分解する。**温度上昇，動揺**などによって**爆発**する。安定剤として塩酸等の酸を少量添加して貯蔵する。
- **用途**：漂白剤，洗浄剤，消毒剤など。

覚えよう
過酸化水素水は温度上昇により爆発するため，塩酸等の安定剤を添加して貯蔵する。

第3編
毒物及び劇物の性質と取扱方法

- **毒性**：溶液，蒸気共に刺激性が非常に強く，蒸気は7 ppm 程度を吸入すると咳き込む。35%以上の溶液は皮膚に水疱をつくる。眼に入ると角膜が侵され，場合によっては失明する。
- **注意**：6 %以下を含む製剤は普通物。

注意！

過酸化水素の 6 %以下の製剤は普通物である。

■カドミウム化合物

この物質群に共通する毒性と解毒法

- **毒性**：胃腸粘膜を強く刺激し，肝臓，腎臓を侵す(カドミウム中毒)ため，嘔吐，腹痛，下痢を起こす。
- **解毒剤又は解毒法**：胃洗浄など一般金属化合物と同様の処置を行う。

[物質名] **酸化カドミウム**   ［品目制限：一般］

- **化学式**：CdO
- **性状**：赤褐色の粉末。水に不溶，酸に可溶，アンモニア水，アンモニア塩類水溶液に可溶。
- **用途**：電気めっきなど。

[物質名] **硝酸カドミウム**   ［品目制限：一般］

- **化学式**：$Cd(NO_3)_2 \cdot 4 H_2O$
- **性状**：四水和物が一般的な流通品。無色結晶で**潮解性**がある。水に極めて溶ける。
- **用途**：ガラス，陶磁器の着色剤，写真用のエマルジョンなど。

覚えよう

硝酸カドミウムは潮解性がある。

[物質名] **硫化カドミウム**   ［品目制限：一般］

- **別名**：カドミウムイエロー
- **化学式**：CdS
- **性状**：黄橙色粉末。水に不溶，熱硝酸，熱濃硫酸に可溶。
- **用途**：顔料

■無機銀塩類

┌─ **この物質群に共通する毒性と解毒法** ─┐

- **毒性**：組織表面部での腐食作用を示す。嘔吐，腹痛，下痢をおこし，慢性化するとその部分に銀が沈着する。
- **解毒剤又は解毒法**：1）食塩水で胃洗浄する。2）牛乳，吐剤，下剤を飲ませる。

[物質名] **硝酸銀**　　　　　　　　　　[品目制限：一般]

- **化学式**：$AgNO_3$
- **性状**：無色結晶。光分解して黒変する。**酸化性**，腐食性を有する。水に極めて可溶。アセトン，グリセリンに可溶。
- **用途**：銀塩原料，写真用薬品など。

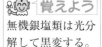

覚えよう
無機銀塩類は光分解して黒変する。

[物質名] **硫酸銀**　　　　　　　　　　[品目制限：一般]

- **化学式**：Ag_2SO_4
- **性状**：無色結晶又は白色粉末。**光分解し黒変**する。水に溶けにくく，アンモニア水，硫酸，硝酸に可溶。
- **用途**：一般分析用など。

■クロム酸塩類

┌─ **この物質群に共通する毒性と解毒法** ─┐

- **毒性**：経口摂取すると口腔内と食道が赤黄色に染まり，腹痛，緑色の嘔吐物，血便，血尿などを引き起こす。（クロム中毒）
- **解毒剤又は解毒法**：1）次亜硫酸ソーダ溶液で胃洗浄する。2）マグネシア溶液，牛乳，石灰などを飲ませる。

[物質名] **クロム酸ナトリウム**

　　　　　　　　　　[品目制限：一般，特定]

- **化学式**：$Na_2CrO_4 \cdot 10\,H_2O$

覚えよう
クロム酸塩の特

第3編

毒物及び劇物の性質と取扱方法

- **性状**：十水和物が一般に流通。**黄色結晶で潮解性**を有する。水に可溶，エタノールに微溶。
- **用途**：酸化剤，製革，試薬など。
- **注意**：**70%以下を含む製剤は普通物。**

| 徴：黄 色〜赤 黄色，酸化性 |

覚えよう

クロム酸ナトリウムは潮解性がある。

注意!

クロム酸塩の70%以下の製剤は普通物。

| **物質名** | クロム酸鉛 | [品目制限：一般，特定] |

- **別名**：クロム黄
- **化学式**：$PbCrO_4$
- **性状**：**黄色又は赤黄色**の粉末。淡黄色のものは一部，硫酸鉛を含む。水に不溶，酸，アルカリに可溶。
- **用途**：顔料
- **注意**：**70%以下を含む製剤は普通物。**

■けいふっ化水素酸及びその塩類

この物質群に共通する毒性と解毒法

- **毒性**：中枢神経興奮作用，腐食・殺菌性による局所刺激作用を有する。
- **解毒剤又は解毒法**：1）胃洗浄する。2）吐剤，下剤，牛乳を飲ませる。

| **物質名** | けいふっ化水素酸 | [品目制限：一般] |

- **別名**：ふっ化けい素酸，ヘキサフルオロけい酸
- **化学式**：H_2SiF_6
- **性状**：刺激臭を有する無色の発煙液体。**市販品は33%溶液。**
- **用途**：セメントの効果促進剤，電気精錬の電解液など。

| **物質名** | けいふっ化カリウム | [品目制限：一般] |

- **別名**：ヘキサフルオロけい酸カリウム，けいふっ化カリ
- **化学式**：K_2SiF_6
- **性状**：無色の結晶性粉末。塩酸に可溶，水に難溶，アルコールに不溶。

物質名　**けいふっ化ナトリウム**

[品目制限：一般，特定]

- **別名**：ヘキサフルオロけい酸ナトリウム，けいふっ化ソーダ
- **化学式**：Na_2SiF_6
- **性状**：白色の結晶。水に難溶，アルコールに不溶。
- **用途**：釉薬，試薬など。

■重クロム酸塩類

┌─────────────────────────────────┐
　　この物質群に共通する毒性と解毒法
└─────────────────────────────────┘

- **毒性**：粘膜や皮膚への刺激性が大きく，腹痛，嘔吐，血尿などのクロム中毒を起こす。
- **解毒剤又は解毒法**：1）次亜硫酸ソーダ溶液で胃洗浄する。2）マグネシア溶液，牛乳，石灰などを飲ませる。

第3編

毒物及び劇物の性質と取扱方法

物質名　**重クロム酸カリウム** [品目制限：一般，特定]

- ・**別名**：二クロム酸カリウム，重クロム酸カリ
- **化学式**：$K_2Cr_2O_7$
- **性状**：**橙赤色**結晶。水に可溶，アルコールに不溶。**強酸化剤**。
- **用途**：工業用酸化剤，媒染剤，製革用薬品など。

覚えよう

重クロム酸塩の特徴：**橙赤色～橙色，強酸化性**

物質名　**重クロム酸ナトリウム**

[品目制限：一般，特定]

- **別名**：二クロム酸ナトリウム，重クロム酸ソーダ
- **化学式**：$Na_2Cr_2O_7 \cdot 2H_2O$
- **性状**：流通品は二水和物。**橙色**結晶。**潮解性**がある。水に極めて可溶。
- **用途**：試薬

覚えよう

重クロム酸ナトリウムは潮解性がある

物質名　**重クロム酸アンモニウム**　［品目制限：一般］

- **別名**：二クロム酸アンモニウム，重クロム酸アンモン
- **化学式**：$(NH_4)_2Cr_2O_7$
- **性状**：橙赤色結晶。水に可溶。**自己燃焼性**がある。
- **用途**：試薬など。

覚えよう

重クロム酸アンモニウムは自己燃焼性がある。

■ しゅう酸及びしゅう酸塩類

この物質群に共通する毒性と解毒法

- **毒性**：血液中の石灰分を奪い，神経系，腎臓を侵す。
- **解毒剤又は解毒法**：1）多量の石灰水を与える。2）胃洗浄する。3）カルシウム剤の静脈注射。

物質名　**しゅう酸**　　［品目制限：一般，特定］

- **化学式**：$C_2H_2O_4 \cdot 2H_2O$
- **性状**：二水和物の無色結晶で，乾燥空気中で**風化**する（風解性）。**徐々に熱すると昇華する**（昇華性）が，急激に加熱すると分解する。水，アルコールに可溶，エーテルには難溶。無水物は吸湿性がある。
- **用途**：捺染剤，漂白剤，真鍮，銅の研磨剤など。
- **注意**：10%以下を含む製剤は普通物

注意！

しゅう酸及びしゅう酸塩類：10%以下を含む製剤は普通物。

覚えよう

しゅう酸は風解性，昇華性がある

物質名　**しゅう酸水素アンモニウム**

［品目制限：一般，特定］

- **別名**：酸性しゅう酸アンモニウム
- **化学式**：$(NH_4)HC_2O_4 \cdot H_2O$
- **性状**：無色の結晶。水及び強酸に可溶。
- **用途**：分析試薬など。
- **注意**：10%以下を含む製剤は普通物

物質名　**しゅう酸ナトリウム**　［品目制限：一般，特定］

- **化学式**：$Na_2C_2O_4$

- **性状**：白色結晶性粉末。水に可溶。
- **用途**：分析試薬，繊維工業，写真薬品など。
- **注意**：10%以下を含む製剤は普通物

■無機銅塩類

┌─ この物質群に共通する毒性と解毒法 ─┐

- **毒性**：嘔吐，下痢，腹痛，痙攣，発熱，関節痛など，亜鉛塩類と同様の毒性を示す。
- **解毒剤又は解毒法**：1）多量のぬるま湯，食塩水，牛乳で胃を洗浄する。2）鉄粉，硫黄華，マグネシア，卵白などを飲ませる。

└────────────────────────┘

| 物質名 | 硫酸第二銅 | ［品目制限：一般，農業］ |

- **別名**：胆礬（たんばん），硫酸銅（Ⅱ）
- **化学式**：$CuSO_4 \cdot 5H_2O$
- **性状**：藍色の結晶で**風解性**がある。水に溶けやすく，水溶液は青リトマス紙を赤くする。
- **用途**：媒染剤，農薬，試薬など。

覚えよう
硫酸第二銅は風解性を有する。

| 物質名 | 塩化第二銅 | ［品目制限：一般，農業］ |

- **別名**：塩化銅（Ⅱ）
- **化学式**：$CuCl_2 \cdot 2H_2O$
- **性状**：流通品は二水和物。**緑色**結晶で**潮解性**がある。水，アルコールに可溶。
- **用途**：試薬

覚えよう
塩化第二銅は潮解性である。

| 物質名 | 塩基性炭酸銅 | ［品目制限：一般，農業］ |

- **別名**：マラカイト
- **化学式**：$1\text{-}2\,CuCO_3 \cdot Cu(OH)_2$
- **性状**：暗緑色結晶性粉末。酸，アンモニアに可溶，水，アルコールには溶けにくい。
- **用途**：顔料，試薬

第3編
毒物及び劇物の性質と取扱方法

■鉛化合物

この物質群に共通する毒性と解毒法

- **毒性**：皮膚の傷口から，またガス体として呼吸器に入り，循環器を侵す（鉛中毒）。
- **解毒剤又は解毒法**：1）硫酸マグネシウムまたはボウ硝水で胃を洗浄する。2）次亜硫酸ソーダ溶液，吐酒石，牛乳などを飲ませる。3）カルシウム剤，アトロピンの注射をする。

物質名　**一酸化鉛**　　　　［品目制限：一般，特定］

- **別名**：密陀僧（みつだそう），リサージ
- **化学式**：PbO
- **性状**：黄色～赤色の粉末。水には不溶，酸，アルカリに可溶。光化学反応によって四酸化三鉛を生じる。
- **用途**：顔料，鉛丹の原料，鉛ガラスの原料など。

覚えよう

一酸化鉛，二酸化鉛は光反応によって四酸化三鉛を生じる。

物質名　**二酸化鉛**　　　　［品目制限：一般，特定］

- **別名**：過酸化鉛
- **化学式**：PbO_2
- **性状**：茶褐色の粉末。水，アルコールには不溶。光分解によって四酸化三鉛と酸素になる。
- **用途**：工業用酸化剤，電池の原料，試薬など。

物質名　**酢酸鉛**　　　　［品目制限：一般，特定］

- **別名**：鉛糖（えんとう），二酢酸鉛
- **化学式**：$Pb(CH_3COO)_2 \cdot 3H_2O$
- **性状**：無色結晶。水に溶けやすく，グリセリンに可溶。
- **用途**：染料，鉛塩の原料など。

■バリウム化合物

この物質群に共通する毒性と解毒法

- **毒性**：直接中枢神経を刺激して痙攣，腎臓炎，心臓麻痺を起こさせる。
- **解毒剤又は解毒法**：1）食塩水で胃を洗浄する。2）硫酸ソーダ溶液，硫酸マグネシア，硫酸カリなどを飲ませる。

[物質名] 炭酸バリウム　　　[品目制限：一般]

- **別名**：炭酸重土
- **化学式**：$BaCO_3$
- **性状**：白色粉末。水に微溶，アルコールに不溶，酸に可溶。
- **用途**：バリウム塩の工業原料，釉薬，試薬など。

[物質名] 塩化バリウム　　　[品目制限：一般]

- **化学式**：$BaCl_2 \cdot 2H_2O$
- **性状**：一般流通品は二水和物。無色の結晶。水に可溶。
- **用途**：工業原料，試薬など。

■強アルカリ

この物質群に共通する毒性と解毒法

- **毒性**：強アルカリ性であるので，腐食性が強く，たんぱく質を溶解，細胞を破壊する。眼に入った場合，**失明の可能性**が高い。
- **解毒剤又は解毒法**：1）食塩水で胃を洗浄する。2）硫酸ソーダ溶液，硫酸マグネシア，硫酸カリなどを飲ませる。

[物質名] 水酸化カリウム　　　[品目制限：一般，特定]

- **別名**：苛性カリ
- **化学式**：KOH
- **性状**：白色の固体。水，アルコールには発熱して溶解す

注意！

水酸化ナトリウム，水酸化カリウム：5％以下を含

るが，アンモニア水には不溶。**強潮解性**で，水溶液は**強アルカリ性**である。

- **用途**：試薬
- **注意**：5％以下を含む製剤は普通物

| 物質名 | 水酸化ナトリウム | ［品目制限：一般，特定］ |

- **別名**：苛性ソーダ
- **化学式**：NaOH
- **性状**：白色の結晶性の固体。水，アルコールには発熱して溶解する。**強潮解性**で，水溶液は**強アルカリ性**である。
- **用途**：せっけん製造，パルプ工業，試薬，農薬など。
- **注意**：5％以下を含む製剤は普通物。

| 物質名 | アンモニア水 | ［品目制限：一般，農業，特定］ |

- **化学式**：$NH_3 \, aq$
- **性状**：無色透明の揮発性液体。刺激臭を有し，アルカリ性を呈する。
- **用途**：工業用，医薬用，試薬など。
- **注意**：10％以下を含む製剤は普通物

■強酸

この物質群に共通する毒性と解毒法

- **毒性**：強酸性で腐食性が強い。細胞を破壊する。直接触れるとやけど（腐食性薬傷）をおこしたり，眼に入ると失明することがある。
- **解毒剤又は解毒法**：1）食塩水で胃を洗浄する。2）硫酸ソーダ溶液，硫酸マグネシア，硫酸カリなどを飲ませる。

| 物質名 | 塩酸 | ［品目制限：一般，特定］ |

- **別名**：塩化水素酸
- **化学式**：$HCl \, aq$
- **性状**：無色透明の液体。25％以上のものは**湿った空気中**

む製剤は普通物

覚えよう
水酸化カリウム水酸化ナトリウムは強潮解性である。

注意！
アンモニア水：10％以下を含む製剤は普通物

注意！
塩酸，硝酸，硫酸：10％以下を含む製剤は普通物

で発煙し, 刺激臭を有する。工業用は30～38%。種々の金属を溶解し, 水素を発生する。
- **用途**：塩化物, 膠の原料, 試薬など。
- **注意**：10%以下を含む製剤は普通物

物質名 **硝酸**　　　　[品目制限：一般, 特定]

- **化学式**：HNO_3
- **性状**：水分を含まない純粋な硝酸は特異臭を有し, 空気中で発煙し, 酸化性を有する無色液体。腐食性が激しい。
- **用途**：試薬(65%), 工業用(98%, 62%, 50%)
- **注意**：10%以下を含む製剤は普通物

物質名 **硫酸**　　　　[品目制限：一般, 農業, 特定]

- **化学式**：H_2SO_4
- **性状**：無色透明な粘性のある液体。粗製品はわずかに褐色を帯びている。水に加えると激しく発熱する。
- **用途**：ガスの乾燥剤, 各種薬品の原料, 試薬
- **注意**：10%以下を含む製剤は普通物

第3編
毒物及び劇物の性質と取扱方法

■芳香族化合物

物質名 **トルエン**　　　　[品目制限：一般, 特定]

- **別名**：トリオール, メチルベンゼン
- **性状**：無色のベンゼン臭を有する可燃性液体。水に不溶, エタノール, エーテル, ベンゼンに可溶。
- **用途**：溶剤, 香料などの合成原料。
- **毒性**：麻酔性が強く, 深い麻酔状態に陥ることがある。長期接触により皮膚からも体内に入り, 吸入時と同様の症状を示す。

・構造式

物質名 **フェノール**　　　　[品目制限：一般]

- **別名**：カルボール, 石炭酸
- **性状**：無色の針状結晶または白色塊。水に微溶, アルコール, エーテル, クロロホルムなどに可溶。空気中で容

易に赤変する。

- **用途**：医薬品，染料の製造原料。
- **毒性**：腐食作用，中枢神経系をおかし，倦怠感，嘔吐などの症状を起こす。
- **解毒剤又は解毒法**：1）カルシウム剤，薬用炭を飲ませる。2）付着したときは酢かアルコール，または多量の水で洗浄する。
- **注意**：5％以下を含有する製剤は普通物。

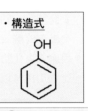

・**構造式**

覚えよう

空気中で赤変，腐食作用，5％以下の製剤は普通物

| 物質名 | ベタナフトール | ［品目制限：一般］ |

- **別名**：2-ナフトール
- **性状**：無色小葉状結晶または白色結晶性粉末。水には溶けにくく，アルコールなどには可溶。**空気中で赤変する。**
- **用途**：染料製造原料，防腐剤
- **毒性**：**腐食作用**，中枢神経系の毒作用があり，腎臓，肝臓をおかして黄疸，溶血をおこす。
- **解毒剤又は解毒法**：カルシウム剤，薬用炭を飲ませる。
- **注意**：1％以下の製剤は普通物。

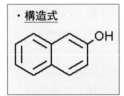

・**構造式**

覚えよう

空気中で赤変，腐食作用，1％以下の製剤は普通物

■有機シアン化合物

| 物質名 | アセトニトリル | ［品目制限：一般］ |

- **別名**：シアン化メチル，シアン化メタン。
- **化学式**：CH_3CN
- **性状**：エーテル様の臭気を有する無色の液体。水，アルコールに可溶，加水分解で酢酸とアンモニアになる。
- **用途**：化学合成原料，溶剤など。
- **注意**：40％以下の製剤は普通物。

| 物質名 | アクリルニトリル | ［品目制限：一般］ |

- **別名**：アクリロニトリル，アクリル酸ニトリル，シアン化ビニル。
- **化学式**：$CH_2 = CHCN$

覚えよう

平成22年12月の改正によってアセトニトリル40％以下を含有する製剤は普通物となりました。

- **性状**：わずかに刺激臭のある無色透明の揮発性液体。青酸を0.0003％の割合で含有する。
- **用途**：化学合成原料。
- **毒性**：吸収後体内で分解し，**青酸を生じ**，衰弱感，頭痛，腹痛などをおこす。

覚えよう
アクリルニトリルは体内で青酸を生じる。

| 物質名 | ベンゾニトリル | ［品目制限：一般］ |

- **別名**：シアン化フェニル，シアンベンゼン
- **化学式**：C_6H_5CN
- **性状**：無色液体。アルコール，エーテルと任意の割合で混ざる。水酸化アルカリ，熱無機酸で加水分解されて安息香酸になる。
- **用途**：プラスチック原料，溶剤。

■有機りん製剤

この物質群に共通する毒性と解毒法

EPN，パラチオンなど毒物に指定されている有機りん製剤と同様の毒性を有します。

- **毒性**：アセチルコリンエステラーゼの機能阻害による**神経毒性**。軽度の場合，倦怠感，頭痛，めまい，嘔吐をおこし，過度の場合，縮瞳，意識混濁，全身痙攣等をおこす。
- **解毒剤又は解毒法**：PAM（2-ピリジルアルドキシムメチオダイド）又は硫酸アトロピン製剤を投与する。

第3編
毒物及び劇物の性質と取扱方法

| 物質名 | ダイアジノン | ［品目制限：一般，農業］ |

- **別名**：2-イソプロピル-4-メチルピリミジル-6-ジエチルチオホスフェイト
- **性状**：純品は無色液体。工業品は純度90％で淡褐色のやや粘性のある液体。水に不溶，アルコール，ベンゼンなどに可溶。

・構造式

- **用途**：接触性殺虫剤
- **注意**：5%（マイクロカプセル製剤は25%）以下を含む製剤は普通物

物質名　**DDVP**　　　　　　　　［品目制限：一般，農業］

- **別名**：ジメチル－2，2－ジクロルビニ
ルホスフェイト，ジクロルボス
- **性状**：刺激性の無色油状液体。水に不
溶，有機溶剤に可溶。
- **用途**：接触性殺虫剤
- **毒性**：中枢神経刺激，副交感神経刺激性を有する。

・**構造式**

■有機塩素製剤

この物質群に共通する毒性と解毒法

- **毒性**：**中枢神経刺激毒性**があり，肝臓，腎臓などの消化器も侵す。食欲
不振，嘔吐，頭痛，痙攣，昏睡，肝臓，腎臓の変性などをおこす。
- **解毒剤又は解毒法**：バルビタール製剤を投与する。

物質名　**リンデン**　　　　　　　　［品目制限：一般］

- **別名**：1，2，3，4，5，6－ヘキサクロロシクロヘキサ
ン，BHC，六塩化ベンゼン
- **性状**：白色結晶（不純物によりやや黄色を帯びる）。多少
揮発性があり，刺激臭を有する・水に不溶，各種有機溶
剤に可溶。
- **用途**：接触性殺虫剤（**農薬としての使用は全面的に使用
禁止**）
- **毒性**：接触毒（神経系をおかす），呼吸毒。
- **注意**：**1.5%以下を含む製剤は普通物**

・**構造式**

物質名　**アルドリン**　　　　　　　　［品目制限：一般］

- **別名**：ヘキサクロルヘキサヒドロジメタノナフタリン
- **性状**：揮発性の白色結晶。水に溶けず，有機溶剤に可
溶。

覚えよう

リンデン，アルド
リン，ディルドリ
ンは，現在農薬と

●用途：接触性殺虫剤（現在，農薬としての市販品なし）

・構造式

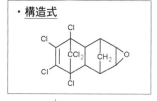

して市販されていない。

物質名　ディルドリン　　　　　　　［品目制限：一般］

●別名：ヘキサクロロエポキシオクタヒドロエンドエキソジメタノナフタリン
●性状：白色結晶。水に不溶，キシレンに可溶，他の有機溶剤に微溶。
●用途：接触性殺虫剤（現在，農薬としての市販品なし）
●毒性：立体異性体のエンドリン（毒物）よりも毒性は弱い。

・構造式

第3編

毒物及び劇物の性質と取扱方法

■その他の農薬

物質名　カルタップ　　　　　　　　［品目制限：一般］

●別名：1,3-ジカルバモイルチオ-2-(N,N-ジメチルアミノ)-プロパン塩酸塩
●性状：無色結晶。水，メタノールに可溶，エーテル，ベンゼンに不溶。
●用途：害虫駆除剤
●毒性：嘔気，振せん，全身痙攣，呼吸困難等をおこす。長期接触により皮膚からも吸収される。
●注意：1,3-ジカルバモイルチオ-2-(N,N-ジメチルアミノ)-プロパンとして 2 ％以下を含む製剤は普通物。

・構造式

$$\left[\begin{array}{c} H_3C \\ H_3C \end{array} \!N\!-\!HC\!\!\begin{array}{c} CH_2SCONH_2 \\ CH_2SCONH_2 \end{array} \right] HCl$$

物質名　トルイジン　　　　　　　　［品目制限：一般］

●化学式：$NH_2C_6H_4CH_3$
●性状：o-体：無色液体。空気と光で赤褐色になる。m-体：無色液体。p-体：白色結晶。溶解性はいずれもアルコール，エーテルに可溶，水に微溶である。

覚えよう
トルイジンは空気と光で赤褐色になる。

- **用途**：染料等の合成原料
- **毒性**：チアノーゼ症状，頭痛，めまい，意識不明となる。

■その他の有機化合物

[物質名]　クロロホルム　　　[品目制限：一般，特定]

- **別名**：トリクロロメタン
- **化学式**：$CHCl_3$
- **性状**：無色の揮発性液体。**特異臭**を有し，**麻酔作用**がある。水に微溶，アルコール，エーテルに可溶。空気と光で変質するので，市販品には安定剤としてアルコールを添加する。
- **用途**：溶剤
- **毒性**：脳の節細胞を麻痺させ，**赤血球を溶解する**（**原形質毒**）。めまい，頭痛，吐気をおこし，過度の場合は嘔吐，意識不明などをおこす。

覚えよう

クロロホルム：1）特異臭と麻酔作用がある，2）光により変質する。（アルコールを添加して貯蔵）

[物質名]　酢酸エチル　　　[品目制限：一般，特定]

- **化学式**：$CH_3COOC_2H_5$
- **性状**：無色の可燃性液体。強い**果実様臭気**を有する。
- **用途**：香料，溶剤，各種合成原料など。
- **毒性**：興奮期を経て麻酔状態に陥る。

覚えよう

酸エチルは果実様臭気を有する。

[物質名]　メタノール　　　[品目制限：一般，特定]

- **別名**：**木精**，メチルアルコール
- **化学式**：CH_3OH
- **毒性状**：無色揮発性液体。水，エーテル，クロロホルムなどと任意の割合で混和する。
- **用途**：合成原料，溶剤，試薬
- **毒性**：**神経細胞内でギ酸を生成**することによる酸中毒。酩酊，頭痛，目のかすみをおこし，やがて昏睡状態となる。
- **解毒剤又は解毒法**：アルカリ剤による中和療法。

覚えよう

メタノールはギ酸を生成し，酸中毒を引き起こす。

| 物質名 | **メチルエチルケトン** [品目制限：一般，特定]

- **別名**：MEK，エチルメチルケトン
- **化学式**：$CH_3COC_2H_5$
- **性状**：無色の芳香を有する液体。水に可溶。引火性。
- **用途**：溶剤，合成原料
- **毒性**：粘膜の刺激，めまい，嘔吐，過度の場合，昏睡，意識不明となる。

| 物質名 | **二硫化炭素**　　　　[品目制限：一般]

- **化学式**：CS_2
- **性状**：**麻酔性芳香**を有する無色透明液体。水に不溶，アルコール，エーテルに可溶。硫黄，りんなどをよく溶解する。
- **用途**：溶剤，防腐剤
- **毒性**：**神経毒（神経細胞の脂肪変性）**，循環器・消化器障害をおこす。麻痺状態から意識混濁，呼吸麻痺にいたる。

覚えよう
二硫化炭素は麻酔性芳香を有し，神経毒を引き起こす。

第3編
毒物及び劇物の性質と取扱方法

確認問題

次の記述のうち正しいものには〇，間違っているものには×をつけなさい。

問1．三塩化アンチモンは別名「アンチモン白」ともいわれる。
問2．過酸化水素を5％を超えて含有する製剤は劇物である。
問3．硫化カドミウムは黄橙色の粉末で，顔料に用いられる。
問4．けいふっ化水素酸はけいふっ化水素を含む刺激臭のする無色液体である。
問5．重クロム酸塩の10％以下を含む製剤は普通物である。
問6．鉛化合物はガス体として呼吸器から体内に入り，循環器を侵す。
問7．ベタナフトールは無色の小葉状結晶または白色結晶性粉末であるが，空気中で黒変する。
問8．アクリロニトリルは分解して青酸を生じるため，吸入すると衰弱感，頭痛などの症状をおこす。
問9．有機塩素製剤は腐食性を有し，吸入すると呼吸器を激しく刺激する。
問10．メタノールは，神経細胞内でギ酸を生成することによる酸中毒作用を

示す。

＊ 正解と解説 ＊＊＊＊＊＊＊＊＊＊＊＊＊＊＊＊＊＊＊＊＊＊＊＊＊＊＊＊＊

問1✕　「アンチモン白」は「三酸化アンチモン」の別名で，三塩化アンチモ
　　　　ンの別名は「アンチモンバター」です。

問2✕　過酸化水素を含む製剤のうち含有量が**6％以下**のものは**普通物**
　　　　で，**6％を超えて含有する製剤**は**劇物**になります。

問3○　正しいです。

問4○　正しいです。

問5✕　重クロム酸塩類の劇物指定は指定令に「重クロム酸塩類及びこれを含
　　　　有する製剤」とあり，わずかでも**重クロム酸塩類が含まれている製剤は
　　　　すべて劇物**に該当します。

問6○　正しいです。

問7✕　ベタナフトール，フェノールは**空気中で容易に赤変**します。

問8○　正しいです。

問9✕　有機塩素製剤は**中枢神経刺激毒性**に加えて，肝臓，腎臓などの消化器
　　　　を侵すなどの毒性もあります。

問10○　正しいです。

チャレンジ！発展問題

発展問題78　　よくでるヨ

　シアン化カリウムの性状について正しいものを一つ選び
なさい。

1．乾燥したものは無臭であるが，空気中で炭酸ガスを
　　吸収すると青酸臭を放つ。

2．空気にさらすと風解性があるので，風化する。

3．無色，無臭の結晶で潮解性があり，爆発性を有す
　　る。

4．白色固体で，水溶液は強酸性である。

5．刺激臭を放って揮発する赤褐色液体で強い腐食作用
　　をもつ。

正解 1

解説
シアン化カリウム
は乾燥時は無臭で
すが，空気中の湿
気によって炭酸ガ
スを吸収しやすくな
り，青酸ガスを
発生します。

ヒント ✧✧✧✧✧✧✧✧✧✧✧✧✧✧✧✧✧✧✧✧✧✧

　シアン化カリウムは白色固体で風解性，潮解性，爆発性，
腐食作用もなく，水溶液は強アルカリ性です。

✧✧✧✧✧✧✧✧✧✧✧✧✧✧✧✧✧✧✧✧✧✧✧✧✧✧

発展問題79　　　**時々出るヨ**

　次の劇物と性状の組み合わせとして正しいものを選びな
さい。
　1．一酸化鉛－白色粉末
　2．クロム酸ナトリウム－赤色結晶
　3．酢酸エチル－可燃性である
　4．しゅう酸－水に不溶

ヒント ✧✧✧✧✧✧✧✧✧✧✧✧✧✧✧✧✧✧✧✧✧

酢酸エチルは果実様臭気のする可燃性液体です。

✧✧✧✧✧✧✧✧✧✧✧✧✧✧✧✧✧✧✧✧✧✧✧✧✧✧

正解 3
解説
設問1：一酸化鉛
は黄色～赤色の粉
末，
設問2：クロム酸
ナトリウムは黄色
結晶，
設問4：しゅう酸
は水に可溶です。
よって正しいのは
設問3です。

第3編
毒物及び劇物の性質と取扱方法

発展問題80　　　**よくでるヨ**

　次の薬物と性状の組み合わせのうち正しいものはいくつ
あるか。
　A 酸化水銀－5％以下を含有する製剤は劇物に該当し
　　ない。
　B 水酸化カリウム－潮解性がある。
　C しゅう酸－通常は二水和物で，無色結晶で風解性が
　　ある。
　D トルエン－引火性である。
　1．なし　　　　　2．1つ　　　　　3．2つ
　4．3つ　　　　5．4つ

正解 4
解説
ヒントのとおり，
設問Aだけが誤
りで，そのほかは
正しいです。

ヒント ✧✧✧✧✧✧✧✧✧✧✧✧✧✧✧✧✧✧✧✧✧

酸化水銀の原体と製剤は毒物に該当しますが,5％以下を

含有する製剤は劇物に該当します。

発展問題81　　非常によくでる！

次のうち潮解性を示さないものを一つ選びなさい。
1．水酸化カリウム
2．黄りん
3．塩素酸ナトリウム
4．塩化亜鉛
5．重クロム酸ナトリウム

ヒント

潮解性を示すもの→水酸化カリウム，塩素酸ナトリウム，塩化亜鉛，重クロム酸ナトリウム

正解 2

解説
黄りんは常温で白色又は淡黄色のロウ状固体で，空気に触れると発火し，水に不溶なので水中に貯蔵します。しかし，潮解性はありません。よって設問2が正解です。

発展問題82　　時々出るヨ

次の薬物とその解毒剤又は解毒法の組み合わせのうち誤っているものを一つ選びなさい。
1．銅塩類－牛乳による胃洗浄
2．鉛化合物－硫酸マグネシウム，硫酸ナトリウムで胃洗浄
3．ひ素化合物－アセトアミド
4．しゅう酸塩類－カルシウム剤
5．クロム酸塩類－次亜硫酸ナトリウムによる胃洗浄

ヒント

ひ素化合物の解毒剤にはBAL(ジメルカプロール)，水酸化マグネシウムなどが該当します。

正解 3

解説
アセトアミドはひ素化合物の解毒剤には用いられません。よって設問3が誤りです。

発展問題83  よくでるヨ

次の薬物の性状に該当する最も適切な薬物を下欄から1つずつ選びなさい。

　A　無色の液体でアセトン様の芳香がある。引火性が大きい。

　B　無色，揮発性の液体で，特異の臭気を有する。麻酔作用がある。

　C　強い果実臭のある無色の可燃性液体である。

　D　緑色結晶で潮解性があり，強熱すると分解する。

　─ 選択肢 ─
　1．塩化第二銅　2．クロロホルム　3．酢酸エチル
　4．メチルエチルケトン　5．炭酸バリウム

🐙ヒント ✦✦✦✦✦✦✦✦✦✦✦✦✦✦✦✦✦✦✦✦✦

　塩化第二銅は**緑色の潮解性固体**，クロロホルムは**麻酔作用**がある**揮発性固体**，酢酸エチルは**果実臭**のある**可燃性液体**，メチルエチルケトンは液体で**アセトン様の芳香**がある**引火性液体**です。

✦✦✦✦✦✦✦✦✦✦✦✦✦✦✦✦✦✦✦✦✦✦✦✦✦✦✦✦✦✦✦

発展問題84 🐌 時々出るヨ

次の黄りんに関する記述のうち正しいものを一つ選びなさい。

　1．潮解性がある。

　2．黄色又は暗赤色の結晶である。

　3．空気に触れると発火しやすいので，水中に沈めて保管する。

　4．アルコール，エーテルには溶けやすいが，二硫化炭素には溶けにくい。

🐙ヒント ✦✦✦✦✦✦✦✦✦✦✦✦✦✦✦✦✦✦✦✦✦✦

　黄りんは白色ろう状固体で，自然発火性があり，二硫化

正解 A：4，B：2，C：3，D：1

解説

炭酸バリウム(別名：炭酸重土)は白色の粉末で，上記の性状のいずれにもあてはまりません。各性状に該当する薬物は正解のとおりです。

第3編

毒物及び劇物の性質と取扱方法

正解 3

解説

黄りんは**自然発火性物質**でもあり，**空気中で発火**，燃焼し，強い刺激臭のある白煙を生じます。したがって黄りんを貯蔵するときは**水中に保管**します。よって設問3が正解です。

炭素によく溶けます。

発展問題85　時々出るヨ

塩化第二水銀の性状として正しいものを一つ選びなさい。

1．赤色の針状結晶で，光によって分解する。
2．白色の針状結晶で，光に安定である。
3．白色の粉末で，光によって分解する。
4．赤色の粉末で，光に安定である。

ヒント

塩化第一水銀は白色固体で，光によって分解されますが，塩化第二水銀は**光に対して安定**です。

正解 2

解説
塩化第二水銀は白色の針状結晶で光によって分解することはありません。よって設問2が正解です。

発展問題86　非常によくてる！

次の物質についてその物質の性状として最も適切なものを【性状欄】から，用途として最も適切なものを【用途欄】から一つずつ選びなさい。

	性状	用途
黄りん	A	E
過酸化水素水	B	F
塩素酸カリウム	C	G
ダイアジノン	D	H

【用途欄】
1．酸素吸収剤
2．殺虫剤
3．消毒剤
4．酸化剤

【性状欄】
1．常温で白色又は淡黄色のロウ状固体で，空気に触れると発火，燃焼する。
2．純品は無色液体で，工業品は淡褐色のやや粘性のある液体。
3．無色結晶で，可燃物と混合したものは衝撃で爆発する。

正解　A：1，B：4，C：3，D：2，E：1，F：3，G：4，H：2

解説
黄りん：常温でロウ状の固体で，空気中の酸素と容易に反応するので，**酸素吸収剤**に用いられます。過酸化水素水：常温で酸素と水に分解するので，**安定剤として少量の酸が添加**されます。医薬用消毒剤などに用いられます。塩素酸

4．無色透明の液体で，常温で徐々に酸素と水に分解するので，安定剤として酸を少量添加する。

ヒント

各物質の性質と特徴をよく整理しておきましょう。

発展問題87　よくでるヨ

DDVP の中毒症状について正しいものを一つ選びなさい。

1．酸と反応すると有毒ガスが発生し，中毒初期には，ひん脈，過呼吸，紅潮等が起きる。

2．酵素阻害により，気管支の刺激，悪心，呼吸困難，肺水腫が起きる。

3．ビタミンK拮抗阻害により，肘，膝などの斑状出血が起こり，血尿などの出血症状も起こす。

4．神経過剰刺激により，吐気，頭痛，下痢，振せんなどを起こす。

5．コリンエステラーゼ活性阻害により，倦怠感，頭痛，めまい，縮瞳，意識混濁，全身痙攣等を起こす。

ヒント

有機りん製剤の毒性の特徴は神経伝達機能に関与している コリンエステラーゼという酵素の働きを阻害する**神経毒**です。

カリウム：無色の結晶で**強酸化性**のため，可燃物と混合したものは**衝撃で爆発**します。ダイアジノン：純品は無色ですが，工業品は純度90％で**淡褐色のやや粘性のある液体**です。

正解 5

解説

有機りん製剤を吸入すると神経への刺激伝達が慢性的に行われ，頭痛，めまい，意識混濁，全身痙攣などを引き起こします。これは**有機りん製剤全てに共通する毒性**です。よって設問5が正解です。

第3編

毒物及び劇物の性質と取扱方法

発展問題88　　非常によくでる！

次のA～C性質を有する薬物として正しいものをそれぞれ一つずつ選びなさい。

A　無機化合物であるもの
　　1．硝酸タリウム（I）　　2．トルエン
　　3．ベタナフトール　　4．トリクロロ酢酸

B　酸化性を有するもの
　　1．水酸化ナトリウム　　2．アンモニア水
　　3．塩素酸カリウム　　4．硫酸

C　水より密度が大きいもの
　　1．トルエン　2．四塩化炭素　3．キシレン
　　4．メタノール

ヒント

A：無機化合物であるものは，単純には分子の構成元素に炭素を有しないものです（炭酸塩，炭化物は例外）。B：塩素酸塩，硝酸塩は一般に酸化性を有します。C：「水より密度が大きいもの」ということは「比重が1以上であるもの」（水に溶けない，混ざらない場合は水の下に沈むもの）です。

正解　A：1，B：3，C：2

解説
A：肢2～4のように炭素原子を有するものは有機化合物であり，肢1は無機化合物です。よって1が正しいです。
B：水酸化ナトリウム，アンモニア水，硫酸は酸化性を有しません。よって3が正解です。
C：比重が1以上であるものは肢2の四塩化炭素で，そのほかは比重は1以下です。よって正解は2になります。

発展問題89　　非常によくでる！

次のA～Dの薬物の性状について正しいものをそれぞれ一つずつ選びなさい。

Aアセトニトリル　Bクロロホルム　Cニトロベンゼン　Dアニリン

【性状欄】
　1．無色の液体でエーテル様の臭いがあり，水と任意の割合で混和する。
　2．無色の油状の液体で特異臭があり，空気に触れて褐色を呈するようになる。

正解　A：1，B：3，C：5，D：2

解説
薬物の性状を選ぶ問題です。ヒントよりそれぞれ上記のような正解になります。

　3．無色の液体でエーテル様の臭いがあり，空気や光などによってホスゲンを生じる。
　4．無色透明でアンモニアに似た臭いの液体で，水に極めて溶けやすく，空気中で発煙する。
　5．淡黄色又は褐色の油状の液体で，特有の芳香臭がある

ヒント ◆◆◆◆◆◆◆◆◆◆◆◆◆◆◆◆◆◆◆◆◆◆◆◆◆◆

A：アセトニトリルは，無色の液体でエーテル様の臭気があり，水に任意の割合で混ざり合います。B：クロロホルムは，エーテル様臭気があり，比重は1以上で，強酸，空気，光などにより，分解して塩化水素，ホスゲン等を生じます。C：ニトロベンゼンは，淡黄色又は褐色の油状の液体で，特有の芳香臭があります。D：無色の油状の液体で特異臭があり，空気に触れて褐色を呈するようになります。

◆◆◆◆◆◆◆◆◆◆◆◆◆◆◆◆◆◆◆◆◆◆◆◆◆◆◆◆◆◆◆◆

発展問題90 **よくでるヨ**

　次の性状に該当する薬物を下欄から一つずつ選びなさい。
　A　不燃性で無色の液化ガスで空気よりも重く，腐食性がある。
　B　特有の刺激臭を有する無色の気体で，常温で液化する。
　C　白色の粉末または結晶で，酸と反応すると有毒ガスを発生する。
　D　無色透明な油状液体で，空気に触れると赤褐色に変化する。
　E　暗赤色結晶で，潮解性があり水に溶けやすく，極めて強い酸化剤である。

残った肢4は，ヒドラジンの性質です。ヒドラジンは無色透明でアンモニアに近い臭気の液体で，極めて水に溶けやすく，空気中で発煙します。蒸気は空気より重く，引火性があります。覚えておきましょう。

正解　A：3，B：5，C：1，D：4，E：2
解説
ヒントに記載の性質からそれぞれ上記のように該当します。
なお補足として，肢1は白色の粉末又は結晶で，水に溶解して強アルカリ性を呈します。肢2は酸化性，腐

下欄
1．シアン化カリウム　2．無水クロム酸
3．ふっ化水素　4．アニリン　5．アンモニア

ヒント ◆◇◆◇◆◇◆◇◆◇◆◇◆◇◆◇◆◇◆◇◆◇◆◇

肢1：酸と反応すると有毒かつ引火性の青酸ガスを発生し，空気中に放置しておくだけでも青酸臭を発生します。肢2：潮解性がある暗赤色結晶で，熱すると酸素を放出して分解し，酸化クロム(Ⅲ)になります。肢3：不燃性で無色の液化ガスで空気よりも重く，腐食性があり，空気中の水分と作用して白煙を生じます。肢4：無色の油状の液体で特異臭があり，空気に触れると赤褐色を呈します。肢5：鼻を突くような刺激臭があり，常温で液化します。

◇◆◇◆◇◆◇◆◇◆◇◆◇◆◇◆◇◆◇◆◇◆◇◆◇◆◇◆◇◆

発展問題91　　**時々出るヨ**

　次の薬物を取り扱う際の注意事項として正しいものを下欄から一つずつ選びなさい。

A 無水クロム酸　　　B ニッケルカルボニル

C 四エチル鉛　　　D シアン化カリウム　　　E カリウム

下欄
1．空気中で酸化され，速やかに光沢を失い，発火することもある。
2．皮膚粘膜の刺激，潰瘍などの障害をおこし，毒性が強い。
3．空気中の湿気，炭酸ガスを吸収し，猛毒のガスを発生する。
4．急激に加熱すると分解，爆発する。
5．日光により徐々に分解し，引火性があり，金属に対して腐食性がある。

正解　A：2，B：4，C：5，D：3，E：1

解説
それぞれヒント参照の上，性質を再確認しておきましょう。

ヒント ◆◇◆◇◆◇◆◇◆◇◆◇◆◇◆◇◆◇◆◇◆◇◆◇

A：皮膚，粘膜の刺激や潰瘍を引き起こし毒性が強く，六

価クロム中毒を起こします。B：反応性が非常に高く，急激な加熱により爆発します。C：日光で分解白濁し，引火性，金属腐食性があります。D：空気中の湿気，炭酸ガスを吸収し，猛毒の青酸ガスを発生します。E：空気中ではきわめて酸化されやすく，水と接触すると爆発的に反応します。

発展問題92 非常によくでる！

　次の薬物の性状と用途の組み合わせのうち正しいものを一つ選びなさい。

1．クレゾール－褐色の固体－水に可溶な消毒剤
2．クロルピクリン－無色の液体－水に難溶な除草剤
3．水酸化カリウム－白色固体－水溶性の香料の主な原料
4．過酸化水素水－無色の液体－漂白剤，傷の消毒剤
5．二硫化炭素－ほぼ無色の液体－毒性の少ない燻蒸剤

ヒント

クレゾールは水にほとんど溶けません。クロルピクリンは燻蒸剤に用いられます。水酸化カリウムは各種化学工業において化学薬品として用いられます。二硫化炭素は抽出溶剤などに用いられます。

正解 4

解説

過酸化水素水は無色の液体で，強い酸化性と還元性を併用し，殺菌力を有します。よって肢4が正しい組み合わせです。

第3編

毒物及び劇物の性質と取扱方法

発展問題93 よくでるヨ

　次の用途に該当する農薬を下欄から一つずつ選び番号で答えなさい。

A有機りん剤　　B有機塩素剤
Cカーバメイト系製剤　　D有機ふっ素系製剤

1．モノフルオール酢酸ナトリウム　2．アルドリン
3．ダイアジノン　4．NAC（カルバリル，デナポン）

正解 A：3，B：2，C：4，D：1

解説

肢1：有機ふっ素系殺鼠剤に用いられます。肢2：有機塩素系殺虫剤に用いられます。肢

😀 ヒント ◆◇◆◇◆◇◆◇◆◇◆◇◆◇◆◇

「フルオール」はふっ素化合物の名称，ダイアジノンは別名「2-イソプロピル-4-メチルピリミジル-6-ジエチルチオホスフェイト」です。NAC には N-メチル-1-ナフチルカルバメートという別名もあります。

◆◇◆◇◆◇◆◇◆◇◆◇◆◇◆◇◆◇◆◇◆◇◆◇

3：ヒントより有機りん剤の名称であり，有機りん系殺虫剤に用いられます。肢4：ヒントよりCのカーバメイト系殺虫剤に該当します。

発展問題94 😀 時々出るヨ

次の中毒症状を示す薬物を下欄から一つずつ選び，番号で答えなさい。

A 肺機能障害，肝機能障害，腎機能障害（SOD 酵素阻害）
B 頭痛，めまい，瞳孔縮小，チアノーゼ
　　　　　　　　　　　（コリンエステラーゼ阻害）
C 緑青色の嘔吐物，よだれ，消化器のうずき
D ニンニク臭呼気，悪心，嘔吐(吐物は暗所で光る)
E めまい，動悸亢進，けいれん，死亡時は鮮紅色の死斑
　　　　　　　　　　　（組織呼吸阻害）

┌─ 下欄 ─
│ 1．銅製剤　　2．パラコート剤　　3．有機りん剤
│ 4．シアン化物　　5．黄りん剤
└

😀 ヒント ◆◇◆◇◆◇◆◇◆◇◆◇◆◇◆

各中毒の特徴は，銅化合物は緑青色の嘔吐物，パラコートは SOD 酵素阻害による肺機能，腎機能，有機りん剤はコリンエステラーゼ阻害による意識混濁，チアノーゼ，シアン化物は組織呼吸阻害，そして黄りんはニンニク臭呼気です。

◆◇◆◇◆◇◆◇◆◇◆◇◆◇◆◇◆◇◆◇◆◇◆◇

正解 A：2，B：3，C：1，D：5，E：4
解説
ヒントより上記のような正解になります。
肢1：銅製剤の中毒は吐き気，腹痛，嘔吐で緑青色の吐物が特徴です。肢4：血液に作用して呼吸麻痺を起こします。肢5：コレラ様の嘔吐，腹痛が症状であり，呼気はニンニク臭を呈します。

発展問題95 😀 非常によくでる！

次の薬物の毒性及び解毒剤の組み合わせとして誤っているものを一つ選びなさい。

正解 3

1．有機ふっ素化合物－TCAサイクル阻害－アセトアミド
2．シアン化合物－組織呼吸阻害－チオ硫酸ナトリウム
3．有機塩素化合物－腐食性薬傷－硫酸マグネシウム
4．有機りん化合物－コリンエステラーゼ阻害－PAM
5．ひ素化合物－運動中枢急性麻痺－BAL

ヒント

有機塩素化合物は中枢神経刺激毒であり，バルビタール剤が解毒に用いられます。

発展問題96 よくでるヨ

次の薬物の別名として正しいものを下の語群から一つずつ選びなさい。

A ホルムアルデヒド水溶液　　B アセトニトリル
C 青化カリ　　D 二酸化セレン

語群
1．シアン化メチル　2．トルオール　3．セレニウム
4．ホルマリン　5．青酸カリ　6．無水亜セレン酸

ヒント

A：ホルムアルデヒド（HCHO）の水溶液の別名をホルマリンといいます。B：アセトニトリルの別名はシアン化メチル，シアン化メタンです。C：青化カリはシアン化カリウムの別名で，青酸カリともいいます。D：二酸化セレンの別名は無水亜セレン酸で，酸化セレン（IV）ともいいます。

解説
肢3の腐食性薬傷を伴うのは強酸，強アルカリで，硫酸マグネシウムなどの中和剤が投与されます。よって誤った組み合わせです。その他はすべて正しい組み合わせです。

第3編 毒物及び劇物の性質と取扱方法

正解 A：4，B：1，C：5，D：6
解説
ヒントより上記のような正解になります。肢2のトルオールはトルエンの別名，肢3のセレニウムはセレンの別名です。

3.毒物，劇物の貯蔵方法を整理しよう！

重要暗記ポイント

　通常は「密栓して冷暗所に貯蔵する」のが最も基本的な貯蔵方法ですが，毒物，劇物の**化学的性状や危険性**と貯蔵条件には**密接な関連**があります。(毒性と貯蔵条件の間には直接的な関連性はほとんどありません。)

1. **密栓して貯蔵**→風解性，昇華性，炭酸ガスで変質するものなど。
2. **乾燥した冷暗所に貯蔵**→潮解性，吸湿性，可燃性・引火性のものなど。
3. **灯油中に貯蔵**→水に触れ発火するもの。
4. **可燃物，火気との接触を避けて貯蔵**→酸化性，引火性のもの。
5. **日光を避けて暗所に貯蔵**→光により変質するもの。
6. **耐腐食性の容器に貯蔵**→腐食性を有するもの。

　表3.1に毒物，劇物の主な貯蔵条件をまとめておきました。ただし，一般に化学物質は複数の特徴を有することが多いので，その性質にあわせて**貯蔵条件を組み合わせてその貯蔵方法を決定**することになりますから注意してください。

例)<u>腐食性</u>と<u>潮解性</u>を有する物質

　　　　　　　⇒耐腐食性の容器に密閉して**乾燥した冷暗所**に貯蔵する。

　<u>潮解性</u>を有し，<u>炭酸ガスで変質</u>する物質

　　　　　　　⇒**乾燥した冷暗所**に**密栓して貯蔵**

3.1 主な毒物，劇物の貯蔵条件（まとめ）

表3.1　貯蔵条件と性質

主要な貯蔵条件	性質	主要な物質名
密栓して貯蔵	風解性	硫酸銅，硫酸亜鉛，しゅう酸
	昇華性	しゅう酸，ひ素，三酸化ひ素
	炭酸ガスで変質	水酸化ナトリウム，水酸化カリウム，シアン化ナトリウム
	酸素で酸化変質	塩化第一すず，ベタナフトール，フェノール
乾燥した冷暗所に貯蔵	潮解性・吸湿性	水酸化ナトリウム，水酸化カリウム，シアン化ナトリウム，硝酸亜鉛，クロム酸ナトリウム
	水又は湿気により分解	りん化亜鉛，ナトリウム，カリウム
	水溶時発熱	硫酸，水酸化ナトリウム，水酸化カリウム
石油中に密栓して貯蔵	水に触れ発火	カリウム，ナトリウム
水中に密栓して貯蔵	空気に触れ発火	黄りん
可燃物（有機物），火気との接触を避けて貯蔵	酸化性	塩素酸塩類，クロム酸塩類，重クロム酸塩類，硝酸塩類，過塩素酸塩類
	可燃性・引火性	メタノール，トルエン，酢酸エチル，アセトニトリルなどの有機溶剤
日光を避けて暗所に貯蔵	光により変質	無機銀塩類，塩化第一水銀
耐腐食性の容器に貯蔵	腐食性	塩酸，硫酸，硝酸，ふっ化水素酸
少量の安定剤を添加	----	クロロホルム，過酸化水素

第3編

毒物及び劇物の性質と取扱方法

確認問題 ∙∙∙

次の記述のうち正しいものには○，間違っているものには×をつけなさい。

　問1．光によって分解，変質するものは遮光して暗所に保存する。

問2．空気に触れると自然発火するものは石油中に保存する。

問3．水酸化ナトリウムは腐食性，潮解性があり，かつ炭酸ガスを吸収しやすいので，耐腐食性のポリ容器に密栓して乾燥した暗所に貯蔵するのがよい。

問4．硝酸銀の貯蔵上の注意事項としては，遮光すること以外に特に注意する事項はない。

＊ **正解と解説** ＊＊＊＊＊＊＊＊＊＊＊＊＊＊＊＊＊＊＊＊＊＊＊＊＊＊

問1○　正しいです。

問2×　石油は水とは混ざりませんが，空気(酸素)を多量に溶解するので，空気に触れると発火するものは(特に黄りん)は**水中に保存**します。

問3○　正しいです。水酸化カリウムも同様です。

問4×　硝酸銀は，**光によって黒変する**という性質以外にも**腐食性，酸化性**がありますので耐腐食性の容器(少量の場合であれば黒色に着色したポリ容器など)に**密栓して可燃物，火気を避けて**貯蔵しなければなりません。

チャレンジ！発展問題

発展問題97　😊 **時々出るヨ**

次の薬物と貯蔵条件の組み合わせのうち誤っているものを一つ選びなさい。

1．シアン化ナトリウム－水中に貯蔵する。
2．クロム酸ナトリウム－有機物，火気との接触を避けて乾燥した冷所に貯蔵する。
3．しゅう酸－密栓して貯蔵する。
4．メタノール－火気を避けて貯蔵する。

ヒント ◇◆◇◆◇◆◇◆◇◆◇◆◇◆◇◆◇◆◇◆◇◆◇◆

シアン化ナトリウムは水溶性の白色固体ですので水中に貯蔵することはできません。

正解 1
解説
シアン化ナトリウムは**吸湿性**が強く，かつ空気中の**炭酸ガスを吸収して少しずつ青酸ガスを発生**するため，正しくは密栓して乾燥した冷暗所に貯蔵します。よって設問1が誤りです。

発展問題98　非常によくでる！

次の薬物について，最も適切な貯蔵方法を下欄から一つずつ選びなさい。

　A　アンモニア水　　B　過酸化水素水　　C　クロロホルム

1．空気と日光によって変質するので，少量のアルコールを加えて冷暗所に貯蔵する。

2．強潮解性なので，密栓して乾燥した冷暗所に貯蔵する。

3．揮発しやすく，温度の上昇によって空気より軽いガスを発生するため，密栓して酸類との接触を避けて冷暗所に貯蔵する。

4．微量の不純物や金属粉などにより激しく分解するので，安定剤として塩酸などを少量添加して冷暗所に貯蔵する。

ヒント

A：アンモニア水は**強アルカリ**で，かつ揮発しやすい液体です。

B：過酸化水素水は非常に分解しやすく，**温度上昇や動揺によって爆発**することもあります。

C：クロロホルムは**空気と日光によって変質**します。

正解　A：3，B：4，C：1

解説

A：アンモニア水は密栓して**酸類との接触を避けて**冷暗所に貯蔵します。

B：過酸化水素水はアルカリの添加によって激しく分解するので，塩酸などの**酸を安定剤として少量添加**し，冷暗所に貯蔵します。

C：クロロホルムは安定剤として**少量のアルコールを添加**して貯蔵します。

第3編　毒物及び劇物の性質と取扱方法

発展問題99　よくでるヨ

次の文章は物質の貯蔵方法を記述したものである。貯蔵方法として最も適切な薬物を下欄から選びなさい。

A　潮解性，酸化性があるので可燃物と離して密栓して乾燥した場所に貯蔵する。

B　ガラスを腐食するので，ポリエチレンの容器に貯蔵する。

C　風解性があるので密栓して冷所に貯蔵する。

D　空気中で自然発火するので，水の入った容器中に沈

正解　A：2，B：3，C：1，D：4

解説

A：塩素酸ナトリウムは**可燃性物質（有機物）と隔離**して乾燥した場所に貯蔵します。

め，さらに砂の入った缶中に固定して冷暗所に貯蔵する。

1．硫酸銅　　　　　2．塩素酸ナトリウム

3．ふっ化水素酸　　4．黄りん

ヒント ◆◆◆◆◆◆◆◆◆◆◆◆◆◆◆◆◆◆◆◆◆◆

硫酸銅には**風解性**があります。塩素酸ナトリウムは**酸化性，潮解性**を有します。ふっ化水素酸は**ガラスを腐食**する性質があります。黄りんは**空気中で自然発火**します。

◆◆

発展問題100　**よくでるヨ**

次のA〜Dの貯蔵方法について最も適した薬物を下欄から選びなさい。

A　空気に触れたり日光にあたると赤変するので，密栓して暗所に貯蔵する必要がある。

B　可燃物，火気との接触を避けて冷暗所に貯蔵する。

C　吸水性，腐食性が強い強酸なので，耐酸性の気密容器に密栓して貯蔵する。

D　昇華性があるので密栓して冷暗所で貯蔵する。

1．三酸化ひ素　　2．クロム酸鉛　　3．硫酸

4．フェノール

ヒント ◆◆◆◆◆◆◆◆◆◆◆◆◆◆◆◆◆◆◆◆◆◆

三酸化ひ素は**昇華性**を有します。クロム酸塩は**酸化性**を有します。硫酸は**吸水性，腐食性**を有する強酸です。フェノールは**空気に触れたり日光にあたると赤変**します。

◆◆

B：ふっ化水素酸はポリエチレンの容器に密栓して貯蔵します。

C：硫酸銅は**密栓**して冷所に貯蔵します。

D：黄りんは空気から隔離するために**水中に貯蔵**します。

正解 A：4，B：2，C：3，D：1

解説

A：フェノールは密栓して**暗所に貯蔵**します。

B：クロム酸塩は可燃物，火気との接触を避けて冷暗所に貯蔵する。

C：硫酸は**耐酸性の容器**に密栓して貯蔵します。

D：三酸化ひ素は**密栓**して冷暗所で貯蔵します。

ちょっと道草

「色の表現について」

　化学物質の性質を勉強する上で注意しないといけないのは，色の表現は主観によって文言が変わってくる点です。例えば，基本的な色の表現である「赤色」「黒色」「青色」「黄色」など以外にも「赤紫色」「橙赤色」「黄緑色」などの中間色も色の表現としてよく使われます。しかし物質を観察する人によっては「赤紫色」を単に「紫色」を表現する人もいます。また「橙赤色」（オレンジがかった赤色）を「橙色」や「赤味がかったオレンジ色」，「褐色」などと感じる人もいます。資格試験問題には客観性が求められるので，例えば

　　　「重クロム酸カリウムの色は橙赤色か，それとも橙色か？」

といった**主観によって正解が変わってくるような問題は絶対に出題されません**。毒物劇物取扱者試験においては，赤褐色，茶褐色などはまとめて褐色，橙赤色，赤橙色，などの表現はまとめて橙色（オレンジ色）とさえ覚えておけば十分です。

　また化学特有の色の表現には「**無色**」という文言を使うことがあります。これはどんな色かというと，文字通り「**色**」が「**無**」い（着色していない）**状態**をいい，水のような液体は着色せず，濁ってもいないので，「**無色透明の液体**」と表現します。この「無色」という表現は粉末などの固体でも用いる場合（「無色結晶」，「無色粉末」など）があります。でも特に粉末状態の場合は実際の目視では「白色」に見える場合がほとんど（着色していないガラスでも細かく割れてしまうと白色に見えるのと同じこと）で，固体の場合に限っては化学の世界では「**無色**」と「**白色に見える**」ことは**区別しない**ことが多いです（厳密には異なります）。化学物質の性質を勉強するには以上のことを踏まえて勉強しましょう。

毒物，劇物の識別及び廃棄方法

学習の道しるべ

　毒物，劇物の貯蔵方法と廃棄方法は毒物，劇物の性質と大きく関係しています。実際の実務では，薬剤を廃棄する場合はどのような物質が含まれているか不明瞭な場合が多いので，通常は識別・確認反応により含有物質の確認を行ってから適切な方法で廃棄します。

　毎年，確実に出題されますが，性質や毒性を問う問題に比べると出題率は低く，出題形式も誤ったもの，正しいものを選ぶという単純なものが多いです。

　よって，識別方法も廃棄方法も表に整理してその化学的な性状（溶解性など）と関連付けて覚えましょう。この章では貯蔵方法と廃棄方法について表にまとめておきましたので，暗記に役立ててください。

1.毒物，劇物の識別方法を整理しよう！

重要ポイント

　では毒物，劇物の識別方法について勉強しましょう。

　毒物劇物取扱責任者試験で出題される「毒物，劇物の識別方法」は，成分が不明である薬剤中にどの毒物や劇物が含まれるかを判定するためのもので，その識別方法に関する反応原理や反応操作上の注意事項などといったことは出題されませんので，ご安心ください。

1.識別反応の種類

- **沈殿の生成**→試薬溶液を加えることにより沈殿を生成する反応。

  ⇒廃棄方法の沈殿法にも応用されています。（次節参照）

- **溶液の色の変化**→試薬溶液を加えることにより沈殿は生成しないが，溶液の色が変化する反応。

- **気体の発生**→試薬の添加によって特徴的な臭気や色を有する気体を発生する反応。

- **炎色反応**→試料を付着させた白金線またはニクロム線を溶融炎で燃焼させ，炎の色が元素特有の色に着色する反応。

- **その他**→昇華物の生成，元素単体の析出など。

　なお，これらの反応は複数の物質に共通するものもあるため，実際の識別判定では複数の確認反応をおこなって，薬物の外観（形状，色など），臭気の有無などと共に**総合的に判断**します。

現在判定中……。

1.1　主な毒物，劇物の識別方法（まとめ）

表3.2　識別方法（その1）

物質名	分類	操作または試薬	確認
黄りん	その他	酒石酸，または硫酸酸性下で水蒸気蒸留する。	器具の内側で**青白色**のりん光を発光
無機シアン化合物	色の変化	前処理した溶液に塩化第二鉄溶液を加える。	**赤色に呈色**（ロダン鉄）
		前処理した溶液に硫酸第一鉄溶液，塩化第二鉄溶液を加えて塩酸で酸性にする。	**藍色に呈色**（ベルリン青）
塩化第二水銀	沈殿生成	石灰水	**赤色沈殿**（塩基性塩化第二水銀）を生成
		アンモニア水	**白色沈殿**（白降こう[アミノ塩化第二水銀]）を生成
硝酸第一水銀	色の変化	硝酸，たんぱく質	**赤色に呈色**
塩化第一水銀	沈殿生成	苛性ソーダ	**黒色沈殿**（亜酸化水銀）を生成
セレン及びセレン化合物	その他	炭上で固体試料を炭酸ナトリウム（粉末）と共に加熱。	**赤色塊**の生成（濃硫酸に溶けて緑色になる。）
ひ素及びひ素化合物	その他	銅の小片を試料の濃塩酸酸性溶液に漬けた後，水分を除去して試験管内で穏やかに加熱する。	**白色の昇華物**（三酸化二ひ素）の生成
		試料の酸性溶液に無ひ素の亜鉛を添加し，発生したガスを熱したガラス管に導く。	ひ素の析出（**ひ素鏡**）
ふっ化水素	その他	ガラス板に塗る。	ガラスの腐食
無機亜鉛塩類	沈殿生成	苛性ソーダ溶液，アンモニア水	**白色沈殿**（水酸化亜鉛）生成**→溶解**（亜鉛酸塩，アンミン錯塩）
		硫化水素，硫化ナトリウム，又は硫化アンモニウム	**白色沈殿**（硫化亜鉛）生成

第3編

毒物及び劇物の性質と取扱方法

表3.3　識別方法(その2)

物質名	分類	操作または試薬	確認
アンチモン化合物	沈殿生成	硫化水素，硫化ナトリウム，又は硫化アンモニウム	**橙赤色沈殿**(硫化アンチモン)生成
	炎色反応	白金線に試料をつけて溶融炎で熱し，希塩酸につけた後再度溶融炎で熱する。	炎が**淡青色**に発色
	その他	炭上で固体試料を炭酸ナトリウム(粉末)と共に加熱。	**白色の粒状物**
		試料の酸性溶液に亜鉛を添加し，発生したガスを熱したガラス管に導く。	アンチモンの析出(**アンチモン鏡**)
塩素酸塩類	気体の発生	濃硫酸	**緑黄色**気体(二酸化塩素)の発生
過酸化水素水	色の変化	過マンガン酸カリウム	退色
		クロム酸カリウムの硫酸酸性溶液及びこれと同体積の酢酸エチル又はエーテルを振り混ぜながら試料を滴下する。	有機層：**青色**に呈色(過クロム酸の生成)
		ヨード亜鉛	**褐色**に呈色(よう素の遊離)
カドミウム化合物	沈殿生成	苛性ソーダ溶液	**白色沈殿**(水酸化カドミウム)生成
		過剰のアンモニア水	**白色沈殿**(水酸化カドミウム)生成→**溶解**(アンミン錯塩)
		過剰のシアン化カリウム溶液	**白色沈殿**(シアン化カドミウム)→**溶解**(シアノ錯塩)
		フェロシアン化カリウム	**白色沈殿**(フェロシアン化カドミウム)生成
		硫化水素	**黄色又は橙色沈殿**(硫化カドミウム)生成
	その他	炭上で固体試料を炭酸ナトリウム(粉末)と共に加熱	**褐色の粒状物**

表3.4　識別方法(その3)

物質名	分類	操作または試薬	確認
無機銀塩類	沈殿生成	苛性ソーダ溶液	**褐色沈殿**(酸化銀)生成
		過剰のアンモニア水	**褐色沈殿**(酸化銀)生成→**溶解**(アンミン錯塩)
		塩酸	**白色沈殿**(塩化銀)生成
		クロム酸カリウム溶液	**赤褐色沈殿**(クロム酸銀)生成
		硫化水素，硫化アンモニウム，硫化ナトリウム	**黒色沈殿**(硫化銀)生成
	その他	炭上で固体試料を炭酸ナトリウム(粉末)と共に加熱	**白色の粒状物**(硝酸に可溶)
クロム酸塩類	沈殿生成	硝酸バリウム溶液，塩化バリウム溶液	**黄色沈殿**(クロム酸バリウム)生成
		酢酸鉛溶液	**黄色沈殿**(クロム酸鉛)生成
		硝酸銀溶液	**赤褐色沈殿**(クロム酸銀)生成
けいふっ化水素酸及びその塩類	気体の発生	濃硫酸	**腐食性ガス**(ふっ化水素)の発生
	沈殿生成	バリウム化合物溶液	**白色沈殿**(けいふっ化バリウム)生成
		苛性アルカリ溶液，炭酸アルカリ溶液，又はアンモニア水	**白色沈殿**(けい酸)生成
しゅう酸及びしゅう酸塩類	沈殿生成	酢酸カルシウム溶液(酢酸酸性下)	**白色結晶性沈殿**(しゅう酸カルシウム)生成
		塩化カルシウム溶液(アンモニア塩基性下)	**白色沈殿**(しゅう酸カルシウム)生成
	色の変化	過マンガン酸カルシウム溶液	退色

第3編

毒物及び劇物の性質と取扱方法

表3.5　識別方法(その4)

物質名	分類	操作または試薬	確認
無機銅塩類	沈殿生成	苛性ソーダ溶液	**青白色沈殿**(水酸化銅)生成
		過剰のアンモニア水	**青白色沈殿**(水酸化銅)生成→**溶解**(アンミン錯塩)
		硫化水素，硫化ナトリウム溶液，又は硫化アンモニウム溶液	**黒色沈殿**(硫化銅)生成
		フェロシアン化カリの中性又は酸性溶液	**赤褐色沈殿**(フェロシアン化第二銅)
		ロダンアンモニウム溶液	**黒色沈殿**(ロダン第二銅)生成→**白変**(ロダン第一銅)
鉛化合物	沈殿生成	過剰の苛性ソーダ溶液	**白色沈殿**(水酸化鉛)生成→溶解(鉛酸ソーダ)
		アンモニア水	**白色沈殿**(水酸化鉛)生成
		硫化水素	**黒色沈殿**(硫化鉛)生成→希塩酸に溶解
		塩酸	**白色沈殿**(塩化鉛)生成
		硫酸	**白色沈殿**(硫酸鉛)生成
		クロム酸カリウム溶液	**黄色沈殿**(クロム酸鉛)生成
バリウム化合物	炎色反応	白金線に試料をつけて溶融炎で熱し，希塩酸につけた後，再度溶融炎で熱する	炎が**緑黄色**に発色
	沈殿生成	濃苛性ソーダ溶液	**白色沈殿**(水酸化バリウム)生成
		アンモニア水及び炭酸ガス	**白色沈殿**(炭酸バリウム)生成
		クロム酸カリウムの中性又は酢酸酸性溶液	**黄色沈殿**(クロム酸バリウム)生成
		硫酸，又は硫酸カルシウム溶液	**白色沈殿**(硫酸バリウム)生成
塩酸	沈殿生成	硝酸銀溶液	**白色沈殿**(塩化銀)生成

表3.6　識別方法（その5）

物質名	分類	操作または試薬	確認
硝酸	気体の発生	銅屑を加えて熱する。	**藍色**を呈して溶解。**赤褐色の蒸気**（亜硝酸）を発生。
硫酸	沈殿生成	塩化バリウム溶液	**白色沈殿**（硫酸バリウム）生成
水酸化ナトリウム	炎色反応	白金線に試料をつけて溶融炎で熱し，希塩酸につけた後，再度溶融炎で熱する	炎が**黄色に発色**（長時間続く）
水酸化カリウム	沈殿生成	過剰の酒石酸溶液	**白色結晶性沈殿**（酒石酸水素カリウム）生成
		塩酸で中和後塩化白金溶液を添加	**黄色結晶性沈殿**（塩化白金カリウム）生成
アンモニア水	気体の発生	塩酸の蒸気を近づける。	**白煙**（塩化アンモニウム）の発生
フェノール	色の変化	アンモニア水及びさらし粉溶液	**藍色**に呈色
ベタナフトール	沈殿生成	塩化第二鉄溶液	**白色沈殿**生成
クロロホルム	気体の発生	試料のアルコール溶液に苛性カリ溶液と少量のアニリンを添加して加熱する。	**刺激性臭気**の発生
	色の変化	レゾルシン及び苛性カリ溶液を加えて加熱する。	**黄赤色**に呈色（緑色の蛍石彩）
		ベタナフトール及び苛性カリ溶液を加えて加熱する。	**藍色**に呈色→**褐色**（放置），**赤色沈殿**生成（酸の添加）
メタノール	気体の発生	試料の硫酸酸性溶液をサリチル酸と共に加熱	**芳香臭**（サリチル酸メチル）の発生
		強熱した酸化銅を加える。	**刺激性臭気**（ホルムアルデヒド）の発生，酸化銅表面に**金属銅**が生成。

確認問題 ・・・・・・・・・・・・・・・・・・・・・・・

次の記述のうち正しいものには○，間違っているものには✕をつけなさい。

問1．黄りんを含む試料を硫酸酸性下で水蒸気蒸留すると冷却器具の内側に赤色のりん光が観測される。

問2．塩化第二水銀に石灰水を加えると白色沈殿（白降こう）を生成する。

問3．カドミウム化合物の水溶液にアンモニア水を加えると白色沈殿を生じるが，過剰に加えると沈殿は溶解する。

問4．クロロホルムのアルコール溶液に水酸化カリウムと少量のアニリンを添加して加熱すると刺激性の臭気が発生する。

問5．メタノールを含む水溶液に強熱した酸化銅を加えると芳香臭が生じ，かつ酸化銅の表面に金属銅が生成する。

＊ 正解と解説 ＊＊＊＊＊＊＊＊＊＊＊＊＊＊＊＊＊＊＊＊＊＊＊

問1✕　酒石酸または硫酸酸性下の水蒸気蒸留によって**青白色のりん光**が観測されれば黄りんの存在を認めます。

問2✕　塩化第二水銀に石灰水を加えると**赤色沈殿**（塩基性塩化第二水銀）を生成し，**アンモニア水**を加えると白色沈殿を生成します。

問3○　正しいです。アンモニア水を加えることにより**水酸化物の沈殿**が生じますが，水酸化物は**過剰のアンモニア水**とさらに反応して溶解します。これも多くの金属元素に共通した反応ですので覚えておきましょう。

問4○　正しいです。

問5✕　強熱した酸化銅をメタノールを含む溶液に加えると**ホルムアルデヒド**を生じるために**刺激臭**を発生し，かつ酸化銅の表面に金属銅を生じます。

チャレンジ！発展問題

発展問題101　　非常によくでる！

次の薬物の識別方法を以下の語群から一つずつ選びなさい。

A　ふっ化水素酸　　　B　クロロホルム
C　塩化カドミウム　　D　酢酸鉛

正解　A：2，B：3，C：1，D：4

解説
A：ふっ化水素酸はガラスの腐食を

【語群】

1．炭酸ナトリウム粉末と共に炭の上で加熱すると，褐色の粒状物を生成する。
2．蝋を塗ったガラスに任意の模様を描いて蝋を除き，この液を塗ると蝋を除去した部分だけガラスが腐食される。
3．レゾルシン溶液と水酸化カリウム溶液を加えて熱すると黄赤色を呈し，緑色の蛍石彩を放つ。
4．クロム酸カリウム溶液を加えると黄色の沈殿を生じる。

ヒント

A：ふっ化水素酸はガラスを腐食します。
B：レゾルシンと水酸化カリウムを添加することにより黄赤色を呈し，緑色の蛍石彩を放ちます。
C：炭酸ナトリウムと共に炭の上で加熱すると，**褐色の粒状物**を生成します。
D：クロム酸カリウムを加えると黄色の沈殿を生じます。

発展問題102　時々出るヨ

ビンの中に無色で粘調な液体が入っている。この液体を水に加えると激しく発熱した。また，これに水酸化バリウム溶液を加えると沈殿を生じた。この物質に関するA~Dの設問に答えなさい。

A　ビンに入っている液体を下から選びなさい。
　1．メチルエチルケトン　2．濃硫酸　3．塩酸
　4．メタノール
B　ビンに入っている液体を砂糖に加えたときに起こる変化として正しいものを一つ選びなさい。
　1．砂糖は分解して緑色のコロイド状物質となった。
　2．砂糖は炭化されて黒くなった。

指標として確認できます。
B：ヒントのとおりです。
C：同じ識別方法で物質によっては**白色の粒状物**となるものもありますので，注意してください。
D：黄色の沈殿物は**クロム酸鉛**です。

第3編　毒物及び劇物の性質と取扱方法

正解　A：2，B：2，C：1，D：3
解説
A：最初に与えられた性質から（濃）硫酸であることは明らかです。
B：濃硫酸は有機物を炭化する性質があります。
C：濃硫酸の用途

　　3．砂糖は空気中の二酸化炭素を吸収して黄色になった。

　　4．砂糖は容易に分解して二酸化炭素を発生した。

C　ビンに入っている液体の用途として正しいものを一つ選びなさい。

　　1.乾燥剤　　2.脱臭剤　　3.界面活性剤　　4.酸化防止剤

D　水酸化バリウム溶液を加えて生じた沈殿の色として正しいものを一つ選びなさい。

　　1．赤色　　2．青色　　3．白色　　4．黒色

ヒント ◆◇◆◇◆◇◆◇◆◇◆◇◆◇◆◇

A：1）無色の粘調な液体

　　2）水に加えると発熱

　　3）水酸化バリウムと沈殿生成，から判断できる物質は何でしょうか。

D：水酸化バリウムと反応すると硫酸バリウムを生じます。

◆◇◆◇◆◇◆◇◆◇◆◇◆◇◆◇◆◇◆◇◆◇◆◇

発展問題103　　**時々出るヨ**

ラベルがはがれたビンの中に薬物Xが入っている。

　　A　薬物Xは無色の結晶であった。

　　B　薬物Xは水によく溶け，硫化水素を通じると黒色の沈殿を生じた。

　　C　薬物Xの水溶液にアンモニア水を加えると褐色沈殿を生じ，さらに過剰に加えると沈殿は溶解し無色透明となる。

　　D　薬物Xが手に付着すると付着した部分の皮膚が黒変した。

この薬物Xとして考えられるものを一つ選びなさい。

　　1．硝酸銀　　　　2．硫酸銅　　　　3．塩酸

　　4．塩化カドミウム

ヒント ◆◇◆◇◆◇◆◇◆◇◆◇◆◇◆◇

　　塩酸は**常温で液体**です。塩化カドミウム溶液に硫化水素

としてはガス用乾燥剤があります。

D：水酸化バリウムとは白色沈殿を生じます。

正解 1

解説

条件A：塩酸はこの条件に不適。

条件B：塩化カドミウムは黄色〜橙色の沈殿を生じるので不適。

条件C：ヒントから硫酸銅と塩化カドミウムは不適。

条件D：皮膚を黒変させる腐食作用を示すのは銀塩類のみ。

以上から条件A〜Dをすべて満足す

を通じると**黄色～橙色の沈殿**を生じます。硫酸銅にアンモニア水を加えると**青白色の沈殿**を生じ，**過剰の添加により溶解して濃青色溶液**となります。また塩化カドミウム溶液にアンモニア水を加えると**白色沈殿**を生じ，**過剰の添加により溶解して無色透明**となります。銀塩類は皮膚組織表面で腐食作用を示し，**皮膚を黒変**させます。

る薬物は設問1の硝酸銀です。

発展問題104　非常によくでる！

次の A～D の薬物の識別方法について文中の空欄にあてはまる最も適切な語句を下欄から選びなさい。

A メタノールにあらかじめ熱した酸化銅を加えると（　）ができ，酸化銅は還元されて金属銅を呈する。

B 三塩化アンチモンを炭上で炭酸ナトリウム粉末と共に加熱すると，（　）色の粒状物を生成する。

C 硝酸銀を水に溶かして（　）を加えると白色の沈殿を生じる。

D 水酸化ナトリウム溶液を白金線につけて溶融炎で熱し，希塩酸につけた後，再度溶融炎で熱すると炎の色は（　）色となり，長時間続く。

【語群】
1. 硫酸　2. 黄　3. ホルムアルデヒド　4. 白
5. 塩酸　6. 硝酸　7. アセトアルデヒド　8. 赤

ヒント

A：メタノールに強熱した酸化銅を加えるとメタノールが酸化されます。B：アンチモン化合物，銀化合物は炭上で炭酸ナトリウム粉末と共に加熱すると，白色の粒状物を生成します。C：銀塩の水溶液に塩酸を加えると塩化銀の沈殿を生じます。D：ナトリウムイオンの炎色反応を指標にします。

正解 A：3，B：4，C：5，D：2

解説
A：酸化銅の表面で発生するのはホルムアルデヒドです。
B：ヒントのとおりです。
C：塩化銀の沈殿は白色です。
D：ナトリウムイオンの炎色反応は黄色です。

第3編　毒物及び劇物の性質と取扱方法

発展問題105　🐌 非常によくでる！

次の物質の性状等に該当する薬物名を下から選び，その番号を答えなさい。

A　蒸気が引火性のあるもの
　　1．キシレン　2．水酸化ナトリウム　3．塩酸
　　4．一酸化鉛　5．四塩化炭素

B　白色または淡黄色のロウ様半透明の結晶性固体で，ニンニク臭を有し，空気中で発火しやすいので水中で蓄える。
　　1．ナトリウム　　2．セレン　3．赤りん
　　4．酸化カドミウム　5．白りん

C　刺激性の臭気を放ち揮発する赤褐色の液体で，強い腐食作用を有する。
　　1．塩素　2．臭素　3．ふっ化水素　4．塩化水素
　　5．クロロホルム

🐵 ヒント ◆◇◆◇◆◇◆◇◆◇◆◇◆◇◆◇◆◇

A：液体であるものはキシレン，塩酸，四塩化炭素ですが，蒸気に引火性があるのはキシレンのみです。B：白りん（黄りんの別名）で，空気中で自然発火するので水中で保存します。
C：常温で液体であるのは臭素とクロロホルムで，クロロホルムは無色透明です。

◆◇◆◇◆◇◆◇◆◇◆◇◆◇◆◇◆◇◆◇◆◇◆◇

発展問題106　🐌 よくでるヨ

次のA～Eの性状を有する薬物を下欄から一つずつ選びなさい。

A　風解性を有する青色の結晶である。
B　無色の結晶で潮解性がある。
C　赤褐色の揮発性のある液体で，激しい刺激臭を有する。

正解　A：1，B：5，C：2

解説

ヒントより上記のような正解になります。A：水酸化ナトリウム，一酸化鉛は常温で固体であり，蒸気になったとしても引火性はありません。B：赤りんは黄りんの同素体で空気中で発火しません。ナトリウムは灯油中に蓄えます。セレン，酸化カドミウムは条件の性質には全くあてはまりません。C：塩素（黄緑色），ふっ化水素（無色），塩化水素（無色）はいずれも常温で気体ですが，激しい刺激臭と腐食作用を有します。

正解　A：5，B：3，C：2，D：7，E：4

D　刺激臭を有する黄緑色気体である。

E　灰色の金属光沢を有するペレットまたは黒色の粉末である。

- 下欄 -
1．塩化第二銅　　2．臭素　　3．塩化亜鉛　　4．セレン
5．硫酸第二銅　　6．二酸化セレン　　7．塩素

ヒント

臭素は赤褐色の液体で強い刺激臭と腐食作用を有します。塩化亜鉛は潮解性のある無色の結晶，セレンは灰色又は黒色の固体で，硫酸第二銅は青色の結晶で風解性があります。塩素は刺激のある黄緑色気体です。

発展問題107　　よくでるヨ

次の薬物と識別方法の組み合わせとして誤っているものを一つ選びなさい。

1．アンモニア水－濃硫酸を近づけると白煙を生じる。
2．メタノール－サリチル酸と濃塩酸を加えて熱すると，芳香性のあるサリチル酸メチルエステルを生じる。
3．硫酸亜鉛－水溶液に硫化水素を通じると白色沈殿を生じる。
4．塩化第二水銀－水溶液に石灰水を加えると，赤色の沈殿を生じる。
5．黄りん－酒石酸又は硫酸酸性下で水蒸気蒸留すると青白色のりん光を発する。

ヒント

メタノールに強熱した酸化銅を加えるとホルムアルデヒドの刺激臭を生じます。硫酸亜鉛は，硫化水素を通気すると硫化亜鉛の白色沈殿を生成します。塩化第二水銀に石灰水を加えて生じるのは，塩基性塩化第二水銀です。黄りんは

解説

ヒントより上記のような正解になります。なお，肢1の塩化第二銅は緑色の結晶で潮解性がありますが，当てはまる性状はありません。また，肢6の二酸化セレンは吸湿性のある白色粉末で，昇華性があり，該当する性状がありません。

正解　　1

解説

アンモニアに濃塩酸を近づけると塩化水素ガスと反応して塩化アンモニウムの白煙を生じます。濃硫酸に近づけても白煙は生じません。よって肢1が誤った識別方法です。

酸性下水蒸気蒸留するとりん光を生じます。

発展問題108　よくでるヨ

　次の識別方法に該当する薬物を下欄から一つずつ選びなさい。

A　サリチル酸と硫酸と共に熱すると芳香のあるサリチル酸メチルエステルを生成する。

B　水溶液を白金線につけて無色の火炎中に入れると黄色の炎色反応を示す。

C　水溶液に過クロール鉄液を加えると紫色を呈する。

D　アルコール溶液に水酸化カリウム溶液と少量のアニリンを加えて熱すると，不快な刺激臭を放つ。

E　炭の上に小さな孔を作り，試料を入れて吹管炎で熱するとバチバチ音を立てる。

― 下欄 ―
　1．水酸化ナトリウム　2．メタノール　3．フェノール
　4．クロロホルム　5．亜硝酸塩類

ヒント

　水酸化ナトリウムは白金線を用いた炎色反応で黄色を長時間示します。メタノールはサリチル酸，硫酸と共に熱するとサリチル酸メチルエステルを生成，芳香を放ちます。フェノールは鉄(III)で紫色に呈色します。クロロホルムのアルコール溶液に苛性カリ溶液と少量のアニリンをくわえて加熱すると，刺激性の臭気を発生します。亜硝酸塩類は炭にのせて加熱すると小爆発を起こしてパチパチと音を立てます。

正解　A：2，B：1，C：3，D：4，E：5

解説

ヒントより上記のような正解になります。肢2：強熱した酸化銅を加えると刺激臭気(ホルムアルデヒドの生成)を放ち，酸化銅の表面に金属銅が生成します。肢3：同じくフェノール性水酸基を有するベタナフトールではFe(III)で白色沈殿を生じますので覚えておきましょう。肢4：レゾルシンやベタナフトールと苛性カリ溶液の添加，加熱によってもそれぞれ黄赤色，藍色に呈色します。

発展問題109　🐌→非常によくでる！

　次の文章は薬物の識別方法について記述したものです。
（　）にあてはまる最も適切な色を下の語群から選びなさい。

　A　ベタナフトールの水溶液に塩化第二鉄溶液を加えると（　）色沈殿を生じる。

　B　硝酸に銅屑を加えて熱すると，（　）色を呈して溶解し，その際赤褐色の亜硝酸の蒸気を発生する。

　C　塩化バリウムの水溶液にクロム酸カリウム溶液を加えると（　）色のクロム酸バリウムを沈殿する。

　D　塩化第二水銀に石灰水を加えると（　）色沈殿を生じる。

　語群
　1．藍　2．白　3．黒　4．黄　5．橙　6．緑　7．赤

🐟ヒント ◆◆◆◆◆◆◆◆◆◆◆◆◆◆◆◆

ベタナフトールは塩化第二鉄溶液で白色沈殿を生じます。
硝酸に銅屑を加えて熱すると，藍色を呈して溶解します。
塩化バリウムはクロム酸カリウム溶液で黄色沈殿を生じます。塩化第二水銀に石灰水を加えると赤色沈殿を生じます。

◆◆◆◆◆◆◆◆◆◆◆◆◆◆◆◆◆◆◆◆◆◆◆

正解　A：2，
B：1，C：4，
D：7

解説
各薬物の沈殿生成反応はヒントの通りです。薬物の識別方法には種々の沈殿生成反応があり，その色の違いや加える試薬の違いによって判別します。表にしてよく整理しておきましょう

第3編

毒物及び劇物の性質と取扱方法

2. 毒物，劇物の廃棄方法を整理しよう！

重要暗記ポイント

毒物，劇物の廃棄方法には主として以下のような方法があります。

1. **中和法**→希酸，希アルカリなどの中和剤で中和する。
2. **化学分解法**→適切な酸，アルカリや酸化剤(**酸化法**)，還元剤(**還元法**)で分解，無毒化する。
3. **燃焼法**→スクラバーやアフターバーナーを備えた焼却炉などで焼却する。
   (a) **アフターバーナー**：排ガス中の有機物などを再燃焼させる装置。
   (b) **スクラバー**：水や他の液体を用いて排ガス中の微粒子や有毒ガスを除去する集塵装置。
4. **沈殿法**→沈殿剤を加えて沈殿させて，埋設処分する。
5. **隔離法**→そのまま，もしくは沈殿法で生成した固体(**沈殿隔離法**)をセメントで固化して埋設する。
6. **活性汚泥法**→排水中の有機物を好気性微生物の作用で分解処理する。

　実際の処理過程では，貯蔵方法同様に毒物，劇物の性質を考慮の上，これらの基本的な方法を組み合わせた廃棄方法が適用されます。

　表3.7及び3.8に主要な物質の廃棄方法を整理しておきました。2.1節の識別方法で出てきた沈殿生成反応などとよく比較しておきましょう。

識別方法の沈殿生成反応と関連づけるとおぼえやすい

2.1 主な毒物，劇物の廃棄方法（まとめ）

表3.7　主な毒物，劇物の廃棄方法

方法	主な品名	概要
沈殿隔離法	無機水銀化合物，**水溶性のもの**：セレン及びセレン化合物，ひ素及びひ素化合物，無機亜鉛塩類，アンチモン化合物，カドミウム化合物，無機銀塩類，無機銅塩類，鉛化合物，バリウム化合物	硫化物，水酸化物などの沈殿として回収後，セメントで固化隔離する。
沈殿法	ふっ化水素酸	消石灰で中和して生じた沈殿を回収する。
固化隔離法	**不溶性のもの**：セレン及びセレン化合物，ひ素及びひ素化合物，無機亜鉛塩類，アンチモン化合物，カドミウム化合物，無機銅塩類，鉛化合物，バリウム化合物	セメントで固化し，埋立て処分する。
回収法	水銀	そのまま蒸留して回収する。
活性汚泥法	**水溶性のもの**：しゅう酸及びしゅう酸塩類	活性汚泥で分解処理する。
還元沈殿法	クロム酸塩類，重クロム酸塩	希硫酸で酸性にした後，硫酸第一鉄で還元し，消石灰等で処理して沈殿ろ過する。
還元法	塩素酸塩類	希硫酸で酸性にしたチオ硫酸ナトリウムなどの還元剤に少しずつ加えて処理し，多量の水で希釈して廃棄する。
希釈法	過酸化水素水	多量の水で希釈する。
酸化法	無機シアン化合物，二硫化炭素	さらし粉等の酸化剤で酸化分解する。
中和法	強酸，強アルカリ	アルカリ，酸で中和後廃棄する。

第3編　毒物及び劇物の性質と取扱方法

表3.8　主な毒物，劇物の廃棄方法(その2)

方法	主な品名	概要
燃焼法	黄りん，しゅう酸及びしゅう酸塩類，有機りん製剤，その他の有機物	焼却炉で燃焼する。
焙焼法	**多量の場合**：無機亜鉛塩類，カドミウム化合物，無機銀塩類，無機銅塩類，鉛化合物	還元剤と加熱し，金属にまで還元する。
分解沈殿法	けいふっ化水素酸及びその塩類	消石灰等で処理した後，希硫酸を加えて中和し沈殿ろ過する。

確認問題

次の記述のうち正しいものには〇，間違っているものには✕をつけなさい。

問1．沈殿法は消石灰，硫化ナトリウムなどの沈殿剤を加えて沈殿として回収する方法である。

問2．活性汚泥法とは有機物などをそのまま埋設し，土壌中の微生物によって分解処理させる方法である。

問3．隔離法とは，液体の毒劇物を金属製の容器に密封した状態のものをセメントで固化して埋設する方法である。

問4．不溶性の薬物には固化隔離法が有効である。

問5．ふっ化水素酸を廃棄するには多量の水で希釈，破棄するだけでよい。

正解と解説

問1〇　正しいです。

問2✕　活性汚泥法とは**活性汚泥**という有用な微生物によって分解処理させる方法です。あくまでもプラントレベルで人工的な処理施設内で行われます。

問3✕　液体のものを金属容器に入れていても，腐食などによってセメント塊外に漏出する可能性があるため，必ず固体として取り出したものを処理します。

問4〇　正しいです。

問5✕　ふっ化水素酸の廃棄方法には沈殿法(消石灰を添加してふっ化カルシウムの固体として回収する)が用いられます。

チャレンジ！発展問題

発展問題110　　時々出るヨ

　次の毒物，劇物の廃棄方法に関する記述の正誤について正しい組み合わせを表から一つ選びなさい。

	A	B	C
1	正	誤	誤
2	正	誤	正
3	誤	正	誤
4	誤	誤	正

A 活性汚泥法とは，適当な酸，アルカリ，酸化剤などを加えて無毒化して廃棄する方法である。

B 化学分解法とは，生物学的な排水処理法で有機物を微生物により分解，除去した後，廃棄する方法である。

C 中和法とは酸の場合はアルカリで，アルカリの場合は酸で中和した後，水で希釈して廃棄する方法である。

ヒント

　活性汚泥法は微生物に有機物を分解処理させる方法で，化学分解法は適当な化学薬品を添加して化学的に分解，無毒化させる方法です。

正解 4

解説

よって設問AとBは内容が入れ替わっています。設問Cは正しいです。したがってこれらの正誤は4が正しい組み合わせになります。

発展問題111　　非常によくてる！

　次の薬物の廃棄方法について適切なものを下欄から一つずつ選びなさい。

A シアン化ナトリウム　B 水酸化ナトリウム
C 過酸化水素

1．酸で中和して多量の水で希釈して破棄する。

2．多量の水で希釈して破棄する。

3．そのままセメントで固化し，埋め立て処分する。

4．水酸化ナトリウムなどでpH 11以上とし，さらし粉で酸化分解後，硫酸で中和して破棄する。

正解　A：4，B：1，C：2

解説

A：アルカリ性下で酸化分解後，硫酸で中和して破棄します。

B：強アルカリは酸で中和してから希釈して破棄します。

C：過酸化水素は
希釈するだけで
酸素と水に分解
します。

ヒント ❖❖❖❖❖❖❖❖❖❖❖❖❖❖❖❖❖❖❖❖❖❖❖

　無機シアン化合物は**酸化法**，水酸化アルカリは**中和法**を
用います。

❖❖❖❖❖❖❖❖❖❖❖❖❖❖❖❖❖❖❖❖❖❖❖❖❖❖❖❖❖❖❖❖❖

発展問題112　　よくでるヨ

　次の薬物と廃棄方法の組み合わせのうち正しいものを一
つ選びなさい。
　1．塩素酸カリウム－沈殿法
　2．しゅう酸ナトリウム－中和法
　3．硝酸カドミウム－沈殿隔離法
　4．重クロム酸ナトリウム－燃焼法

ヒント ❖❖❖❖❖❖❖❖❖❖❖❖❖❖❖❖❖❖❖❖❖❖❖

設問 1：希硫酸で酸性にしたチオ硫酸ナトリウム溶液で還
　　　　元分解します。
設問 2：燃焼するか，活性汚泥で処理します。
設問 3：硫化水素を通じて沈殿として回収し，セメントで
　　　　固化します。
設問 4：希硫酸酸性下，硫酸第一鉄で還元分解し，消石灰
　　　　等で沈殿として回収します。

❖❖❖❖❖❖❖❖❖❖❖❖❖❖❖❖❖❖❖❖❖❖❖❖❖❖❖❖❖❖❖❖❖

正解 3

解説
塩素酸塩類は**還元
法**，しゅう酸ナト
リウムは**燃焼法**，
又は**活性汚泥法**，
重クロム酸塩は**還
元沈殿法**で廃棄処
理します。

第 4 編

模擬試験問題
―ゴール目前の最終ステップ！―
実戦的問題で総仕上げ！

　では，最後に実際の試験に沿った模擬試験問題にチャレンジしましょう。

　最終的には何も見ないで70%以上を正解できるようにしてください。

ラストスパート！

毒物及び劇物に関する法令

問題1
次の文章の空欄にあてはまる語句の正しい組み合わせを一つ選びなさい。

「この法律で「劇物」とは，別表第二に掲げるものであって，(A)及び(B)以外のものをいう。」

	A	B
1	試薬	医薬品
2	医薬部外品	試薬
3	医薬品	医薬部外品

問題2
次の文章の空欄にあてはまる語句の正しい組み合わせを一つ選びなさい。

「毒物又は劇物の販売業の登録を受けた者でなければ，毒物又は劇物を販売し，授与し，又は販売若しくは授与の目的で(A)し，運搬し，若しくは(B)してはならない。」

	A	B
1	購入	陳列
2	貯蔵	陳列
3	購入	貯蔵

問題3
次の文章の空欄にあてはまる語句の正しい組み合わせを一つ選びなさい。

「毒物劇物営業者は，毒物又は劇物の容器及び被包に，「(A)」の文字及び劇物については(B)に(C)をもって「劇物」の文字を表示させなければならない。」

	A	B	C
1	医薬用外	白地	赤色
2	医薬用	黒地	白色
3	医薬用外	赤地	白色

問題4
興奮，幻覚，麻酔の作用を有する毒物，劇物で政令で定めるものに該当するものを一つ選びなさい。

1．ナトリウム　　2．酢酸エチル　　3．メタノール　　4．トルエン

問題5
次の文章のうち正しいものを一つ選びなさい。

1．毒物，劇物の販売業の登録は，5年ごとに更新を受けなければ，その効力を失う。

2．毒物，劇物の製造業の登録は，6年ごとに更新を受けなければ，その効力を失う。

3．同一都道府県内に毒物又は劇物を取り扱おうとする店舗が複数ある場合には，そのうち1箇所で登録を受ければよい。

4．毒物，劇物の輸入業者が，輸入しようとする品目を追加する場合には，あ

らかじめ登録の変更を受けなければならない。

問題 6 　次のうち各文章の空欄に入る正しい数字を答えなさい。

A. 毒物劇物営業者は登録が失効する（　）ヶ月前までに登録の更新を行う必要がある。

B. 毒物劇物営業者の登録の設備基準に適合しないときや命令違反が生じたときは，登録の取り消しや業務の一時停止などの処分が科され，取り消しの日から（　）年を経過していないと再登録できない。

C. 特定毒物研究者は申請事項を変更した場合や当該研究を廃止した場合は（　）日以内に届け出なければならない。

D. （　）歳未満の者は毒物劇物取扱責任者になることができない。

E. 毒物劇物営業者等が登録が失効した場合には（　）日以内に現に所有する特定毒物の品名と数量などを届け出なければならない。

問題 7 　次のうち法に規定する届出を必要としないものを一つ選びなさい。

1. 毒物劇物営業者が，店舗の名称を変更した場合。
2. 法人である毒物劇物営業者が，代表取締役を変更した場合。
3. 毒物劇物営業者が，毒物又は劇物を貯蔵する設備の重要な部分を変更した場合。
4. 毒物劇物営業者が，毒物劇物取扱責任者を変更した場合。

問題 8 　次の業務上取扱者に関する文章のうち正しいものを一つ選びなさい。

1. 無機シアン化合物を業務上取り扱う金属熱処理業者は，事業場ごとに取り扱うことになった日から30日以内に都道府県知事に届出が必要である。
2. シロアリ防除業者は，すべて業務上取扱者の届出が必要である。
3. 三酸化クロムを業務上取り扱う電気めっき事業者は，事業場ごとに取り扱うことになった日から30日以内に都道府県知事に届出が必要である。
4. 最大積載量が5,000 kg以上の大型自動車で過酸化水素10%を含有する製剤2,000 ℓを固定された容器に入れて運搬する場合，業務上取扱者の届出は必要ない。

問題 9 　次の文章のA〜Cの空欄に入る適切な語句を下欄から選びなさい。

「1回の運搬につき(A)kgを超える毒物又は劇物を車両を使用して運搬する場合で，当該運搬を他に委託する場合は，その荷送人は運送人に対し，あらかじ

め，当該毒物又は劇物の名称，成分及びその(B)並びに数量並びに事故時に講じなければならない(C)の内容を記載した書面を交付しなければならない。」

┌─ 下欄 ─────────────────────────────┐
1．1,000　2．2,000　3．5,000　4．用途　5．含量　6．毒性に関する情報　7．応急の措置　8．連絡体制　9．廃棄上の注意
└──────────────────────────────────┘

問題10
次の毒物，劇物の廃棄の方法に関する文章の A～E の空欄に入る適切な語句を下欄から選びなさい。

「ガス体又は(A)の毒物は，(B)上(C)を生じるおそれがない場所で，少量ずつ(D)し，または(E)させること。」

┌─ 下欄 ─────────────────────────────┐
1．保健衛生　2．揮発性　3．環境保全　4．危害　5．放出
6．爆発性　7．加水分解　8．燃焼　9．揮発
└──────────────────────────────────┘

基礎化学

問題11
以下の物質のうち，混合物であるものの組み合わせとして正しいものを選びなさい。

A．ショ糖　　B．酸素　　C．空気　　D．二酸化炭素　　E．海水

┌─ 下欄 ─────────────────────────────┐
1．C, E　　2．A, B　　3．B, C　　4．B, D
└──────────────────────────────────┘

問題12
次の文章で説明している語句を下欄から選びなさい。

A．固体から直接気体になること。
B．電子を失うこと。
C．酸と塩基が反応して，塩と水が生じる反応。
D．塩と水が反応して，酸と塩基に分解する反応。
E．物質が水素と結合するか，または酸素を失う化学変化。

┌─ 下欄 ─────────────────────────────┐
1．加水分解　　2．中和　　3．酸化　　4．還元　　5．昇華
└──────────────────────────────────┘

問題13　次の物質の化学式を下欄から選びなさい。

A. 水酸化ナトリウム　B. 硫酸　C. アンモニア　D. メタノール　E. 硝酸

┌─ 下欄 ──────────────────────────────
│ 1. H_2SO_4　2. NaOH　3. NH_3　4. HNO_3　5. CH_3OH　6. H_2O_2
└───────────────────────────────────

問題14　水酸化カリウム KOH の0.1 mol は何 g か。ただし原子量は K＝39, O＝16, H＝1 とする。

1. 11.2 g　　2. 5.6 g　　3. 2.8 g　　4. 0.56 g

問題15　0 ℃, 1気圧で8.8 g の二酸化炭素の体積は何 ℓ か。正しいものを選びなさい。ただし C＝12, O＝16とする。

1. 44.8 ℓ　　2. 8.96 ℓ　　3. 5.88 ℓ　　4. 4.48 ℓ

問題16　塩化ナトリウム20 g を水に溶解して 4 ％の食塩水を作るときに必要な水は何 g か。正しいものを選びなさい。

1. 480 g　　2. 240 g　　3. 120 g　　4. 180 g

問題17　温度80℃の40％塩化カリウム溶液500 g を10℃にまで冷却した。析出する結晶は何 g か。最も近いものを選びなさい。ただし, 10℃における塩化カリウムの溶解度を31％とする。

1. 90 g　　2. 45 g　　3. 125 g　　4. 155 g

問題18　次のうちイオン化傾向が最も大きいものを選びなさい。

1. Cu　　2. Au　　3. Zn　　4. Ni

問題19　以下の元素のうちハロゲン元素であるものを一つ選びなさい。

1. Br　　2. Co　　3. Se　　4. Ti

問題20　次の有機化合物の官能基に対応する化学式を下欄から選びなさい。

A. ニトロ基　B. アルデヒド基　C. カルボキル基

┌─ 下欄 ──────────────────────────────
│ 1. －OH　2. －COOH　3. －NH_2　4. －NO_2　5. －CH_3
│ 6. －CHO
└───────────────────────────────────

毒物及び劇物の性質と取扱方法・実地

問題21　次の薬物について，その性状として最も適切なものを性状欄から，識別方法として最も適切なものを識別欄から選びなさい。

薬物	性状	識別方法
シアン化ナトリウム	A	F
塩化第一水銀	B	G
過酸化水素	C	H
硫酸銅	D	I
硫化カドミウム	E	J

―性状欄―
1．無色透明の濃厚液体で，微量の不純物によって激しく分解するため，安定剤として少量の酸が添加される。
2．藍色の結晶で風解性があり，水に溶けやすい。
3．白色粉末で光で分解する。別名を甘こうという。
4．黄橙色の粉末で，水に不溶，熱硝酸，熱濃硝酸に可溶で，顔料に用いられる。
5．白色の粉末で，吸湿性があり，空気中の炭酸ガスと反応して有毒なガスを発生する。

―識別欄―
1．水溶液に塩化第二鉄溶液を加えると赤色に呈色する。
2．水溶液に水酸化ナトリウム水溶液を加えると青白色沈殿を生じる。
3．炭上で炭酸ナトリウムと加熱すると褐色の粒状物を生成する。
4．水溶液に水酸化ナトリウム水溶液を加えると黒色沈殿を生じる。
5．過マンガン酸カリウム溶液を加えると赤紫色が退色する。

問題22　次の物質のうち酸化性を示さないものを一つ選びなさい。
1．クロム酸カリウム　　　2．硝酸銀　　　3．過酸化水素
4．重クロム酸ナトリウム　5．硫酸

問題23　次の物質のその毒性に関する組み合わせのうち誤っているものを一つ選びなさい。

1．有機りん製剤－神経毒性
2．ふっ化水素酸－腐食，殺菌性による局所刺激作用
3．メタノール－血中の石灰分を奪う。
4．有機塩素製剤－中枢神経刺激毒性

問題24　次の薬物の貯蔵方法として適切なものを下欄から選びなさい。

A．重クロム酸ナトリウム
B．ベタナフトール
C．硝酸

── 下欄 ──
1．ガラスを腐食するのでポリエチレン製容器に密栓して貯蔵する。
2．空気中で赤変するので密栓して貯蔵する。
3．潮解性があるので，密栓して可燃物から遠ざけて冷暗所に貯蔵する。
4．耐酸性の容器に入れ，密栓して可燃物から遠ざけて冷暗所に貯蔵する。

問題25　次の物質の廃棄方法として最も適切なものを下欄から選びなさい。

A．セレン
B．しゅう酸水素アンモニウム
C．硝酸カドミウム
D．塩素酸カリウム
E．けいふっ化水素酸

── 下欄 ──
1．活性汚泥で分解処理させる。
2．セメントで固化し，埋め立て処分する。
3．消石灰で分解後，希硫酸で中和して沈殿ろ過する。
4．硫化ナトリウムで硫化物としてろ過回収し，セメントで固化隔離する。
5．希硫酸で酸性にしたチオ硫酸ナトリウムなどの還元剤に少しずつ加え，多量の水で希釈して廃棄する。

解　答

問題1　3

解説：医薬品，医薬部外品である劇薬は薬事法の規制対象になります。

問題2　2

解説：販売業の営業者登録に関する禁止規定です。

問題3　1

解説：劇物の場合は白地に赤色で「医薬用外劇物」を表示する。

問題4　4

解説：原体として該当するものはトルエンのみです。

問題5　4

解説：販売業は6年ごと，製造業は5年ごと，店舗ごとに登録更新する。

問題6　A：1，B：2，C：30，D：18，E：15

解説：第1編附表の「暗記すべき数字」P.85参照。

問題7　2

解説：毒物劇物営業者の登録事項に代表取締役の氏名は入っていません。

問題8　1

解説：シロアリ防除業はひ素化合物，電気めっき業は毒物たる無機シアン化合物，運送業は施行令別表第2に記載のものが対象。

問題9　A：1，B：5，C：7

解説：1回につき1,000 kgを超える運搬の場合，荷送人は運送人に対し，応急措置等を記した書面を交付する。

問題10　A：2，B：1，C：4，D：5，E：9

解説：ガス体，揮発性のものは保健衛生上危害を生じるおそれがない場所で，揮発，放出させます。

問題11　1

解説：ショ糖，酸素，二酸化炭素は純物質です。

問題12　A：5，B：3，C：2，D：1，E：4

解説：酸化と還元，中和と加水分解はセットで覚えましょう。

問題13　A：2，B：1，C：3，D：5，E：4

解説：いずれも劇物に指定されているものなので，第3編参照。

問題14　2

解説：$(39+16+1)\times0.1\,\mathrm{mol}=5.6\,(\mathrm{g})$

問題15　4

解説：$8.8/(12+16\times2)=0.2$　$22.4\times0.2=4.48\,(\ell)$

問題16　1

解説：水の量を$x\,(\mathrm{g})$とすると$20/(x+20)=0.04$　$x=480\,(\mathrm{g})$

問題17　2

解説：40%溶液500g中には$500\times0.4=200\,(\mathrm{g})$なので，10℃にまで冷却すると$200-(500\times0.31)=45\,(\mathrm{g})$が析出します。

問題18　3

解説：イオン化傾向の大きさは Zn＞Ni＞Cu＞Au

問題19　1

解説：ハロゲン元素は F，Cl，Br，I

問題20　A：4，B：6，C：2

解説：1は水酸基，3はアミノ基，5はメチル基です。

問題21 A：5，B：3，C：1，D：2，E：4，F：1，G：4，H：5，I：2，J：3

解説：性状：形状，色といった外観でほとんど当てはめることができますが，塩化第一水銀は湯毒ガスは発生しません。識別法は第2章の表参照。

問題22　5

解説：クロム酸塩，重クロム酸塩，硝酸塩，過酸化水素は酸化性を有しています。

問題23　3

解説：メタノールは神経細胞内でギ酸を生成して酸中毒を引き起こし，失明にいたることがあります。

問題24　A：3，B：2，C：4

解説：A：潮解性，酸化性があります。B：空気中で赤変します。C：強酸性で酸化性があります。

問題25　A：2，B：1，C：4，D：5，E：3

解説：水に不溶性のものは直接セメントで固化します。有機物は燃焼するか，活性汚泥で分解します。

付　録

毒物及び劇物関係法令集

　付録として毒物及び劇物関係法令集を付します。

　学習を進めていく上での参考資料として活用して下さい。

　特に ■1■毒物及び劇物取締法，■2■毒物及び劇物指定令，■3■毒物及び劇物取締法施行令 は試験にも出題される重要なものですので，本文の第1編の解説と照らし合わせながら，繰り返し確認してください。

　なお，各法令の記載にあたり，一部省略しています。

　また，法文条文等は随時変更，追加，改正されますので，最新のものについてはネット等で各自確認をしてください。

■1■　毒物及び劇物取締法

学習の道しるべ

　毒物及び劇物の定義，法律の目的，規制の仕組みなど，法律の大元となる重要な項目が掲げられています。試験にもよく出るところなので，しっかり参照してください。

第1条 目的　この法律は，毒物及び劇物について，**保健衛生上の見地**から必要な**取締**を行うことを目的とする。

第2条 定義　この法律で「**毒物**」とは，**別表第1**〈→P 274〉**に掲げる物**であって，医薬品及び医薬部外品以外のものをいう。

2　この法律で「**劇物**」とは，**別表第2**〈→P 274〉**に掲げる物**であって，医薬品及び医薬部外品以外のものをいう。

3　この法律で「**特定毒物**」とは，**毒物であって，別表第3**〈→P 277〉**に掲げるもの**をいう。

第3条 禁止規定　毒物又は劇物の製造業の登録を受けた者でなければ，毒物又は劇物を**販売又は授与の目的**で製造してはならない。

2　毒物又は劇物の輸入業の登録を受けた者でなければ，毒物又は劇物を**販売又は授与の目的**で輸入してはならない。

3　毒物又は劇物の販売業の登録を受けた者でなければ，毒物又は劇物を販売し，授与し，又は販売若しくは授与の目的で貯蔵し，運搬し，若しくは陳列してはならない。但し，毒物又は劇物の製造業者又は輸入業者が，その製造し，又は輸入した毒物又は劇物を，**他の毒物又は劇物の製造業者，輸入業者又は販売業者(以下「毒物劇物営業者」という。)**に販売し，授与し，又はこれらの目的で貯蔵し，運搬し，若しくは陳列するときは，この限りでない。

第3条の2　毒物若しくは劇物の製造業者又は学術研究のため特定毒物を製造し，若しくは使用することができる者としてその主たる研究所の所在地の都道府県知事(その主たる研究所の所在地が，地方自治法(昭和22年法律第67号)第252条の19第1項の指定都市(以下「指定都市」という。)の区域にある場合においては，指定都市の長。第6条の2及び第10条第2項において同じ。)の許可を受けた者(以下「**特定毒物研究者**」という。)でなければ，**特定毒物を製造してはならない。**

2　毒物若しくは劇物の輸入業者又は特定毒物研究者でなければ，特定毒物を輸入してはならない。

3　特定毒物研究者又は特定毒物を使用することができる者として品目ごとに政令で指定する者(以下「**特定毒物使用者**」という。)でなければ，特定毒物を使用し

てはならない。ただし，毒物又は劇物の製造業者が毒物又は劇物の製造のために特定毒物を使用するときは，この限りでない。

4 特定毒物研究者は，特定毒物を**学術研究以外の用途**に供してはならない。

5 特定毒物使用者は，特定毒物を**品目ごとに政令で定める用途以外の用途**に供してはならない。

6 毒物劇物営業者，特定毒物研究者又は特定毒物使用者でなければ，特定毒物を譲り渡し，又は譲り受けてはならない。

7 前項に規定する者は，同項に規定する者以外の者に特定毒物を譲り渡し，又は同項に規定する者以外の者から特定毒物を譲り受けてはならない。

8 毒物劇物営業者又は特定毒物研究者は，特定毒物使用者に対し，その者が使用することができる特定毒物以外の特定毒物を譲り渡してはならない。

9 毒物劇物営業者又は特定毒物研究者は，保健衛生上の危害を防止するため政令で特定毒物について品質，着色又は表示の基準が定められたときは，当該特定毒物については，その基準に適合するものでなければ，これを特定毒物使用者に譲り渡してはならない。

10 毒物劇物営業者，特定毒物研究者又は特定毒物使用者でなければ，特定毒物を所持してはならない。

11 特定毒物使用者は，その使用することができる特定毒物以外の特定毒物を譲り受け，又は所持してはならない。

第3条の3 興奮，幻覚又は麻酔の作用を有する毒物又は劇物（これらを含有する物を含む。）であって政令で定めるものは，みだりに摂取し，若しくは吸入し，又はこれらの目的で所持してはならない。

第3条の4 引火性，発火性又は爆発性のある毒物又は劇物であって政令で定めるものは，業務その他正当な理由による場合を除いては，所持してはならない。

第4条 営業の登録 毒物又は劇物の製造業，輸入業又は販売業の登録は，製造所，営業所又は店舗ごとに，その**製造所，営業所又は店舗の所在地の都道府県知事**（販売業にあってはその店舗の所在地が，地域保健法（昭和22年法律第101号）第5条第1項の政令で定める市（以下「保健所を設置する市」という。）又は特別区の区域にある場合においては，**市長又は区長。次項，第5条，第7条第3項，第10条第1項及び第19条第1項から第3項までにおいて同じ。**）が行う。

2 毒物又は劇物の製造業，輸入業又は販売業の登録を受けようとする者は，製造業者にあっては**製造所**，輸入業者にあっては**営業所**，販売業者にあっては**店舗**ごとに，その製造所，営業所又は店舗の所在地の都道府県知事に申請書を出さなければならない。

3 製造業又は輸入業の登録は，**5年ごと**に，販売業の登録は，**6年ごと**に，更新を受けなければ，その効力を失う。

第4条の2 販売業の登録の種類 毒物又は劇物の販売業の登録を分けて，次のとおりとする。

　　1　**一般販売業の登録**
　　2　**農業用品目販売業の登録**
　　3　**特定品目販売業の登録**

第4条の3 `販売品目の制限` 農業用品目販売業の登録を受けた者は，**農業上必要な毒物又は劇物であって厚生労働省令で定めるもの**以外の毒物又は劇物を販売し，授与し，又は販売若しくは授与の目的で貯蔵し，運搬し，若しくは陳列してはならない。

2　特定品目販売業の登録を受けた者は，**厚生労働省令で定める毒物又は劇物以外**の毒物又は劇物を販売し，授与し，又は販売若しくは授与の目的で貯蔵し，運搬し，若しくは陳列してはならない。

第5条 `登録基準` 都道府県知事は，毒物又は劇物の製造業，輸入業又は販売業の登録を受けようとする者の設備が，**厚生労働省令で定める基準に適合しないと認めるとき**，又はその者が第19条第2項若しくは第4項の規定により**登録を取り消**され，取消しの日から起算して**2年**を経過していないものであるときは，第4条第1項の登録をしてはならない。

第6条 `登録事項` 第4条第1項の登録は，次に掲げる事項について行うものとする。

　　1　申請者の氏名及び住所(法人にあっては，その名称及び主たる事務所の所在地)
　　2　製造業又は輸入業の登録にあっては，製造し，又は輸入しようとする毒物又は劇物の品目
　　3　製造所，営業所又は店舗の所在地

第6条の2 `特定毒物研究者の許可` 特定毒物研究者の許可を受けようとする者は，**その主たる研究所の所在地の都道府県知事**に申請書を出さなければならない。

2　都道府県知事は，毒物に関し**相当の知識**を持ち，かつ，**学術研究上特定毒物を**製造し，又は使用することを必要とする者でなければ，特定毒物研究者の許可を与えてはならない。

3　都道府県知事は，次に掲げる者には，特定毒物研究者の許可を与えないことができる。

　　1　心身の障害により特定毒物研究者の**業務を適正に行うことができない者**として厚生労働省令で定めるもの
　　2　麻薬，大麻，あへん又は覚せい剤の**中毒者**
　　3　毒物若しくは劇物又は薬事に関する罪を犯し，罰金以上の刑に処せられ，その執行を終わり，又は執行を受けることがなくなった日から起算して**3年**を経過していない者
　　4　第19条第4項の規定により許可を取り消され，取消しの日から起算して**2年**を経過していない者

第7条 `毒物劇物取扱責任者` 毒物劇物営業者は，毒物又は劇物を直接に取り扱う**製**

造所，営業所又は店舗ごとに，**専任の毒物劇物取扱責任者**を置き，毒物又は劇物による保健衛生上の危害の防止に当たらせなければならない。ただし，自ら毒物劇物取扱責任者として毒物又は劇物による保健衛生上の危害の防止に当たる製造所，営業所又は店舗については，この限りでない。

2　毒物劇物営業者が毒物若しくは劇物の製造業，輸入業若しくは販売業のうち2以上を併せて営む場合において，その製造所，営業所若しくは店舗が**互いに隣接**しているとき，又は**同一店舗**において毒物若しくは劇物の販売業を2以上併せて営む場合には，毒物劇物取扱責任者は，前項の規定にかかわらず，**これらの施設を通じて1人で足りる。**

3　毒物劇物営業者は，毒物劇物取扱責任者を置いたときは，**30日以内**に，その製造所，営業所又は店舗の所在地の**都道府県知事**にその毒物劇物取扱責任者の氏名を届け出なければならない。毒物劇物取扱責任者を**変更したときも，同様**とする。

第8条 `毒物劇物取扱責任者の資格` 次の各号に掲げる者でなければ，前条の毒物劇物取扱責任者となることができない。

1　薬剤師

2　厚生労働省令で定める学校で，応用化学に関する学課を修了した者

3　都道府県知事が行う**毒物劇物取扱者試験に合格した者**

2　次に掲げる者は，前条の毒物劇物取扱責任者となることができない。

1　**18歳未満の者**

2　心身の障害により毒物劇物取扱責任者の**業務を適正に行うことができない者**として厚生労働省令で定めるもの

3　麻薬，大麻，あへん又は覚せい剤の**中毒者**

4　毒物若しくは劇物又は薬事に関する罪を犯し，罰金以上の刑に処せられ，その執行を終り，又は執行を受けることがなくなった日から起算して**3年**を経過していない者

3　第1項第3号の毒物劇物取扱者試験を分けて，一般毒物劇物取扱者試験，農業用品目毒物劇物取扱者試験及び特定品目毒物劇物取扱者試験とする。

4　農業用品目毒物劇物取扱者試験又は特定品目毒物劇物取扱者試験に合格した者は，それぞれ第4条の3第1項の厚生労働省令で定める毒物若しくは劇物のみを取り扱う輸入業の営業所若しくは農業用品目販売業の店舗又は同条第2項の厚生労働省令で定める毒物若しくは劇物のみを取り扱う輸入業の営業所若しくは特定品目販売業の店舗においてのみ，毒物劇物取扱責任者となることができる。

5　この法律に定めるもののほか，試験科目その他毒物劇物取扱者試験に関し必要な事項は，厚生労働省令で定める。

第9条 `登録の変更` 毒物又は劇物の製造業者又は輸入業者は，**登録を受けた毒物又は劇物以外の毒物又は劇物**を製造し，又は輸入しようとするときは，あらかじめ，第6条第2号に掲げる事項につき**登録の変更**を受けなければならない。

2　第4条第2項及び第5条の規定は，登録の変更について準用する。

第10条 届出 毒物劇物営業者は，次の各号のいずれかに該当する場合には，**30日以内**に，その製造所，営業所又は店舗の**所在地の都道府県知事**にその旨を届け出なければならない。

　1　氏名又は住所(法人にあっては，その名称又は主たる事務所の所在地)を変更したとき。

　2　毒物又は劇物を製造し，貯蔵し，又は運搬する設備の重要な部分を変更したとき。

　3　その他厚生労働省令で定める事項を変更したとき。

　4　当該製造所，営業所又は店舗における営業を廃止したとき。

2　特定毒物研究者は，次の各号のいずれかに該当する場合には，**30日以内**に，その主たる研究所の**所在地の都道府県知事**にその旨を届け出なければならない。

　1　氏名又は住所を変更したとき。

　2　その他厚生労働省令で定める事項を変更したとき。

　3　当該研究を**廃止**したとき。

3　第1項第4号又は前項第3号の場合において，その届出があったときは，当該登録又は許可は，その効力を失う。

第11条 毒物又は劇物の取扱 毒物劇物営業者及び特定毒物研究者は，毒物又は劇物が**盗難にあい，又は紛失することを防ぐ**のに必要な措置を講じなければならない。

2　毒物劇物営業者及び特定毒物研究者は，毒物若しくは劇物又は毒物若しくは劇物を含有する物であって政令で定めるものがその製造所，営業所若しくは店舗又は研究所の外に**飛散し，漏れ，流れ出，若しくはしみ出，又はこれらの施設の地下にしみ込むことを防ぐ**のに必要な措置を講じなければならない。

3　毒物劇物営業者及び特定毒物研究者は，その製造所，営業所若しくは店舗又は研究所の外において毒物若しくは劇物又は前項の政令で定める物を**運搬する場合**には，これらの物が飛散し，漏れ，流れ出，又はしみ出ることを防ぐのに必要な措置を講じなければならない。

4　毒物劇物営業者及び特定毒物研究者は，毒物又は厚生労働省令で定める劇物については，その容器として，**飲食物の容器**として**通常使用される物を使用してはならない**。

第12条 毒物又は劇物の表示 毒物劇物営業者及び特定毒物研究者は，毒物又は劇物の容器及び被包に，「**医薬用外**」の文字及び毒物については**赤地に白色をもって「毒物」の文字**，劇物については**白地に赤色をもって「劇物」の文字**を表示しなければならない。

2　毒物劇物営業者は，その容器及び被包に，左に掲げる事項を表示しなければ，毒物又は劇物を販売し，又は授与してはならない。

　1　毒物又は劇物の名称

　　2　毒物又は劇物の成分及びその含量

　　3　厚生労働省令で定める毒物又は劇物については，それぞれ厚生労働省令で定めるその解毒剤の名称

　　4　毒物又は劇物の取扱及び使用上特に必要と認めて，厚生労働省令で定める事項

3　毒物劇物営業者及び特定毒物研究者は，毒物又は劇物を**貯蔵し，又は陳列する場所**に，「医薬用外」の文字及び毒物については「毒物」，劇物については「劇物」の文字を表示しなければならない。

第13条 特定の用途に供される毒物又は劇物の販売等 毒物劇物営業者は，政令で定める毒物又は劇物については，**厚生労働省令で定める方法により着色したもの**でなければ，これを**農業用**として販売し，又は授与してはならない。

第13条の2　毒物劇物営業者は，毒物又は劇物のうち**主として一般消費者の生活の用に供されると認められるもの**であって政令で定めるものについては，その成分の含量又は容器若しくは被包について政令で定める基準に適合するものでなければ，これを販売し，又は授与してはならない。

第14条 毒物又は劇物の譲渡手続 毒物劇物営業者は，毒物又は劇物を他の毒物劇物営業者に販売し，又は授与したときは，その都度，次に掲げる事項を**書面に記載**しておかなければならない。

　　1　毒物又は劇物の名称及び数量

　　2　販売又は授与の年月日

　　3　譲受人の氏名，職業及び住所(法人にあっては，その名称及び主たる事務所の所在地)

2　毒物劇物営業者は，譲受人から前項各号に掲げる事項を記載し，厚生労働省令で定めるところにより作成した書面の提出を受けなければ，毒物又は劇物を毒物劇物営業者以外の者に販売し，又は授与してはならない。

3　前項の毒物劇物営業者は，同項の規定による書面の提出に代えて，政令で定めるところにより，当該譲受人の承諾を得て，当該書面に記載すべき事項について電子情報処理組織を使用する方法その他の情報通信の技術を利用する方法であって厚生労働省令で定めるものにより提供を受けることができる。この場合において，当該毒物劇物営業者は，当該書面の提出を受けたものとみなす。

4　毒物劇物営業者は，販売又は授与の日から**5年間**，第1項及び第2項の書面並びに前項前段に規定する方法が行われる場合に当該方法において作られる電磁的記録(電子的方式，磁気的方式その他人の知覚によっては認識することができない方式で作られる記録であって電子計算機による情報処理の用に供されるものとして厚生労働省令で定めるものをいう。)を保存しなければならない。

第15条 毒物又は劇物の交付の制限等 毒物劇物営業者は，毒物又は劇物を次に掲げる者に交付してはならない。

　　1　**18歳未満の者**

　2　心身の障害により毒物又は劇物による保健衛生上の危害の防止の措置を適正に行うことができない者として厚生労働省令で定めるもの

　3　麻薬，大麻，あへん又は覚せい剤の**中毒者**

2　毒物劇物営業者は，厚生労働省令の定めるところにより，その交付を受ける者の氏名及び住所を確認した後でなければ，第3条の4に規定する政令で定める物を交付してはならない。

3　毒物劇物営業者は，帳簿を備え，前項の確認をしたときは，厚生労働省令の定めるところにより，その確認に関する事項を記載しなければならない。

4　毒物劇物営業者は，前項の帳簿を，最終の記載をした日から**5年間**，保存しなければならない。

第15条の2 廃棄 毒物若しくは劇物又は第11条第2項に規定する政令で定める物は，廃棄の方法について**政令で定める技術上の基準**に従わなければ，廃棄してはならない。

第15条の3 回収等の命令 都道府県知事（毒物又は劇物の販売業にあってはその店舗の所在地が保健所を設置する市又は特別区の区域にある場合においては市長又は区長とし，特定毒物研究者にあってはその主たる研究所の所在地が指定都市の区域にある場合においては指定都市の長とする。第18条第1項，第19条第4項及び第5項，第20条第2項並びに第23条の2において同じ。）は，毒物劇物営業者又は特定毒物研究者の行う毒物若しくは劇物又は第11条第2項の政令で定める物の廃棄の方法が前条の政令で定める基準に適合せず，これを放置しては不特定又は多数の者について保健衛生上の危害が生ずるおそれがあると認められるときは，その者に対し，当該廃棄物の回収又は毒性の除去その他保健衛生上の危害を防止するために必要な措置を講ずべきことを命ずることができる。

第16条 運搬等についての技術上の基準等 保健衛生上の危害を防止するため必要があるときは，政令で，毒物又は劇物の**運搬，貯蔵その他の取扱**について，**技術上の基準**を定めることができる。

2　保健衛生上の危害を防止するため特に必要があるときは，政令で，次に掲げる事項を定めることができる。

　1　特定毒物が附着している物又は特定毒物を含有する物の取扱に関する技術上の基準

　2　特定毒物を含有する物の製造業者又は輸入業者が一定の品質又は着色の基準に適合するものでなければ，特定毒物を含有する物を販売し，又は授与してはならない旨

　3　特定毒物を含有する物の製造業者，輸入業者又は販売業者が特定毒物を含有する物を販売し，又は授与する場合には，一定の表示をしなければならない旨

第17条 事故の際の措置 毒物劇物営業者及び特定毒物研究者は，その取扱いに係る毒物若しくは劇物又は第11条第2項の政令で定める物が飛散し，漏れ，流れ出し，染み出し，又は地下に染み込んだ場合において，不特定又は多数の者につ

いて保健衛生上の危害が生ずるおそれがあるときは，直ちに，その旨を**保健所**，**警察署又は消防機関**に届け出るとともに，保健衛生上の危害を防止するために必要な応急の措置を講じなければならない。

2　毒物劇物営業者及び特定毒物研究者は，その取扱いに係る毒物又は劇物が盗難にあい，又は紛失したときは，直ちに，その旨を**警察署**に届け出なければならない。

第18条 `立入検査等` 都道府県知事は，保健衛生上必要があると認めるときは，毒物劇物営業者若しくは特定毒物研究者から必要な報告を徴し，又は薬事監視員のうちからあらかじめ指定する者に，これらの者の製造所，営業所，店舗，研究所その他業務上毒物若しくは劇物を取り扱う場所に立ち入り，帳簿その他の物件を検査させ，関係者に質問させ，若しくは試験のため必要な最小限度の分量に限り，毒物，劇物，第11条第2項の政令で定める物若しくはその疑いのある物を収去させることができる。

2　前項の規定により指定された者は，毒物劇物監視員と称する。

3　毒物劇物監視員は，その身分を示す証票を携帯し，関係者の請求があるときは，これを提示しなければならない。

4　第1項の規定は，犯罪捜査のために認められたものと解してはならない。

第19条 `登録の取消等` 都道府県知事は，毒物劇物営業者の有する設備が第5条の厚生労働省令で定める基準に適合しなくなったと認めるときは，相当の期間を定めて，その設備を**当該基準に適合させるために必要な措置**をとるべき旨を命ずることができる。

2　前項の命令を受けた者が，その指定された期間内に必要な措置をとらないときは，都道府県知事は，その者の登録を取り消さなければならない。

3　都道府県知事は，毒物若しくは劇物の製造業，輸入業若しくは販売業の毒物劇物取扱責任者にこの法律に違反する行為があったとき，又はその者が毒物劇物取扱責任者として不適当であると認めるときは，その毒物劇物営業者に対して，毒物劇物取扱責任者の**変更を命ずる**ことができる。

4　都道府県知事は，毒物劇物営業者又は特定毒物研究者にこの法律又はこれに基づく処分に違反する行為があったとき（特定毒物研究者については，第6条の2第3項第1号から第3号までに該当するに至ったときを含む。）は，その営業の登録若しくは特定毒物研究者の**許可を取り消し**，又は期間を定めて，業務の全部若しくは**一部の停止**を命ずることができる。

5　厚生労働大臣は，保健衛生上の危害の発生又は拡大を防止するため緊急時において必要があると認めるときは，都道府県知事に対し，前各項の規定による処分（指定都市の長に対しては，前項の規定による処分に限る。）を行うよう指示をすることができる。

第20条 `聴聞等の方法の特例` 前条第2項から第4項までの規定による処分に係る行政手続法（平成5年法律第88号）第15条第1項又は第30条の通知は，聴聞の

期日又は弁明を記載した書面の提出期限(口頭による弁明の機会の付与を行う場合には,その日時)の1週間前までにしなければならない。

2　都道府県知事は,前条第2項の規定による登録の取消し,同条第3項の規定による毒物劇物取扱責任者の変更命令又は同条第4項の規定による許可の取消し(次項において「登録の取消処分等」という。)に係る行政手続法第15条第1項の通知をしたときは,聴聞の期日及び場所を公示しなければならない。

3　登録の取消処分等に係る聴聞の期日における審理は,公開により行わなければならない。

第21条 登録が失効した場合等の措置 毒物劇物営業者,特定毒物研究者又は特定毒物使用者は,その営業の登録若しくは特定毒物研究者の許可が効力を失い,又は特定毒物使用者でなくなったときは,**15日以内**に,毒物劇物営業者にあってはその製造所,営業所又は店舗の**所在地の都道府県知事**(販売業にあってはその店舗の所在地が,保健所を設置する市又は特別区の区域にある場合においては,**市長又は区長**)に,特定毒物研究者にあってはその主たる研究所の所在地の都道府県知事(その主たる研究所の所在地が指定都市の区域にある場合においては,指定都市の長)に,特定毒物使用者にあっては都道府県知事に,それぞれ**現に所有する特定毒物の品名及び数量**を届け出なければならない。

2　前項の規定により届出をしなければならない者については,これらの者がその届出をしなければならないこととなった日から起算して**50日以内**に同項の特定毒物を毒物劇物営業者,特定毒物研究者又は特定毒物使用者に譲り渡す場合に限り,その譲渡し及び譲受けについては,第3条の2第6項及び第7項の規定を適用せず,また,その者の前項の特定毒物の所持については,同期間に限り,同条第10項の規定を適用しない。

3　毒物劇物営業者又は特定毒物研究者であった者が前項の期間内に第1の特定毒物を譲り渡す場合においては,第3条の2第8項及び第9項の規定の適用については,その者は,毒物劇物営業者又は特定毒物研究者であるものとみなす。

4　前3項の規定は,毒物劇物営業者,特定毒物研究者若しくは特定毒物使用者が死亡し,又は法人たるこれらの者が合併によって消滅した場合に,その相続人若しくは相続人に代わって相続財産を管理する者又は合併後存続し,若しくは合併により設立された法人の代表者について準用する。

第22条 業務上取扱者の届出等 政令で定める事業を行う者であってその**業務上シアン化ナトリウム又は政令で定めるその他の毒物若しくは劇物を取り扱うもの**は,事業場ごとに,その業務上これらの毒物又は劇物を取り扱うこととなった日から**30日以内**に,厚生労働省令で定めるところにより,次に掲げる事項を,その事業場の**所在地の都道府県知事**(その事業場の所在地が保健所を設置する市又は特別区の区域にある場合においては,**市長又は区長**。第3項において同じ。)に届け出なければならない。

1　氏名又は住所(法人にあっては,その名称及び主たる事務所の所在地)

   2　シアン化ナトリウム又は政令で定めるその他の毒物若しくは劇物のうち取り扱う毒物又は劇物の品目

   3　事業場の所在地

   4　その他厚生労働省令で定める事項

2　前項の政令が制定された場合においてその政令の施行により同項に規定する者に該当することとなった者は，その政令の施行の日から30日以内に，同項の規定の例により同項各号に掲げる事項を届け出なければならない。

3　前2項の規定により届出をした者は，当該事業場におけるその事業を廃止したとき，当該事業場において第1項の毒物若しくは劇物を業務上取り扱わないこととなったとき，又は同項各号に掲げる事項を変更したときは，その旨を当該事業場の所在地の都道府県知事に届け出なければならない。

4　第7条，第8条，第11条，第12条第1項及び第3項，第15条の3，第17条，第18条並びに第19条第3項及び第5項の規定は，第1項に規定する者（第2項に規定する者を含む。以下この条において同じ。）について準用する。この場合において，第7条第3項中「その製造所，営業所又は店舗の所在地の都道府県知事」とあるのは「その事業場の所在地の都道府県知事（その事業場の所在地が保健所を設置する市又は特別区の区域にある場合においては，市長又は区長。第15条の3，第18条第1項並びに第19条第3項及び第5項において同じ。）」と，第15条の3中「都道府県知事（毒物又は劇物の販売業にあってはその店舗の所在地が保健所を設置する市又は特別区の区域にある場合においては市長又は区長とし，特定毒物研究者にあってはその主たる研究所の所在地が指定都市の区域にある場合においては指定都市の長とする。第18条第1項，第19条第4項及び第5項，第20条第2項並びに第23条の2において同じ。）」とあるのは「都道府県知事」と読み替えるものとする。

5　第11条，第12条第1項及び第3項，第17条並びに第18条の規定は，毒物劇物営業者，特定毒物研究者及び第1項に規定する者以外の者であって厚生労働省令で定める毒物又は劇物を業務上取り扱うものについて準用する。この場合において，同条第1項中「都道府県知事」とあるのは，「都道府県知事（第22条第5項に規定する者の業務上毒物又は劇物を取り扱う場所の所在地が保健所を設置する市又は特別区の区域にある場合においては，市長又は区長）」と読み替えるものとする。

6　厚生労働大臣又は都道府県知事（第1項に規定する者の事業場又は前項に規定する者の業務上毒物若しくは劇物を取り扱う場所の所在地が保健所を設置する市又は特別区の区域にある場合においては，市長又は区長。次項において同じ。）は，第1項に規定する者が第4項において準用する第7条若しくは第11条の規定若しくは同項において準用する第19条第3項の処分に違反していると認めるとき，又は前項に規定する者が同項において準用する第11条の規定に違反していると認めるときは，その者に対し，相当の期間を定めて，必要な措置をとるべ

き旨を命ずることができる。

7　第20条の規定は，厚生労働大臣又は都道府県知事が第4項において準用する第19条第3項の処分又は前項の処分をしようとする場合について準用する。

第23条 薬事・食品衛生審議会への諮問 厚生労働大臣は，第16条第1項，別表第1第28号，別表第2第94号及び別表第3第10号の政令の制定又は改廃の立案をしようとするときは，あらかじめ，薬事・食品衛生審議会の意見を聴かなければならない。ただし，薬事・食品衛生審議会が軽微な事項と認めるものについては，この限りでない。

第23条の2 緊急時における厚生労働大臣の事務執行 第18条第1項の規定により都道府県知事の権限に属するものとされている事務（製剤の製造（製剤の小分けを含む。）若しくは原体の小分けのみを行う製造業者又は製剤の輸入のみを行う輸入業者に係る同項に規定する権限に属するもの除く。以下この条において同じ。）は，保健衛生上の危害の発生又は拡大を防止するため緊急の必要があると厚生労働大臣が認める場合にあっては，厚生労働大臣又は都道府県知事が行うものとする。この場合においては，この法律の規定中都道府県知事に関する規定（当該事務に係るものに限る。）は，厚生労働大臣に関する規定として厚生労働大臣に適用があるものとする。

2　前項の場合において，厚生労働大臣又は都道府県知事が当該事務を行うときは，相互に密接な連携の下に行うものとする。

第23条の3 権限の委任 この法律に規定する厚生労働大臣の権限は，厚生労働省令で定めるところにより，地方厚生局長に委任することができる。

2　前項の規定により地方厚生局長に委任された権限は，厚生労働省令で定めるところにより，地方厚生支局長に委任することができる。

第23条の4 政令への委任 この法律に規定するもののほか，毒物又は劇物の製造業，輸入業又は販売業の登録及び登録の更新に関し必要な事項並びに特定毒物研究者の許可及び届出並びに特定毒物研究者についての第19条第4項の処分に関し必要な事項は，政令で定める。

第23条の5 経過措置 この法律の規定に基づき政令又は厚生労働省令を制定し，又は改廃する場合においては，それぞれ，政令又は厚生労働省令で，その制定又は改廃に伴い合理的に必要と判断される範囲内において，所要の経過措置を定めることができる。

第24条 罰則 次の各号のいずれかに該当する者は，3年以下の懲役若しくは200万円以下の罰金に処し，又はこれを併科する。

1　第3条，第3条の2，第4条の3又は第9条の規定に違反した者

2　第12条(第22条第4項及び第5項で準用する場合を含む。)の表示をせず，又は虚偽の表示をした者

3　第13条，第13条の2又は第15条第1項の規定に違反した者

4　第14条第1項又は第2項の規定に違反した者

　5　第15条の2の規定に違反した者

　6　第19条第4項の規定による業務の停止命令に違反した者

第24条の2　次の各号のいずれかに該当する者は，2年以下の懲役若しくは100万円以下の罰金に処し，又はこれを併科する。

　1　みだりに摂取し，若しくは吸入し，又はこれらの目的で所持することの情を知って第3条の3に規定する政令で定める物を販売し，又は授与した者

　2　業務その他正当な理由によることなく所持することの情を知って第3条の4に規定する政令で定める物を販売し，又は授与した者

　3　第22条第6項の規定による命令に違反した者

第24条の3　第3条の3の規定に違反した者は，1年以下の懲役若しくは50万円以下の罰金に処し，又はこれを併科する。

第24条の4　第3条の4の規定に違反した者は，6月以下の懲役若しくは50万円以下の罰金に処し，又はこれを併科する。

第25条　次の各号のいずれかに該当する者は，30万円以下の罰金に処する。

　1　第10条第1項第4号又は第2項第3号に規定する事項につき，その届出を怠り，又は虚偽の届出をした者

　2　第14条第4項の規定に違反した者

　2の2　第15条第2項から第4項までの規定に違反した者

　3　第17条(第22条第4項及び第5項において準用する場合を含む。)の規定に違反した者

　4　第18条第1項(第22条第4項及び第5項において準用する場合を含む。)の規定による都道府県知事，指定都市の長，保健所を設置する市の市長又は特別区の区長の要求があった場合に，報告をせず，又は虚偽の報告をした者

　5　第18条第1項(第22条第4項及び第5項において準用する場合を含む。)の規定による立入り，検査，質問又は収去を拒み，妨げ，又は忌避した者

　6　第21条第1項(同条第4項において準用する場合を含む。)の規定に違反した者

　7　第22条第1項から第3項までの規定による届出を怠り，又は虚偽の届出をした者

第26条　法人の代表者又は法人若しくは人の代理人，使用人その他の従業者が，その法人又は人の業務に関して，第24条，第24条の2，第24条の4又は前条の違反行為をしたときは，行為者を罰する外，その法人又は人に対しても，各本条の罰金を科する。但し，法人又は人の代理人，使用人その他の従業者の当該違反行為を防止するため，その業務について相当の注意及び監督が尽されたことの証明があったときは，その法人又は人については，この限りでない。

第27条　第16条の規定に基づく政令には，その政令に違反した者を2年以下の懲役若しくは100万円以下の罰金に処し，又はこれを併科する旨の規定及び法人の代表者又は法人若しくは人の代理人，使用人その他の従業者がその法人又は人

の業務に関してその政令の違反行為をしたときはその行為者を罰するほか，その
法人又は人に対して各本条の罰金を科する旨の規定を設けることができる。

〈別表第1〉 毒 物

1 エチルパラニトロフェニルチオノベンゼンホスホネイト（別名 EPN）
2 黄燐
3 オクタクロルテトラヒドロメタノフタラン
4 オクタメチルピロホスホルアミド（別名シュラーダン）
5 クラーレ
6 四アルキル鉛
7 シアン化水素
8 シアン化ナトリウム
9 ジエチルパラニトロフェニルチオホスフェイト（別名パラチオン）
10 ジニトロクレゾール
11 2,4-ジニトロ-6-（1-メチルプロピル）-フェノール
12 ジメチルエチルメルカプトエチルチオホスフェイト（別名メチルジメトン）
13 ジメチル-（ジエチルアミド-1-クロルクロトニル）-ホスフェイト
14 ジメチルパラニトロフェニルチオホスフェイト（別名メチルパラチオン）
15 水銀
16 セレン
17 チオセミカルバジド
18 テトラエチルピロホスフェイト（別名 TEPP）
19 ニコチン
20 ニッケルカルボニル
21 砒素
22 弗化水素
23 ヘキサクロルエポキシオクタヒドロエンドエンドジメタノナフタリン（別名エ
ンドリン）
24 ヘキサクロルヘキサヒドロメタノベンゾジオキサチエピンオキサイド
25 モノフルオール酢酸
26 モノフルオール酢酸アミド
27 硫化燐
28 前各号に掲げる物のほか，前各号に掲げる物を含有する製剤その他の毒性を有
する物であって政令で定めるもの
└─▶ ▐2▌の毒物及び劇物指定令の第1条に記載のもの

〈別表第2〉 劇 物

1 アクリルニトリル

2　アクロレイン

3　アニリン

4　**アンモニア**

5　**2-イソプロピル-4-メチルピリミジル-6-ジエチルチオホスフェイト（別名ダイアジノン）**

6　エチル-N-（ジエチルジチオホスホリールアセチル）-N-メチルカルバメート

7　エチレンクロルヒドリン

8　**塩化水素**

9　**塩化第一水銀**

10　過酸化水素

11　過酸化ナトリウム

12　過酸化尿素

13　**カリウム**

14　カリウムナトリウム合金

15　クレゾール

16　クロルエチル

17　クロルスルホン酸

18　クロルピクリン

19　クロルメチル

20　**クロロホルム**

21　**硅弗化水素酸**

22　シアン酸ナトリウム

23　ジエチル-4-クロルフェニルメルカプトメチルジチオホスフェイト

24　ジエチル-（2, 4-ジクロルフェニル）-チオホスフェイト

25　ジエチル-2, 5-ジクロルフェニルメルカプトメチルジチオホスフェイト

26　四塩化炭素

27　シクロヘキシミド

28　ジクロル酢酸

29　ジクロルブチン

30　2, 3-ジ-（ジエチルジチオホスホロ）-パラジオキサン

31　2, 4-ジニトロ-6-シクロヘキシルフェノール

32　2, 4-ジニトロ-6-（1-メチルプロピル）-フェニルアセテート

33　2, 4-ジニトロ-6-メチルプロピルフェノールジメチルアクリレート

34　2, 2´-ジピリジリウム-1, 1´-エチレンジブロミド

35　1, 2-ジブロムエタン（別名 EDB）

36　ジブロムクロルプロパン（別名 DBCP）

37　3, 5-ジブロム-4-ヒドロキシ-4´-ニトロアゾベンゼン

38　ジメチルエチルスルフィニルイソプロピルチオホスフェイト

付　録

1

毒物及び劇物取締法

39　ジメチルエチルメルカプトエチルジチオホスフェイト（別名チオメトン）

40　ジメチル-2, 2-ジクロルビニルホスフェイト（別名 DDVP）

41　ジメチルジチオホスホリルフェニル酢酸エチル

42　ジメチルジブロムジクロルエチルホスフェイト

43　ジメチルフタリルイミドメチルジチオホスフェイト

44　ジメチルメチルカルバミルエチルチオエチルオホスフェイト

45　ジメチル-（N-メチルカルバミルメチル）-ジチオホスフェイト（別名ジメトエート）

46　ジメチル-4-メチルメルカプト-3-メチルフェニルチオホスフェイト

47　ジメチル硫酸

48　重クロム酸

49　蓚酸

50　臭素

51　硝酸

52　硝酸タリウム

53　水酸化カリウム

54　水酸化ナトリウム

55　スルホナール

56　テトラエチルメチレンビスジチオホスフェイト

57　トリエタノールアンモニウム-2, 4-ジニトロ-6-（1-メチルプロピル）-フェノラート

58　トリクロル酢酸

59　トリクロルヒドロキシエチルジメチルホスホネイト

60　トリチオシクロヘプタジエン-3, 4, 6, 7-テトラニトリル

61　トルイジン

62　ナトリウム

63　ニトロベンゼン

64　二硫化炭素

65　発煙硫酸

66　パラトルイレンジアミン

67　パラフェニレンジアミン

68　ピクリン酸。ただし，爆発薬を除く。

69　ヒドロキシルアミン

70　フェノール

71　ブラストサイジン S

72　ブロムエチル

73　ブロム水素

74　ブロムメチル

75 ヘキサクロルエポキシオクタヒドロエンドエキソジメタノナフタリン(別名ディルドリン)

76 1, 2, 3, 4, 5, 6-ヘキサクロルシクロヘキサン(別名リンデン)

77 ヘキサクロルヘキサヒドロジメタノナフタリン(別名アルドリン)

78 ベタナフトール

79 1, 4, 5, 6, 7-ペンタクロル-3 a, 4, 7, 7 a-テトラヒドロ-4, 7-(8, 8-ジクロルメタノ)-インデン(別名ヘプタクロール)

80 ペンタクロルフェノール(別名 PCP)

81 ホルムアルデヒド

82 無水クロム酸

83 **メタノール**

84 メチルスルホナール

85 N-メチル-1-ナフチルカルバメート

86 モノクロル酢酸

87 沃化水素

88 沃素

89 **硫酸**

90 **硫酸タリウム**

91 **燐化亜鉛**

92 ロダン酢酸エチル

93 ロテノン

94 前各号に掲げる物のほか，<u>前各号に掲げる物を含有する製剤その他の劇性を有する物であって政令で定めるもの</u>
　　　└─▶ **❙2❙の毒物及び劇物指定令の第2条に記載のもの**

〈別表第3〉 特定毒物

1 オクタメチルピロホスホルアミド

2 四アルキル鉛

3 ジエチルパラニトロフェニルチオホスフェイト

4 ジメチルエチルメルカプトエチルチオホスフェイト

5 ジメチル-(ジエチルアミド-1-クロルクロトニル)-ホスフェイト

6 ジメチルパラニトロフェニルチオホスフェイト

7 テトラエチルピロホスフェイト

8 モノフルオール酢酸

9 モノフルオール酢酸アミド

10 前各号に掲げる毒物のほか，<u>前各号に掲げる物を含有する製剤その他の著しい毒性を有する毒物であって政令で定めるもの</u>
　　　└─▶ **❙2❙の毒物及び劇物指定令の第3条に記載のもの**

付 録

1

毒物及び劇物取締法

■2■　毒物及び劇物指定令

学習の道しるべ

　■1■の毒物及び劇物取締法の別表の最後に示された**毒物・劇物・特定毒物を含有する製剤等**がそれぞれここに列挙されています。

　なお，**この品名は日々更新されていきますので，最新の情報が知りたい方はネットなどを通じて確認してください。**

第1条　毒　物

　毒物及び劇物取締法(以下「法」という。)**別表第1第28号の規定**に基づき，次に掲げる物を毒物に指定する。

1　アジ化ナトリウム及びこれを含有する製剤。ただし，アジ化ナトリウム0.1%以下を含有するものを除く。

1の2　亜硝酸イソプロピル及びこれを含有する製剤

1の3　亜硝酸ブチル及びこれを含有する製剤

1の4　アバメクチン及びこれを含有する製剤。ただし，アバメクチン1.8%以下を含有するものを除く。

1の5　3-アミノ-1-プロペン及びこれを含有する製剤

1の6　アリルアルコール及びこれを含有する製剤

1の7　アルカノールアンモニウム-2,4-ジニトロ-6-(1-メチルプロピル)-フェノラート及びこれを含有する製剤。ただし，トリエタノールアンモニウム-2,4-ジニトロ-6-(1-メチルプロピル)-フェノラート及びこれを含有する製剤を除く。

1の8　5-イソシアナト-1-(イソシアナトメチル)-1,3,3-トリメチルシクロヘキサン及びこれを含有する製剤

1の9　O-エチル-O-(2-イソプロポキシカルボニルフェニル)-N-イソプロピルチオホスホルアミド(別名イソフェンホス)及びこれを含有する製剤。ただし，O-エチル-O-(2-イソプロポキシカルボニルフェニル)-N-イソプロピルチオホスホルアミド5％以下を含有するものを除く。

1の10　O-エチル=S,S-ジプロピル=ホスホロジチオアート(別名エトプロホス)及びこれを含有する製剤。ただし，O-エチル=S,S-ジプロピル=ホスホロジチオアート5％以下を含有するものを除く。

2　エチルパラニトロフェニルチオノベンゼンホスホネイト(別名EPN)を含有する製剤。ただし，エチルパラニトロフェニルチオノベンゼンホスホネイト1.5%以下を含有するものを除く。

2の2　N-エチル-メチル-(2-クロル-4-メチルメルカプトフェニル)-チオホスホルアミド及びこれを含有する製剤

2の3　塩化ベンゼンスルホニル及びこれを含有する製剤

2の4　塩化ホスホリル及びこれを含有する製剤

3　黄燐を含有する製剤

4　オクタクロルテトラヒドロメタノフタランを含有する製剤

5　オクタメチルピロホスホルアミド(別名シュラーダン)を含有する製剤

5の2　オルトケイ酸テトラメチル及びこれを含有する製剤

6　クラーレを含有する製剤

6の2　クロトンアルデヒド及びこれを含有する製剤

6の3　クロロアセトアルデヒド及びこれを含有する製剤

6の4　クロロ酢酸メチル及びこれを含有する製剤

6の5　1-クロロ-2,4-ジニトロベンゼン及びこれを含有する製剤

6の6　クロロ炭酸フェニルエステル及びこれを含有する製剤

6の7　2-クロロピリジン及びこれを含有する製剤

6の8　3-クロロ-1,2-プロパンジオール及びこれを含有する製剤

6の9　(クロロメチル)ベンゼン及びこれを含有する製剤

6の10　五塩化燐及びこれを含有する製剤

6の11　三塩化硼素及びこれを含有する製剤

6の12　三塩化燐及びこれを含有する製剤

6の13　三弗化硼素及びこれを含有する製剤

6の14　三弗化燐及びこれを含有する製剤

6の15　ジアセトキシプロペン及びこれを含有する製剤

7　四アルキル鉛を含有する製剤

8　無機シアン化合物及びこれを含有する製剤。ただし，次に掲げるものを除く。

　イ　紺青及びこれを含有する製剤

　ロ　フェリシアン塩及びこれを含有する製剤

　ハ　フェロシアン塩及びこれを含有する製剤

9　ジエチル-S-(エチルチオエチル)-ジチオホスフェイト及びこれを含有する製剤。ただし，ジエチル-S-(エチルチオエチル)-ジチオホスフェイト5％以下を含有するものを除く。

9の2　ジエチル-S-(2-クロル-1-フタルイミドエチル)-ジチオホスフェイト及びこれを含有する製剤

9の3　ジエチル-(1,3-ジチオシクロペンチリデン)-チオホスホルアミド及びこれを含有する製剤。ただし，ジエチル-(1,3-ジチオシクロペンチリデン)-チオホスホルアミド5％以下を含有するものを除く。

9の4　ジエチルパラジメチルアミノスルホニルフェニルチオホスフェイト及びこれを含有する製剤

10　ジエチルパラニトロフェニルチオホスフェイト(別名パラチオン)を含有する製剤

10の2　ジエチル-4-メチルスルフィニルフェニル-チオホスフェイト及びこれを含有する製剤。ただし，ジエチル-4-メチルスルフィニルフェニル-チオホスフェイト3％以下を含有するものを除く。

10の3　1,3-ジクロロプロパン-2-オール及びこれを含有する製剤

10の4　（ジクロロメチル）ベンゼン及びこれを含有する製剤

10の5　2,3-ジシアノ-1,4-ジチアアントラキノン（別名ジチアノン）及びこれを含有する製剤。ただし，2,3-ジシアノ-1,4-ジチアアントラキノン50％以下を含有するものを除く。

11　ジニトロクレゾールを含有する製剤

12　ジニトロクレゾール塩類及びこれを含有する製剤

12の2　ジニトロフェノール及びこれを含有する製剤

13　2,4-ジニトロ-6-(1-メチルプロピル)-フェノールを含有する製剤。ただし,2,4-ジニトロ-6-(1-メチルプロピル)-フェノール2％以下を含有するものを除く。

13の2　2-ジフェニルアセチル-1,3-インダンジオン及びこれを含有する製剤。ただし，2-ジフェニルアセチル-1,3-インダンジオン0.005％以下を含有するものを除く。

13の3　四弗化硫黄及びこれを含有する製剤

13の4　ジボラン及びこれを含有する製剤

13の5　ジメチル-(イソプロピルチオエチル)-ジチオホスフェイト及びこれを含有する製剤。ただし,ジメチル-(イソプロピルチオエチル)-ジチオホスフェイト4％以下を含有するものを除く。

14　ジメチルエチルメルカプトエチルチオホスフェイト（別名メチルジメトン）を含有する製剤

15　ジメチル-(ジエチルアミド-1-クロルクロトニル)-ホスフェイトを含有する製剤

15の2　1,1′-ジメチル-4,4′-ジピリジニウムヒドロキシド，その塩類及びこれらのいずれかを含有する製剤

16　ジメチルパラニトロフェニルチオホスフェイト（別名メチルパラチオン）を含有する製剤

16の2　1,1-ジメチルヒドラジン及びこれを含有する製剤

16の3　2,2-ジメチルプロパノイルクロライド（別名トリメチルアセチルクロライド）及びこれを含有する製剤

16の4　2,2-ジメチル-1,3-ベンゾジオキソール-4-イル-N-メチルカルバマート（別名ベンダイオカルブ）及びこれを含有する製剤。ただし，2,2-ジメチル-1,3-ベンゾジオキソール-4-イル-N-メチルカルバマート5％以下を含有するものを除く。

17　水銀化合物及びこれを含有する製剤。ただし，次に掲げるものを除く。

　イ　アミノ塩化第二水銀及びこれを含有する製剤

ロ　塩化第一水銀及びこれを含有する製剤

ハ　オレイン酸水銀及びこれを含有する製剤

ニ　酸化水銀5％以下を含有する製剤

ホ　沃化第一水銀及びこれを含有する製剤

ヘ　雷酸第二水銀及びこれを含有する製剤

ト　硫化第二水銀及びこれを含有する製剤

17の2　ストリキニーネ，その塩類及びこれらのいずれかを含有する製剤

18　セレン化合物及びこれを含有する製剤。ただし，次に掲げるものを除く。

イ　亜セレン酸0.0082％以下を含有する製剤

ロ　亜セレン酸ナトリウム0.00011％以下を含有する製剤

ハ　硫黄，カドミウム及びセレンから成る焼結した物質並びにこれを含有する製剤

ニ　ゲルマニウム，セレン及び砒素から成るガラス状態の物質並びにこれを含有する製剤

ホ　セレン酸ナトリウム0.00012％以下を含有する製剤

19　テトラエチルピロホスフェイト（別名 TEPP）を含有する製剤

19の2　2,3,5,6-テトラフルオロ-4-メチルベンジル＝(Z)-(1 RS,3 RS)-3-(2-クロロ-3,3,3-トリフルオロ-1-プロペニル)-2,2-ジメチルシクロプロパンカルボキシラート（別名テフルトリン）及びこれを含有する製剤。ただし，《**以下，同一品名のところ〈〃〉として一部省略します。以降同様**》0.5％以下を含有するものを除く。

19の3　テトラメチルアンモニウム＝ヒドロキシド及びこれを含有する製剤

19の4　1-ドデシルグアニジニウム＝アセタート（別名ドジン）及びこれを含有する製剤。ただし，〈〃〉65％以下を含有するものを除く。

19の5　(トリクロロメチル)ベンゼン及びこれを含有する製剤

19の6　トリブチルアミン及びこれを含有する製剤

19の7　ナラシン，その塩類及びこれらのいずれかを含有する製剤。ただし，ナラシンとして10％以下を含有するものを除く。

20　ニコチンを含有する製剤

21　ニコチン塩類及びこれを含有する製剤

22　ニッケルカルボニルを含有する製剤

22の2　ビス(4-イソシアナトシクロヘキシル)メタン及びこれを含有する製剤

22の3　S,S-ビス(1-メチルプロピル)＝O-エチル＝ホスホロジチオアート（別名カズサホス）及びこれを含有する製剤。ただし，〈〃〉10％以下を含有するものを除く。

23　砒素化合物及びこれを含有する製剤。ただし，次に掲げるものを除く。

イ　ゲルマニウム，セレン及び砒素から成るガラス状態の物質並びにこれを含有する製剤

ロ 砒化インジウム及びこれを含有する製剤

ハ 砒化ガリウム及びこれを含有する製剤

ニ メタンアルソン酸カルシウム及びこれを含有する製剤

ホ メタンアルソン酸鉄及びこれを含有する製剤

23の2 ヒドラジン

23の3 2-ヒドロキシエチル＝アクリラート及びこれを含有する製剤

23の4 2-ヒドロキシプロピル＝アクリラート及びこれを含有する製剤

23の5 ブチル＝2,3-ジヒドロ-2,2-ジメチルベンゾフラン-7-イル＝N,N′-ジメチル-N,N′-チオジカルバマート（別名フラチオカルブ）及びこれを含有する製剤。ただし，〈〃〉5％以下を含有するものを除く。

24 弗化水素を含有する製剤

24の2 弗化スルフリル及びこれを含有する製剤

24の3 フルオロスルホン酸及びこれを含有する製剤

24の4 1-(4-フルオロフェニル)プロパン-2-アミン，その塩類及びこれらのいずれかを含有する製剤

24の5 省略

24の6 ブロモ酢酸エチル及びこれを含有する製剤

24の7 ヘキサキス(β・β-ジメチルフェネチル)ジスタンノキサン（別名酸化フェンブタスズ）及びこれを含有する製剤

25 ヘキサクロルエポキシオクタヒドロエンドエンドジメタノナフタリン（別名エンドリン）を含有する製剤

26 ヘキサクロルヘキサヒドロメタノベンゾジオキサチエピンオキサイドを含有する製剤

26の2 ヘキサクロロシクロペンタジエン及びこれを含有する製剤

26の3 ベンゼンチオール及びこれを含有する製剤

26の4 ホスゲン及びこれを含有する製剤

26の5 メタンスルホニル＝クロリド及びこれを含有する製剤

26の6 メチルシクロヘキシル-4-クロルフェニルチオホスフェイト及びこれを含有する製剤。ただし，〈〃〉1.5％以下を含有するものを除く。

26の7 メチル-N′,N′-ジメチル-N-[(メチルカルバモイル)オキシ]-1-チオオキサムイミデート及びこれを含有する製剤。ただし，〈〃〉0.8％以下を含有するものを除く。

26の8 メチルホスホン酸ジクロリド

26の9 S-メチル-N-[(メチルカルバモイル)-オキシ]-チオアセトイミデート（別名メトミル）及びこれを含有する製剤。ただし，〈〃〉45％以下を含有するものを除く。

26の10 メチルメルカプタン及びこれを含有する製剤

26の11 メチレンビス(1-チオセミカルバジド)及びこれを含有する製剤。ただし，

〈〃〉2％以下を含有するものを除く。

26の12 2-メルカプトエタノール及びこれを含有する製剤。ただし，〈〃〉10％以下を含有するものを除く。

27 モノフルオール酢酸塩類及びこれを含有する製剤

28 モノフルオール酢酸アミドを含有する製剤

29 燐化アルミニウムとその分解促進剤とを含有する製剤

30 燐化水素及びこれを含有する製剤

31 六弗化タングステン及びこれを含有する製剤

第2条 劇 物

法**別表第2第94号**の規定に基づき，次に掲げる物を劇物に指定する。ただし，毒物であるものを除く。

1 **無機亜鉛塩類。ただし，次に掲げるものを除く。**

イ 炭酸亜鉛

ロ 雷酸亜鉛

ハ 焼結した硫化亜鉛(Ⅱ)

ニ 六水酸化錫亜鉛

1の2 亜塩素酸ナトリウム及びこれを含有する製剤。ただし，亜塩素酸ナトリウム25％以下を含有するもの及び爆発薬を除く。

1の3 アクリルアミド及びこれを含有する製剤

1の4 アクリル酸及びこれを含有する製剤。ただし，アクリル酸10％以下を含有するものを除く。

1の5 亜硝酸イソブチル及びこれを含有する製剤

1の6 亜硝酸イソペンチル及びこれを含有する製剤

2 亜硝酸塩類

2の2 亜硝酸三級ブチル及びこれを含有する製剤

2の3 亜硝酸メチル及びこれを含有する製剤

3 アセチレンジカルボン酸アミド及びこれを含有する製剤

3の2 亜セレン酸0.0082％以下を含有する製剤。ただし，容量1リットル以下の容器に収められたものであって，亜セレン酸0.000082％以下を含有するものを除く。

4 アニリン塩類

4の2 アバメクチン1.8％以下を含有する製剤

4の3 2-アミノエタノール及びこれを含有する製剤。ただし，〈〃〉20％以下を含有するものを除く。

4の4 N-(2-アミノエチル)-2-アミノエタノール及びこれを含有する製剤。ただし，〈〃〉10％以下を含有するものを除く。

4の5 N-(2-アミノエチル)エタン-1,2-ジアミン及びこれを含有する製剤

4の6　L-2-アミノ-4-[(ヒドロキシ)(メチル)ホスフィノイル]ブチリル-L-アラニル-L-アラニン，その塩類及びこれらのいずれかを含有する製剤。ただし，L-2-アミノ-4-[(ヒドロキシ)(メチル)ホスフィノイル]ブチリル-L-アラニル-L-アラニンとして19%以下を含有するものを除く。

4の7　3-アミノメチル-3,5,5-トリメチルシクロヘキシルアミン(別名イソホロンジアミン)及びこれを含有する製剤。ただし，〈〃〉6%以下を含有するものを除く。

4の8　3-(アミノメチル)ベンジルアミン及びこれを含有する製剤。ただし，〈〃〉8%以下を含有するものを除く。

5　N-アルキルアニリン及びその塩類

6　N-アルキルトルイジン及びその塩類

7　**アンチモン化合物及びこれを含有する製剤。ただし，次に掲げるものを除く。**

　イ　4-アセトキシフェニルジメチルスルホニウム＝ヘキサフルオロアンチモネート及びこれを含有する製剤

　ロ　アンチモン酸ナトリウム及びこれを含有する製剤

　ハ　酸化アンチモン(Ⅲ)を含有する製剤

　ニ　酸化アンチモン(Ⅴ)及びこれを含有する製剤

　ホ　トリス(ジペンチルジチオカルバマト-κ2S,S′)アンチモン5%以下を含有する製剤

　ヘ　硫化アンチモン及びこれを含有する製剤

8　**アンモニアを含有する製剤。ただし，アンモニア10%以下を含有するものを除く。**

9　2-イソプロピルオキシフェニル-N-メチルカルバメート及びこれを含有する製剤。ただし，〈〃〉1%以下を含有するものを除く。

9の2　2-イソプロピルフェニル-N-メチルカルバメート及びこれを含有する製剤。ただし，〈〃〉1.5%以下を含有するものを除く。

10　**2-イソプロピル-4-メチルピリミジル-6-ジエチルチオホスフェイト(別名ダイアジノン)を含有する製剤。ただし，2-イソプロピル-4-メチルピリミジル-6-ジエチルチオホスフエイト5%(マイクロカプセル製剤にあっては，25%)以下を含有するものを除く。**

10の2　一水素二弗化アンモニウム及びこれを含有する製剤。ただし，一水素二弗化アンモニウム4%以下を含有するものを除く。

10の3　1,1′-イミノジ(オクタメチレン)ジグアニジン(別名イミノクタジン)，その塩類及びこれらのいずれかを含有する製剤。ただし，次に掲げるものを除く。

　イ　1,1′-イミノジ(オクタメチレン)ジグアニジンとして3.5%以下を含有する製剤(ロに該当するものを除く。)

　ロ　1,1′-イミノジ(オクタメチレン)ジグアニジンアルキルベンゼンスルホン酸及びこれを含有する製剤

11　可溶性ウラン化合物及びこれを含有する製剤

11の2　エタン-1,2-ジアミン及びこれを含有する製剤

11の3　O-エチル-O-(2-イソプロポキシカルボニルフェニル)-N-イソプロピルチオホスホルアミド(別名イソフェンホス)5％以下を含有する製剤

11の4　N-エチル-O-(2-イソプロポキシカルボニル-1-メチルビニル)-O-メチルチオホスホルアミド(別名プロペタンホス)及びこれを含有する製剤。ただし,〈〃〉1％以下を含有するものを除く。

12　エチル-N-(ジエチルジチオホスホリールアセチル)-N-メチルカルバメートを含有する製剤

12の2　エチル=2-ジエトキシチオホスホリルオキシ-5-メチルピラゾロ[1,5-a]ピリミジン-6-カルボキシラート(別名ピラゾホス)及びこれを含有する製剤

13　エチル-2,4-ジクロルフェニルチオノベンゼンホスホネイト及びこれを含有する製剤。ただし,〈〃〉3％以下を含有するものを除く。

13の2　エチルジフェニルジチオホスフェイト及びこれを含有する製剤。ただし,〈〃〉2％以下を含有するものを除く。

13の3　O-エチル=S,S-ジプロピル=ホスホロジチオアート(別名エトプロホス)5％以下を含有する製剤。ただし,〈〃〉3％以下を含有する徐放性製剤を除く。

13の4　2-エチル-3,7-ジメチル-6-[4-(トリフルオロメトキシ)フェノキシ]-4-キノリル=メチル=カルボナート及びこれを含有する製剤

13の5　2-エチルチオメチルフェニル-N-メチルカルバメート(別名エチオフェンカルブ)及びこれを含有する製剤。ただし,〈〃〉2％以下を含有するものを除く。

14　エチルパラニトロフェニルチオノベンゼンホスホネイト(別名EPN)1.5％以下を含有する製剤

14の2　O-エチル=S-プロピル=[(2 E)-2-(シアノイミノ)-3-エチルイミダゾリジン-1-イル]ホスホノチオアート(別名イミシアホス)及びこれを含有する製剤。ただし,〈〃〉1.5％以下を含有するものを除く。

14の3　エチル=(Z)-3-[N-ベンジル-N-[[メチル(1-メチルチオエチリデンアミノオキシカルボニル)アミノ]チオ]アミノ]プロピオナート及びこれを含有する製剤

14の4　O-エチル-O-4-メチルチオフェニル-S-プロピルジチオホスフェイト及びこれを含有する製剤。ただし,〈〃〉3％以下を含有するものを除く。

14の5　O-エチル=S-1-メチルプロピル=(2-オキソ-3-チアゾリジニル)ホスホノチオアート(別名ホスチアゼート)及びこれを含有する製剤。ただし,〈〃〉1.5％以下を含有するものを除く。

14の6　4-エチルメルカプトフェニル-N-メチルカルバメート及びこれを含有する製剤

14の7　エチレンオキシド及びこれを含有する製剤

15　エチレンクロルヒドリンを含有する製剤

15の2　エピクロルヒドリン及びこれを含有する製剤

15の3　エマメクチン，その塩類及びこれらのいずれかを含有する製剤。ただし，エマメクチンとして2％以下を含有するものを除く。

16　**塩化水素を含有する製剤。ただし，塩化水素10％以下を含有するものを除く。**

16の2　塩化水素と硫酸とを含有する製剤。ただし，塩化水素と硫酸とを合わせて10％以下を含有するものを除く。

17　**塩化第一水銀を含有する製剤**

17の2　塩化チオニル及びこれを含有する製剤

17の3　塩素

18　**塩素酸塩類及びこれを含有する製剤。ただし，爆発薬を除く。**

18の2　(1R, 2S, 3R, 4S)-7-オキサビシクロ[2, 2, 1]ヘプタン-2,3-ジカルボン酸（別名エンドタール），その塩類及びこれらのいずれかを含有する製剤。ただし，(1R, 2S, 3R, 4S)-7-オキサビシクロ[2, 2, 1]ヘプタン-2,3-ジカルボン酸として1.5％以下を含有するものを除く。

18の3　オキシ三塩化バナジウム及びこれを含有する製剤

18の4　省略

19　**過酸化水素を含有する製剤。ただし，過酸化水素6％以下を含有するものを除く。**

20　過酸化ナトリウムを含有する製剤。ただし，過酸化ナトリウム5％以下を含有するものを除く。

21　過酸化尿素を含有する製剤。ただし，過酸化尿素17％以下を含有するものを除く。

22　**カドミウム化合物。ただし，硫黄，カドミウム及びセレンから成る焼結した物質を除く。**

22の2　ぎ酸及びこれを含有する製剤。ただし，ぎ酸90％以下を含有するものを除く。

22の3　キシレン

22の4　キノリン及びこれを含有する製剤

23　無機金塩類。ただし，雷金を除く。

24　**無機銀塩類。ただし，塩化銀及び雷酸銀を除く。**

24の2　グリコール酸及びこれを含有する製剤。ただし，グリコール酸3.6％以下を含有するものを除く。

25　クレゾールを含有する製剤。ただし，クレゾール5％以下を含有するものを除く。

26　**クロム酸塩類及びこれを含有する製剤。ただし，クロム酸鉛70％以下を含有するものを除く。**

26の2　2-クロルエチルトリメチルアンモニウム塩類及びこれを含有する製剤

26の3　N-(3-クロル-4-クロルジフルオロメチルチオフェニル)-N´,N´-ジメチル

ウレア及びこれを含有する製剤。ただし，〈〃〉12％以下を含有するものを除く。

26の4　2-クロル-1-(2,4-ジクロルフェニル)ビニルエチルメチルホスフェイト及びこれを含有する製剤

26の5　2-クロル-1-(2,4-ジクロルフェニル)ビニルジメチルホスフェイト及びこれを含有する製剤

26の6　1-クロル-1,2-ジブロムエタン及びこれを含有する製剤

26の7　2-クロル-4,5-ジメチルフェニル-N-メチルカルバメート及びこれを含有する製剤

27　クロルピクリンを含有する製剤

28　クロルメチルを含有する製剤。ただし，容量300ミリリットル以下の容器に収められた殺虫剤であって，クロルメチル50％以下を含有するものを除く。

28の2　クロロアセチルクロライド及びこれを含有する製剤

28の3　2-クロロアニリン及びこれを含有する製剤

28の4　4-クロロ-3-エチル-1-メチル-N-[4-(パラトリルオキシ)ベンジル]ピラゾール-5-カルボキサミド及びこれを含有する製剤

28の5　5-クロロ-N-[2-[4-(2-エトキシエチル)-2,3-ジメチルフェノキシ]エチル]-6-エチルピリミジン-4-アミン(別名ピリミジフェン)及びこれを含有する製剤。ただし，〈〃〉4％以下を含有するものを除く。

28の6　クロロぎ酸ノルマルプロピル及びこれを含有する製剤

28の7　クロロ酢酸エチル及びこれを含有する製剤

28の8　クロロ酢酸ナトリウム及びこれを含有する製剤

28の9　2-クロロニトロベンゼン及びこれを含有する製剤

28の10　トランス-N-(6-クロロ-3-ピリジルメチル)-N′-シアノ-N-メチルアセトアミジン(別名アセタミプリド)及びこれを含有する製剤。ただし，〈〃〉2％以下を含有するものを除く。

28の11　1-(6-クロロ-3-ピリジルメチル)-N-ニトロイミダゾリジン-2-イリデンアミン(別名イミダクロプリド)及びこれを含有する製剤。ただし，〈〃〉2％(マイクロカプセル製剤にあっては，12％)以下を含有するものを除く。

28の12　3-(6-クロロピリジン-3-イルメチル)-1,3-チアゾリジン-2-イリデンシアナミド(別名チアクロプリド)及びこれを含有する製剤。ただし，〈〃〉3％以下を含有するものを除く。

28の13　(RS)-[O-1-(4-クロロフェニル)ピラゾール-4-イル=O-エチル=S-プロピル=ホスホロチオアート](別名ピラクロホス)及びこれを含有する製剤。ただし，〈〃〉6％以下を含有するものを除く。

28の14　クロロプレン及びこれを含有する製剤

29　硅弗化水素酸を含有する製剤

30　硅弗化水素酸塩類及びこれを含有する製剤

30の2　五酸化バナジウム(溶融した五酸化バナジウムを固形化したものを除く。)

及びこれを含有する製剤。ただし，五酸化バナジウム（溶融した五酸化バナジウムを固形化したものを除く。）10%以下を含有するものを除く。

30の3　酢酸エチル

30の4　酢酸タリウム及びこれを含有する製剤

30の5　サリノマイシン，その塩類及びこれらのいずれかを含有する製剤。ただし，サリノマイシンとして1%以下を含有するものを除く。

30の6　三塩化アルミニウム及びこれを含有する製剤

30の7　三塩化チタン及びこれを含有する製剤

31　酸化水銀5%以下を含有する製剤

31の2　シアナミド及びこれを含有する製剤。ただし，シアナミド10%以下を含有するものを除く。

31の3　4-ジアリルアミノ-3,5-ジメチルフェニル-N-メチルカルバメート及びこれを含有する製剤

32　有機シアン化合物及びこれを含有する製剤。ただし，次に掲げるものを除く。
（1）…
　┗━→ 以下多くの品名が列挙されていますが，劇物から除外される製剤等ですのでここでは省略します

33　ジイソプロピル-S-(エチルスルフィニルメチル)-ジチオホスフェイト及びこれを含有する製剤。ただし，〈〃〉5%以下を含有するものを除く。

33の2　2-(ジエチルアミノ)エタノール及びこれを含有する製剤。ただし，〈〃〉0.7%以下を含有するものを除く。

33の3　2-ジエチルアミノ-6-メチルピリミジル-4-ジエチルチオホスフェイト及びこれを含有する製剤

34　ジエチル-S-(エチルチオエチル)-ジチオホスフェイト5%以下を含有する製剤

34の2　ジエチル-S-(2-オキソ-6-クロルベンゾオキサゾロメチル)-ジチオホスフェイト及びこれを含有する製剤。ただし，〈〃〉2.2%以下を含有するものを除く。

34の3　O,O′-ジエチル＝O″-(2-キノキサリニル)＝チオホスファート（別名キナルホス）及びこれを含有する製剤

35　ジエチル-4-クロルフェニルメルカプトメチルジチオホスフェイトを含有する製剤

35の2　ジエチル-1-(2′,4′-ジクロルフェニル)-2-クロルビニルホスフェイト及びこれを含有する製剤

36　ジエチル-(2,4-ジクロルフェニル)-チオホスフェイトを含有する製剤。ただし，〈〃〉3%以下を含有するものを除く。

37　ジエチル-2,5-ジクロルフェニルメルカプトメチルジチオホスフェイトを含有する製剤。ただし，〈〃〉1.5%以下を含有するものを除く。

37の2　ジエチル-(1,3-ジチオシクロペンチリデン)-チオホスホルアミド5%以下

を含有する製剤

37の3 ジエチル=スルファート及びこれを含有する製剤

37の4 ジエチル-3,5,6-トリクロル-2-ピリジルチオホスフェイト及びこれを含有する製剤。ただし，〈〃〉1％(マイクロカプセル製剤にあっては，25％)以下を含有するものを除く。

37の5 ジエチル-(5-フェニル-3-イソキサゾリル)-チオホスフェイト(別名イソキサチオン)及びこれを含有する製剤。ただし，〈〃〉2％以下を含有するものを除く。

37の6 ジエチル-S-ベンジルチオホスフェイト及びこれを含有する製剤。ただし，〈〃〉2.3％以下を含有するものを除く。

37の7 ジエチル-4-メチルスルフィニルフェニル-チオホスフェイト3％以下を含有する製剤

38 四塩化炭素を含有する製剤

38の2 2-(1,3-ジオキソラン-2-イル)-フェニル-N-メチルカルバメート及びこれを含有する製剤

38の3 **1,3-ジカルバモイルチオ-2-(N,N-ジメチルアミノ)-プロパン，その塩類及びこれらのいずれかを含有する製剤。**ただし，1,3-ジカルバモイルチオ-2-(N,N-ジメチルアミノ)-プロパンとして**2％以下を含有するものを除く。**

39 しきみの実

39の2 シクロヘキサ-4-エン-1,2-ジカルボン酸無水物及びこれを含有する製剤

40 シクロヘキシミドを含有する製剤。ただし，シクロヘキシミド0.2％以下を含有するものを除く。

40の2 シクロヘキシルアミン及びこれを含有する製剤

40の3 ジ(2-クロルイソプロピル)エーテル及びこれを含有する製剤

40の4 ジクロルジニトロメタン及びこれを含有する製剤

40の5 2,4-ジクロル-6-ニトロフェノール，その塩類及びこれらのいずれかを含有する製剤

41 ジクロルブチンを含有する製剤

41の2 2′,4-ジクロロ-α,α,α-トリフルオロ-4′-ニトロメタトルエンスルホンアニリド(別名フルスルファミド)及びこれを含有する製剤。ただし，〈〃〉0.3％以下を含有するものを除く。

41の3 2,4-ジクロロ-1-ニトロベンゼン及びこれを含有する製剤

41の4 1,3-ジクロロプロペン及びこれを含有する製剤

42 2,3-ジ-(ジエチルジチオホスホロ)-パラジオキサンを含有する製剤

42の2 ジシクロヘキシルアミン及びこれを含有する製剤。ただし，〈〃〉4％以下を含有するものを除く。

42の3 ジデシル(ジメチル)アンモニウム=クロリド及びこれを含有する製剤。ただし，〈〃〉0.4％以下を含有するものを除く。

43 2,4-ジニトロ-6-シクロヘキシルフェノールを含有する製剤。ただし，〈〃〉0.5％以下を含有するものを除く。

43の2 2,4-ジニトロトルエン及びこれを含有する製剤

44 2,4-ジニトロ-6-(1-メチルプロピル)-フェニルアセテートを含有する製剤

45 2,4-ジニトロ-6-(1-メチルプロピル)-フェノール２％以下を含有する製剤

46 2,4-ジニトロ-6-メチルプロピルフェノールジメチルアクリレートを含有する製剤

46の2 ジニトロメチルヘプチルフェニルクロトナート(別名ジノカップ)及びこれを含有する製剤。ただし，〈〃〉0.2％以下を含有するものを除く。

46の3 2,3-ジヒドロ-2,2-ジメチル-7-ベンゾ[b]フラニル-N-ジブチルアミノチオ-N-メチルカルバマート(別名カルボスルファン)及びこれを含有する製剤

47 2,2′-ジピリジリウム-1,1′-エチレンジブロミドを含有する製剤

47の2 2-ジフェニルアセチル-1,3-インダンジオン0.005％以下を含有する製剤

47の3 3-(ジフルオロメチル)-1-メチル-N−[(3Ｒ)-1,1,3-トリメチル-2,3-ジヒドロ-1Ｈ-インデン-4-イル]-1Ｈ-ピラゾール-4-カルボキサミド及びこれを含有する製剤。ただし，〈〃〉３％以下を含有するものを除く。

47の4 ジプロピル-4-メチルチオフェニルホスフェイト及びこれを含有する製剤

48 1,2-ジブロムエタン(別名EDB)を含有する製剤。ただし，〈〃〉50％以下を含有するものを除く。

49 ジブロムクロルプロパン(別名DBCP)を含有する製剤

50 3,5-ジブロム-4-ヒドロキシ-4′-ニトロアゾベンゼンを含有する製剤。ただし，〈〃〉３％以下を含有するものを除く。

50の2 2,3-ジブロモプロパン-1-オール及びこれを含有する製剤

50の3 2-(ジメチルアミノ)エタノール及びこれを含有する製剤。ただし，〈〃〉3.1％以下を含有するものを除く。

50の4 2-(ジメチルアミノ)エチル＝メタクリレート及びこれを含有する製剤。ただし，〈〃〉6.4％以下を含有するものを除く。

50の5 2-ジメチルアミノ-5,6-ジメチルピリミジル-4-N,N-ジメチルカルバメート及びこれを含有する製剤

50の6 5-ジメチルアミノ-1,2,3-トリチアン，その塩類及びこれらのいずれかを含有する製剤。ただし，5-ジメチルアミノ-1,2,3-トリチアンとして３％以下を含有するものを除く。

50の7 ジメチルアミン及びこれを含有する製剤。ただし，ジメチルアミン50％以下を含有するものを除く。

50の8 ジメチル-(イソプロピルチオエチル)-ジチオホスフェイト４％以下を含有する製剤

51 ジメチルエチルスルフィニルイソプロピルチオホスフェイトを含有する製剤

52 ジメチルエチルメルカプトエチルジチオホスフェイト(別名チオメトン)を含有

する製剤

53 ジメチル−2,2−ジクロルビニルホスフェイト（別名 DDVP）を含有する製剤

54 ジメチルジチオホスホリルフェニル酢酸エチルを含有する製剤。ただし，〈〃〉3％以下を含有するものを除く。

54の2 3−ジメチルジチオホスホリル−S−メチル−5−メトキシ−1,3,4−チアジアゾリン−2−オン及びこれを含有する製剤

54の3 2,2−ジメチル−2,3−ジヒドロ−1−ベンゾフラン−7−イル＝N−[N−(2−エトキシカルボニルエチル)−N−イソプロピルスルフェナモイル]−N−メチルカルバマート（別名ベンフラカルブ）及びこれを含有する製剤。ただし，〈〃〉6％以下を含有するものを除く。

55 ジメチルジブロムジクロルエチルホスフェイトを含有する製剤

55の2 ジメチル−S−パラクロルフェニルチオホスフェイト（別名 DMCP）及びこれを含有する製剤

55の3 3,4−ジメチルフェニル−N−メチルカルバメート及びこれを含有する製剤

55の4 3,5−ジメチルフェニル−N−メチルカルバメート及びこれを含有する製剤。ただし，〈〃〉3％以下を含有するものを除く。

56 ジメチルフタリルイミドメチルジチオホスフェイトを含有する製剤

56の2 N,N−ジメチルプロパン−1,3−ジアミン及びこれを含有する製剤

56の3 2,2−ジメチル−1,3−ベンゾジオキソール−4−イル−N−メチルカルバマート（別名ベンダイオカルブ）5％以下を含有する製剤

57 ジメチルメチルカルバミルエチルチオエチルチオホスフェイトを含有する製剤

58 ジメチル−(N−メチルカルバミルメチル)−ジチオホスフェイト（別名ジメトエート）を含有する製剤

58の2 ジメチル−[2−(1′−メチルベンジルオキシカルボニル)−1−メチルエチレン]−ホスフェイト及びこれを含有する製剤

58の3 O,O−ジメチル−O−(3−メチル−4−メチルスルフィニルフェニル)−チオホスフェイト及びこれを含有する製剤

59 ジメチル−4−メチルメルカプト−3−メチルフェニルチオホスフェイトを含有する製剤。ただし，〈〃〉2％以下を含有するものを除く。

59の2 3−(ジメトキシホスフィニルオキシ)−N−メチル−シス−クロトナミド及びこれを含有する製剤

60 重クロム酸塩類及びこれを含有する製剤

61 蓚酸を含有する製剤。ただし，蓚酸10％以下を含有するものを除く。

62 蓚酸塩類及びこれを含有する製剤。ただし，蓚酸として10％以下を含有するものを除く。

63 硝酸を含有する製剤。ただし，硝酸10％以下を含有するものを除く。

64 硝酸タリウムを含有する製剤。ただし，硝酸タリウム0.3％以下を含有し，黒色に着色され，かつ，トウガラシエキスを用いて著しくからく着味されているも

のを除く。

65 水酸化カリウムを含有する製剤。ただし，水酸化カリウム5％以下を含有するものを除く。

66 水酸化トリアリール錫，その塩類及びこれらの無水物並びにこれらのいずれかを含有する製剤。ただし，水酸化トリアリール錫，その塩類又はこれらの無水物2％以下を含有するものを除く。

67 水酸化トリアルキル錫，その塩類及びこれらの無水物並びにこれらのいずれかを含有する製剤。ただし，水酸化トリアルキル錫，その塩類又はこれらの無水物2％以下を含有するものを除く。

68 水酸化ナトリウムを含有する製剤。ただし，水酸化ナトリウム5％以下を含有するものを除く。

68の2 水酸化リチウム及びこれを含有する製剤

68の3 水酸化リチウム一水和物及びこれを含有する製剤。ただし，水酸化リチウム一水和物0.3％以下を含有するものを除く。

69 無機錫塩類

69の2 省略

69の3 センデュラマイシン，その塩類及びこれらのいずれかを含有する製剤。ただし，センデュラマイシンとして0.5％以下を含有するものを除く。

69の4 2-チオ-3,5-ジメチルテトラヒドロ-1,3,5-チアジアジン及びこれを含有する製剤

70 チオセミカルバジドを含有する製剤。ただし，チオセミカルバジド0.3％以下を含有し，黒色に着色され，かつ，トウガラシエキスを用いて著しくからく着味されているものを除く。

71 テトラエチルメチレンビスジチオホスフェイトを含有する製剤

71の2 テトラクロルニトロエタン及びこれを含有する製剤

71の3 (S)-2,3,5,6-テトラヒドロ-6-フェニルイミダゾ[2,1-b]チアゾール，その塩類及びこれらのいずれかを含有する製剤。ただし，(S)-2,3,5,6-テトラヒドロ-6-フェニルイミダゾ[2,1-b]チアゾールとして6.8％以下を含有するものを除く。

71の4 2,3,5,6-テトラフルオロ-4-メチルベンジル＝(Z)-(1RS,3RS)-3-(2-クロロ-3,3,3-トリフルオロ-1-プロペニル)-2,2-ジメチルシクロプロパンカルボキシラート(別名テフルトリン)0.5％以下を含有する製剤

71の5 3,7,9,13-テトラメチル-5,11-ジオキサ-2,8,14-トリチア-4,7,9,12-テトラアザペンタデカ-3,12-ジエン-6,10-ジオン(別名チオジカルブ)及びこれを含有する製剤

71の6 2,4,6,8-テトラメチル-1,3,5,7-テトラオキソカン(別名メタアルデヒド)及びこれを含有する製剤。ただし，〈〃〉10％以下を含有するものを除く。

72 無機銅塩類。ただし，雷銅を除く。

72の2 1-ドデシルグアニジニウム＝アセタート（別名ドジン）65％以下を含有する製剤

72の3 3,6,9-トリアザウンデカン-1,11-ジアミン及びこれを含有する製剤

73 トリエタノールアンモニウム-2,4-ジニトロ-6-（1-メチルプロピル）-フェノラートを含有する製剤

73の2 トリクロルニトロエチレン及びこれを含有する製剤

74 トリクロルヒドロキシエチルジメチルホスホネイトを含有する製剤。ただし，〈〃〉10％以下を含有するものを除く。

74の2 2,4,5-トリクロルフェノキシ酢酸，そのエステル類及びこれらのいずれかを含有する製剤

74の3 トリクロロシラン及びこれを含有する製剤

74の4 トリクロロ（フェニル）シラン及びこれを含有する製剤

74の5 1,2,3-トリクロロプロパン及びこれを含有する製剤

74の6 トリブチルトリチオホスフェイト及びこれを含有する製剤

74の7 トリフルオロメタンスルホン酸及びこれを含有する製剤。ただし，トリフルオロメタンスルホン酸10％以下を含有するものを除く。

75 トルイジン塩類

76 トルイレンジアミン及びその塩類

76の2 トルエン

77 鉛化合物。ただし，次に掲げるものを除く。
　イ　四酸化三鉛
　ロ　ヒドロオキシ炭酸鉛
　ハ　硫酸鉛

77の2 ナラシン又はその塩類のいずれかを含有する製剤であって，ナラシンとして10％以下を含有するもの。ただし，ナラシンとして1％以下を含有し，かつ，飛散を防止するための加工をしたものを除く。

77の3 二酸化アルミニウムナトリウム及びこれを含有する製剤

77の4 1-（4-ニトロフェニル）-3-（3-ピリジルメチル）ウレア及びこれを含有する製剤

78 二硫化炭素を含有する製剤

79 バリウム化合物。ただし，次に掲げるものを除く。
　イ　バリウム＝4-（5-クロロ-4-メチル-2-スルホナトフェニルアゾ）-3-ヒドロキシ-2-ナフトアート
　ロ　硫酸バリウム

80 ピクリン酸塩類。ただし，爆発薬を除く。

80の2 N,N′-ビス（2-アミノエチル）エタン-1,2-ジアミン及びこれを含有する製剤

80の3 ビス（2-エチルヘキシル）＝水素＝ホスファート及びこれを含有する製剤。

ただし，〈〃〉2％以下を含有するものを除く。

80の4　S,S-ビス(1-メチルプロピル)＝O-エチル＝ホスホロジチオアート(別名カ ズサホス)10％以下を含有する製剤。ただし，S,S-ビス(1-メチルプロピル)＝O- エチル＝ホスホロジチオアート3％以下を含有する徐放性製剤を除く。

80の5　ヒドラジン一水和物及びこれを含有する製剤。ただし，ヒドラジン一水和 物30％以下を含有するものを除く。

80の6　ヒドロキシエチルヒドラジン，その塩類及びこれらのいずれかを含有する 製剤

80の7　2-ヒドロキシ-4-メチルチオ酪酸及びこれを含有する製剤。ただし，〈〃〉 0.5％以下を含有するものを除く。

81　ヒドロキシルアミンを含有する製剤

82　ヒドロキシルアミン塩類及びこれを含有する製剤

83　2-(3-ピリジル)-ピペリジン(別名アナバシン)，その塩類及びこれらのいずれ かを含有する製剤

83の2　ピロカテコール及びこれを含有する製剤

83の3　2-(フェニルパラクロルフェニルアセチル)-1,3-インダンジオン及びこれ を含有する製剤。ただし，〈〃〉0.025％以下を含有するものを除く。

84　フェニレンジアミン及びその塩類

85　フェノールを含有する製剤。ただし，フェノール5％以下を含有するものを除 く。

85の2　1-t-ブチル-3-(2,6-ジイソプロピル-4-フェノキシフェニル)チオウレア (別名ジアフェンチウロン)及びこれを含有する製剤

85の3　ブチル＝2,3-ジヒドロ-2,2-ジメチルベンゾフラン-7-イル＝N,N´-ジメチ ル-N,N´-チオジカルバマート(別名フラチオカルブ)5％以下を含有する製剤

85の4　t-ブチル＝(E)-4-(1,3-ジメチル-5-フェノキシ-4-ピラゾリルメチレンア ミノオキシメチル)ベンゾアート及びこれを含有する製剤。ただし，〈〃〉5％以 下を含有するものを除く。

85の5　ブチル(トリクロロ)スタンナン及びこれを含有する製剤

85の6　N-ブチルピロリジン

85の7　2-セカンダリ-ブチルフェノール及びこれを含有する製剤

85の8　2-ターシャリ-ブチルフェノール及びこれを含有する製剤

85の9　2-t-ブチル-5-(4-t-ブチルベンジルチオ)-4-クロロピリダジン-3(2H)-オ ン及びこれを含有する製剤

85の10　ブチル-S-ベンジル-S-エチルジチオホスフェイト及びこれを含有する製 剤

85の11　N-(4-t-ブチルベンジル)-4-クロロ-3-エチル-1-メチルピラゾール-5-カ ルボキサミド(別名テブフェンピラド)及びこれを含有する製剤

85の12　2-t-ブチル-5-メチルフェノール及びこれを含有する製剤

86　ブラストサイジンＳを含有する製剤

87　ブラストサイジンＳ塩類及びこれを含有する製剤

87の2　ブルシン及びその塩類

87の3　ブロムアセトン及びこれを含有する製剤

88　ブロム水素を含有する製剤

88の2　ブロムメチルを含有する製剤

88の3　1-ブロモ-3-クロロプロパン及びこれを含有する製剤

88の4　2-(4-ブロモジフルオロメトキシフェニル)-2-メチルプロピル＝3-フェノキシベンジル＝エーテル(別名ハルフェンプロックス)及びこれを含有する製剤。ただし，〈〃〉5％以下を含有する徐放性製剤を除く。

89　**ヘキサクロルエポキシオクタヒドロエンドエキソジメタノナフタリン(別名ディルドリン)を含有する製剤**

90　**1, 2, 3, 4, 5, 6-ヘキサクロルシクロヘキサン(別名リンデン)を含有する製剤。**ただし, 1, 2, 3, 4, 5, 6-ヘキサクロルシクロヘキサン**1.5％以下を含有するものを除く。**

91　**ヘキサクロルヘキサヒドロジメタノナフタリン(別名アルドリン)を含有する製剤**

91の2　ヘキサメチレンジイソシアナート及びこれを含有する製剤

91の3　ヘキサン酸及びこれを含有する製剤。ただし，ヘキサン酸11％以下を含有するものを除く。

91の4　ヘキサン-1, 6-ジアミン及びこれを含有する製剤

92　**ベタナフトールを含有する製剤。**ただし，ベタナフトール**1％以下を含有するものを除く。**

92の2　ヘプタン酸及びこれを含有する製剤。ただし，ヘプタン酸11％以下を含有するものを除く。

93　1, 4, 5, 6, 7-ペンタクロル-3 a, 4, 7, 7 a-テトラヒドロ-4, 7-(8, 8-ジクロルメタノ)-インデン(別名ヘプタクロール)を含有する製剤

94　ペンタクロルフェノール(別名 PCP)を含有する製剤。ただし，ペンタクロルフェノール1％以下を含有するものを除く。

95　ペンタクロルフェノール塩類及びこれを含有する製剤。ただし，ペンタクロルフェノールとして1％以下を含有するものを除く。

95の2　ペンタン酸及びこれを含有する製剤。ただし，ペンタン酸11％以下を含有するものを除く。

96　硼弗化水素酸及びその塩類

96の2　ホスホン酸及びこれを含有する製剤

97　ホルムアルデヒドを含有する製剤。ただし，ホルムアルデヒド1％以下を含有するものを除く。

98　無水クロム酸を含有する製剤

98の2　無水酢酸及びこれを含有する製剤。ただし，無水酢酸0.2%以下を含有するものを除く。

98の3　無水マレイン酸及びこれを含有する製剤。ただし，無水マレイン酸1.2%以下を含有するものを除く。

98の4　メタクリル酸及びこれを含有する製剤。ただし，メタクリル酸25%以下を含有するものを除く。

98の5　メタバナジン酸アンモニウム及びこれを含有する製剤。ただし，メタバナジン酸アンモニウム0.01%以下を含有するものを除く。

98の6　メタンアルソン酸カルシウム及びこれを含有する製剤

98の7　メタンアルソン酸鉄及びこれを含有する製剤

98の8　2-メチリデンブタン二酸(別名メチレンコハク酸)及びこれを含有する製剤

98の9　メチルアミン及びこれを含有する製剤。ただし，メチルアミン40%以下を含有するものを除く。

98の10　メチルイソチオシアネート及びこれを含有する製剤

98の11　3-メチル-5-イソプロピルフェニル-N-メチルカルバメート及びこれを含有する製剤

98の12　メチルエチルケトン

99　N-メチルカルバミル-2-クロルフェノール及びこれを含有する製剤。ただし，N-メチルカルバミル-2-クロルフェノール2.5%以下を含有するものを除く。

99の2　N´-(2-メチル-4-クロルフェニル)-N,N-ジメチルホルムアミジン，その塩類及びこれらのいずれかを含有する製剤。ただし，N´-(2-メチル-4-クロルフェニル)-N,N-ジメチルホルムアミジンとして3%以下を含有するものを除く。

99の3　メチル＝N-[2-[1-(4-クロロフェニル)-1H-ピラゾール-3-イルオキシメチル]フェニル](N-メトキシ)カルバマート(別名ピラクロストロビン)及びこれを含有する製剤。ただし，〈〃〉6.8%以下を含有するものを除く。

99の4　メチルシクロヘキシル-4-クロルフェニルチオホスフェイト1.5%以下を含有する製剤

99の5　メチルジクロルビニルリン酸カルシウムとジメチルジクロルビニルホスフェイトとの錯化合物及びこれを含有する製剤

99の6　メチルジチオカルバミン酸亜鉛及びこれを含有する製剤

99の7　メチル-N´,N´-ジメチル-N-[(メチルカルバモイル)オキシ]-1-チオオキサムイミデート0.8%以下を含有する製剤

99の8　S-(4-メチルスルホニルオキシフェニル)-N-メチルチオカルバマート及びこれを含有する製剤

99の9　5-メチル-1,2,4-トリアゾロ[3,4-b]ベンゾチアゾール(別名トリシクラゾール)及びこれを含有する製剤。ただし，〈〃〉8%以下を含有するものを除く。

100　N-メチル-1-ナフチルカルバメートを含有する製剤。ただし，N-メチル-1-ナフチルカルバメート5%以下を含有するものを除く。

100の2　N-メチル-N-(1-ナフチル)-モノフルオール酢酸アミド及びこれを含有する製剤

100の3　2-メチルビフェニル-3-イルメチル＝(1 RS, 2 RS)-2-(Z)-(2-クロロ-3, 3, 3-トリフルオロ-1-プロペニル)-3, 3-ジメチルシクロプロパンカルボキシラート及びこれを含有する製剤。ただし，〈〃〉2％以下を含有するものを除く。

100の4　S-(2-メチル-1-ピペリジル-カルボニルメチル)ジプロピルジチオホスフェイト及びこれを含有する製剤。ただし，〈〃〉4.4％以下を含有するものを除く。

100の5　3-メチルフェニル-N-メチルカルバメート及びこれを含有する製剤。ただし，〈〃〉2％以下を含有するものを除く。

100の6　2-(1-メチルプロピル)-フェニル-N-メチルカルバメート及びこれを含有する製剤。ただし，〈〃〉2％(マイクロカプセル製剤にあっては，15％)以下を含有するものを除く。

100の7　メチル-(4-ブロム-2, 5-ジクロルフェニル)-チオノベンゼンホスホネイト及びこれを含有する製剤

100の8　メチルホスホン酸ジメチル

100の9　S-メチル-N-[(メチルカルバモイル)-オキシ]-チオアセトイミデート(別名メトミル)45％以下を含有する製剤

100の10　メチレンビス(1-チオセミカルバジド)2％以下を含有する製剤

100の11　5-メトキシ-N,N-ジメチルトリプタミン，その塩類及びこれらのいずれかを含有する製剤

100の12　1-(4-メトキシフェニル)ピペラジン及びこれを含有する製剤

100の13　1-(4-メトキシフェニル)ピペラジン一塩酸塩及びこれを含有する製剤

100の14　1-(4-メトキシフェニル)ピペラジン二塩酸塩及びこれを含有する製剤

100の15　2-メトキシ-1, 3, 2-ベンゾジオキサホスホリン-2-スルフィド及びこれを含有する製剤

100の16　2-メルカプトエタノール10％以下を含有する製剤。ただし，容量20リットル以下の容器に収められたものであって，2-メルカプトエタノール0.1％以下を含有するものを除く。

100の17　メルカプト酢酸及びこれを含有する製剤。ただし，メルカプト酢酸1％以下を含有するものを除く。

100の18　モネンシン，その塩類及びこれらのいずれかを含有する製剤。ただし，モネンシンとして8％以下を含有するものを除く。

100の19　モノゲルマン及びこれを含有する製剤

101　モノフルオール酢酸パラブロムアニリド及びこれを含有する製剤

101の2　モノフルオール酢酸パラブロムベンジルアミド及びこれを含有する製剤

101の3　モルホリン及びこれを含有する製剤。ただし，モルホリン6％以下を含有するものを除く。

102　沃化水素を含有する製剤

102の2　沃化メチル及びこれを含有する製剤

102の3　ラサロシド，その塩類及びこれらのいずれかを含有する製剤。ただし，ラサロシドとして2％以下を含有するものを除く。

103　硫化燐を含有する製剤

104　**硫酸を含有する製剤。ただし，硫酸10％以下を含有するものを除く。**

105　**硫酸タリウムを含有する製剤。ただし，硫酸タリウム0.3％以下を含有し，黒色に着色され，かつ，トウガラシエキスを用いて著しくからく着味されているものを除く。**

106　硫酸パラジメチルアミノフェニルジアゾニウム，その塩類及びこれらのいずれかを含有する製剤

107　燐化亜鉛を含有する製剤。ただし，燐化亜鉛1％以下を含有し，黒色に着色され，かつ，トウガラシエキスを用いて著しくからく着味されているものを除く。

108　レソルシノール及びこれを含有する製剤。ただし，レソルシノール20％以下を含有するものを除く。

109　ロダン酢酸エチルを含有する製剤。ただし，ロダン酢酸エチル1％以下を含有するものを除く。

110　ロテノンを含有する製剤。ただし，ロテノン2％以下を含有するものを除く。

2　硝酸タリウム，チオセミカルバジド，硫酸タリウム又は燐化亜鉛が均等に含有されていない製剤に関する前項第64号ただし書，第70号ただし書，第105号ただし書又は第107号ただし書に規定する百分比の計算については，当該製剤10グラム中に含有される硝酸タリウム，チオセミカルバジド，硫酸タリウム又は燐化亜鉛の重量の10グラムに対する比率によるものとする。

第3条　特定毒物
法別表第3第10号の規定に基づき，次に掲げる毒物を特定毒物に指定する。

1　オクタメチルピロホスホルアミドを含有する製剤

2　四アルキル鉛を含有する製剤

3　ジエチルパラニトロフェニルチオホスフェイトを含有する製剤

4　ジメチルエチルメルカプトエチルチオホスフェイトを含有する製剤

5　ジメチル-(ジエチルアミド-1-クロルクロトニル)-ホスフェイトを含有する製剤

6　ジメチルパラニトロフェニルチオホスフェイトを含有する製剤

7　テトラエチルピロホスフェイトを含有する製剤

8　モノフルオール酢酸塩類及びこれを含有する製剤

9　モノフルオール酢酸アミドを含有する製剤

10　燐化アルミニウムとその分解促進剤とを含有する製剤
　　　┗━▶❚3❚の毒物及び劇物取締法施行令で取扱いの詳細を規定

■3■　毒物及び劇物取締法施行令

学習の道しるべ

　毒物及び劇物の用途，品質，着色及び表示，使用方法，器具や空容器の処置，保管，譲渡，廃棄，運搬，貯蔵，取扱い，販売や授与等の方法についての詳細な規定です。特に特定毒物はその毒性が非常に高いため，その取扱いが厳しく定められています。

目　次

付　録
3
毒物及び劇物取締法施行令

第1章　四アルキル鉛を含有する製剤

第1条 使用者及び用途 毒物及び劇物取締法(以下「法」という。)第3条の2第3項及び第5項の規定により，四アルキル鉛を含有する製剤の使用者及び用途を次のように定める。

　1　使用者　**石油精製業者**(原油から石油を精製することを業とする者をいう。)

　2　用途　**ガソリンへの混入**

第2条 着色及び表示 法第3条の2第9項の規定により，四アルキル鉛を含有する製剤の**着色及び表示**の基準を次のように定める。

　1　**赤色，青色，黄色又は緑色**に着色されていること。

　2　その容器に，次に掲げる事項が表示されていること。

　　イ　四アルキル鉛を含有する製剤が入っている旨及びその内容量

　　ロ　その容器内の四アルキル鉛を含有する製剤の全部を消費したときは，消費者は，その空容器を，そのまま密閉して直ちに返送するか，又はその他の方法により保健衛生上危害を生ずるおそれがないように処置しなければならない旨

第3条　削除

第4条 貯蔵 四アルキル鉛を含有する製剤を貯蔵する場合には，次の各号に定める基準によらなければならない。

　1　容器を密閉すること。

　2　十分に換気が行われる倉庫内に貯蔵すること。

第5条 混入の割合 四アルキル鉛を含有する製剤をガソリンに混入する場合には，**ガソリン1リットルにつき四アルキル鉛1.3立方センチメートル**の割合をこえて混入してはならない。

第6条 空容器の処置 容器に収められた四アルキル鉛を含有する製剤の全部を消費したときは，消費者は，その空容器を，そのまま密閉して直ちに毒物劇物営業者に返送するか，又はその他の方法により保健衛生上危害を生ずるおそれがないように処置しなければならない。

第7条 加鉛ガソリンの品質 四アルキル鉛を含有する製剤が混入されているガソリン(以下「**加鉛ガソリン**」という。)の製造業者又は輸入業者は，ガソリンに含有される四アルキル鉛の割合がガソリン1リットルにつき四アルキル鉛0.3立方センチメートル(航空ピストン発動機用ガソリンその他の特定の用に使用される厚生労働省令で定める加鉛ガソリンにあっては，1.3立方センチメートル)以下のものでなければ，加鉛ガソリンを販売し，又は授与してはならない。

第7条の2 四アルキル鉛の量の測定方法 第5条及び前条の数値は，厚生労働省令で定める方法により定量した場合における数値とする。

第8条 加鉛ガソリンの着色 加鉛ガソリンの製造業者又は輸入業者は，オレンジ色(第7条の厚生労働省令で定める加鉛ガソリンにあっては，厚生労働省令で定め

る色）に着色されたものでなければ，加鉛ガソリンを販売し，又は授与してはならない。

第9条　加鉛ガソリンの表示　加鉛ガソリンの製造業者，輸入業者又は販売業者は，容器のまま加鉛ガソリンを販売し，又は授与する場合において，その容器に次に掲げる事項が表示されていないときは，その容器にこれらの事項を表示しなければならない。

1　そのガソリンが加鉛ガソリンである旨（そのガソリンが第7条の厚生労働省令で定める加鉛ガソリンである場合にあっては，その旨）

2　そのガソリンを内燃機関以外の用（そのガソリンが第7条の厚生労働省令で定める加鉛ガソリンである場合にあっては，当該特定の用以外の用）に使用することが著しく危険である旨

2　加鉛ガソリンの販売業者は，加鉛ガソリンの給油塔の上部その他店舗内の見やすい場所に，前項に掲げる事項を表示しなければならない。ただし，加鉛ガソリンをもっぱら容器のまま販売する者は，この限りでない。

第10条　罰則　第4条又は第5条の規定に違反した者は，2年以下の懲役若しくは100万円以下の罰金に処し，又はこれを併科する。

2　第6条，第7条，第8条又は前条の規定に違反した者は，1年以下の懲役若しくは50万円以下の罰金に処し，又はこれを併科する。

3　法人の代表者又は法人若しくは人の代理人，使用人その他の従業者がその法人又は人の業務に関して前2項の違反行為をしたときは，その行為者を罰するほか，その法人又は人に対しても前2項の罰金刑を科する。

第2章　モノフルオール酢酸の塩類を含有する製剤

第11条　使用者及び用途　法第3条の2第3項及び第5項の規定により，モノフルオール酢酸の塩類を含有する製剤の使用者及び用途を次のように定める。

1　使用者　国，地方公共団体，農業協同組合，農業共済組合，農業共済組合連合会（農業保険法（昭和22年法律第185号）第10条第1項に規定する全国連合会に限る。以下同じ。），森林組合及び生産森林組合並びに300ヘクタール以上の森林を経営する者，主として食糧を貯蔵するための倉庫を経営する者又は食糧を貯蔵するための倉庫を有し，かつ，食糧の製造若しくは加工を業とする者であって，都道府県知事の指定を受けたもの

2　用途　野ねずみの駆除

第12条　品質，着色及び表示　法第3条の2第9項の規定により，モノフルオール酢酸の塩類を含有する製剤の品質，着色及び表示の基準を次のように定める。

1　モノフルオール酢酸の塩類の含有割合が2パーセント以下であり，かつ，その製剤が固体状のものであるときは，医薬品，医療機器等の品質，有効性及び安全性の確保等に関する法律（昭和35年法律第145号）に規定する日本薬局方で定める基準に適合するトウガラシ末が0.5パーセント以上の割合で混入され，

その製剤が液体状のものであるときは，同法に規定する日本薬局方で定める基準に適合するトウガラシチンキを５分の１に濃縮したものが１パーセント以上の割合で混入されていること。

2　**深紅色に着色**されていること。

3　その容器及び被包に，次に掲げる事項が表示されていること。

イ　モノフルオール酢酸の塩類を含有する製剤が入っている旨及びその内容量

ロ　モノフルオール酢酸の塩類を含有する製剤は，野ねずみの駆除以外の用に使用してはならない旨

ハ　その容器又は被包内のモノフルオール酢酸の塩類を含有する製剤の全部を消費したときは，消費者は，その容器又は被包を保健衛生上危害を生ずるおそれがないように処置しなければならない旨

第１３条 使用方法 モノフルオール酢酸の塩類を含有する製剤を使用して野ねずみの駆除を行う場合には，次の各号に定める基準によらなければならない。

1　次に掲げる者の実地の指導の下に行うこと。

イ　薬事又は毒物若しくは劇物に関する試験研究又は事務に従事する厚生労働省又は都道府県若しくは市町村の技術職員

ロ　法第８条に規定する毒物劇物取扱責任者の資格を有する者であって，都道府県知事の指定を受けたもの

ハ　野ねずみの駆除に関する試験研究又は事務に従事する農林水産省の技術職員

ニ　農業改良助長法(昭和23年法律第165号)第８条第１項に規定する普及指導員

ホ　森林病害虫等防除法(昭和25年法律第53号)第１１条に規定する森林害虫防除員

ヘ　植物防疫法(昭和25年法律第151号)第３３条第１項に規定する病害虫防除員

ト　森林法(昭和26年法律第249号)第１８７条第１項に規定する林業普及指導員

チ　農業協同組合，農業共済組合，農業共済組合連合会，森林組合又は生産森林組合の技術職員であって，都道府県知事の指定を受けたもの

2　モノフルオール酢酸の塩類を含有する製剤を餌として用い，又はこれを使用した餌を用いて行う駆除については，次の基準によること。

イ　屋内で行わないこと。

ロ　１個の餌に含有されるモノフルオール酢酸の塩類の量は，３ミリグラム以下であること。

ハ　餌は，地表上に仕掛けないこと。ただし，厚生労働大臣が指定する地域において森林の野ねずみの駆除を行うため，降雪前に毒餌が入っている旨の表示がある容器に入れた餌を仕掛けるときは，この限りでない。

　　ニ　餌を仕掛ける日の前後各1週間にわたって，餌を仕掛ける日時及び区域を
　　　公示すること。ただし，この号ハただし書に定める方法のみにより駆除を行
　　　うときは，餌を仕掛けた日の後1週間の公示をもって足りる。
　　ホ　餌を仕掛け終わったときは，余った餌を保健衛生上危害を生ずるおそれが
　　　ないように処置すること。
3　モノフルオール酢酸の塩類を含有する製剤を液体の状態で用いて行う駆除につ
　いては，次の基準によること。
　　イ　食糧倉庫以外の場所で行わないこと。
　　ロ　液体に含有されるモノフルオール酢酸の塩類の割合は，0.2パーセント以
　　　下であること。
　　ハ　1容器中の液体の量は，300立方センチメートル以下であること。
　　ニ　液体を入れた容器は，倉庫の床面より高い場所に仕掛けないこと。
　　ホ　液体を入れた容器ごとに，モノフルオール酢酸の塩類を含有する液体が入
　　　っている旨を表示すること。
　　ヘ　液体を仕掛け終わったときは，余った液体を保健衛生上危害を生ずるおそ
　　　れがないように処置すること。
第14条 空容器等の処置 容器又は被包に収められたモノフルオール酢酸の塩類を
　含有する製剤の全部を消費したときは，消費者は，その製剤が収められていた容
　器又は被包を保健衛生上危害を生ずるおそれがないように処置しなければならな
　い。
第15条 罰則 第13条の規定に違反した者は，2年以下の懲役若しくは100万円
　以下の罰金に処し，又はこれを併科する。
2　前条の規定に違反した者は，1年以下の懲役若しくは50万円以下の罰金に処
　し，又はこれを併科する。
3　法人の代表者又は法人若しくは人の代理人，使用人その他の従業者がその法人
　又は人の業務に関して前2項の違反行為をしたときは，その行為者を罰するほ
　か，その法人又は人に対しても前2項の罰金刑を科する。

第3章　ジメチルエチルメルカプトエチルチオホスフェイトを含有する製剤

第16条 使用者及び用途 法第3条の2第3項及び第5項の規定により，ジメチル
　エチルメルカプトエチルチオホスフェイトを含有する製剤の使用者及び用途を次
　のように定める。
1　使用者　国，地方公共団体，農業協同組合及び農業者の組織する団体であっ
　て都道府県知事の指定を受けたもの
2　用途　かんきつ類，りんご，なし，ぶどう，桃，あんず，梅，ホップ，なた
　ね，桑，しちとうい又は食用に供されることがない観賞用植物若しくはその球
　根の害虫の防除

第17条 着色及び表示 法第3条の2第9項の規定により，ジメチルエチルメルカプトエチルチオホスフェイトを含有する製剤の着色及び表示の基準を次のように定める。

1 紅色に着色されていること。

2 その容器及び被包に，次に掲げる事項が表示されていること。

　イ　ジメチルエチルメルカプトエチルチオホスフェイトを含有する製剤が入っている旨及びその内容量

　ロ　かんきつ類，りんご，なし，ぶどう，桃，あんず，梅，ホップ，なたね，桑，しちとうい又は食用に供されることがない観賞用植物若しくはその球根の害虫の防除以外の用に使用してはならない旨

　ハ　その製剤が口に入り，又は皮膚から吸収された場合には，著しい危害を生ずるおそれがある旨

　ニ　その容器又は被包内の製剤の全部を消費したときは，消費者は，その容器又は被包を保健衛生上危害を生ずるおそれがないように処置しなければならない旨

第18条 使用方法 ジメチルエチルメルカプトエチルチオホスフェイトを含有する製剤を使用してかんきつ類，りんご，梨，ぶどう，桃，あんず，梅，ホップ，菜種，桑，しちとうい又は食用に供されることがない観賞用植物若しくはその球根の害虫の防除を行う場合には，次の各号に定める基準によらなければならない。

1 次に掲げる者の実地の指導の下に行うこと。

　イ　薬事又は毒物若しくは劇物に関する試験研究又は事務に従事する厚生労働省又は都道府県若しくは市町村の技術職員

　ロ　法第8条に規定する毒物劇物取扱責任者の資格を有する者であって，都道府県知事の指定を受けたもの

　ハ　植物防疫法第3条第1項に規定する植物防疫官，同条第2項に規定する植物防疫員その他農作物の病害虫の防除に関する試験研究又は事務に従事する農林水産省の技術職員

　ニ　植物防疫法第33条第1項に規定する病害虫防除員であって，都道府県知事の指定を受けたもの

　ホ　農業改良助長法第8条第1項に規定する普及指導員であって，都道府県知事の指定を受けたもの

　ヘ　地方公共団体，農業協同組合，農業共済組合又は農業共済組合連合会の技術職員であって，都道府県知事の指定を受けたもの

2 あらかじめ，防除実施の目的，日時及び区域，使用する薬剤の品名及び数量並びに指導員の氏名及び資格を防除実施区域の市町村長を経由して(特別区及び保健所を設置する市の区域にあっては，直接)保健所長に届け出ること。

3 防除実施の2日前から防除終了後7日までの間，防除実施の日時及び区域を公示すること。

　4　菜種，桑又はしちとういの害虫の防除は，散布以外の方法によらないこと。

　5　かんきつ類，りんご，梨，ぶどう，桃，あんず，梅又は食用に供されることがない観賞用植物の害虫の防除は，散布及び塗布以外の方法によらないこと。

　6　ホップの害虫の防除は，塗布以外の方法によらないこと。

　7　食用に供されることがない観賞用植物の球根の害虫の防除は，浸漬以外の方法によらないこと。

　8　菜種の害虫の防除は，その抽苔_{たい}期間以外の時期に行わないこと。

第19条 `器具等の処置` ジメチルエチルメルカプトエチルチオホスフェイトを含有する製剤を使用して害虫の防除を行なったときは，防除に使用した器具及び被服であって，当該製剤が附着し，又は附着したおそれがあるものは，使用のつど，保健衛生上危害を生ずるおそれがないように処置しなければならない。

第20条 `空容器等の処置` 容器又は被包に収められたジメチルエチルメルカプトエチルチオホスフェイトを含有する製剤の全部を消費したときは，消費者は，その製剤が収められていた容器又は被包を保健衛生上危害を生ずるおそれがないように処置しなければならない。

第21条 `罰則` 第18条の規定に違反した者は，2年以下の懲役若しくは100万円以下の罰金に処し，又はこれを併科する。

2　前2条の規定に違反した者は，1年以下の懲役若しくは50万円以下の罰金に処し，又はこれを併科する。

3　法人の代表者又は法人若しくは人の代理人，使用人その他の従業者がその法人又は人の業務に関して前2項の違反行為をしたときは，その行為者を罰するほか，その法人又は人に対しても前2項の罰金刑を科する。

第4章　モノフルオール酢酸アミドを含有する製剤

第22条 `使用者及び用途` 法第3条の2第3項及び第5項の規定により，モノフルオール酢酸アミドを含有する製剤の使用者及び用途を次のように定める。

　1　使用者　国，地方公共団体，農業協同組合及び農業者の組織する団体であって**都道府県知事の指定を受けたもの**

　2　用途　かんきつ類，りんご，なし，桃又はかきの**害虫の防除**

第23条 `着色及び表示` 法第3条の2第9項の規定により，モノフルオール酢酸アミドを含有する製剤の着色及び表示の基準を次のように定める。

　1　**青色に着色**されていること。

　2　その容器及び被包に，次に掲げる事項が表示されていること。

　　イ　モノフルオール酢酸アミドを含有する製剤が入っている旨及びその内容量

　　ロ　かんきつ類，りんご，なし，桃又はかきの害虫の防除以外の用に使用してはならない旨

　　ハ　その製剤が口に入り，又は皮膚から吸収された場合には，著しい危害を生ずるおそれがある旨

　　ニ　その容器又は被包内の製剤の全部を消費したときは，消費者は，その容器
　　　又は被包を保健衛生上危害を生ずるおそれがないように処置しなければなら
　　　ない旨

第24条 使用方法 モノフルオール酢酸アミドを含有する製剤を使用してかんきつ
類，りんご，なし，桃又はかきの害虫の防除を行う場合には，次の各号に定める
基準によらなければならない。

　1　次に掲げる者の実地の指導の下に行うこと。

　　イ　薬事又は毒物若しくは劇物に関する試験研究又は事務に従事する厚生労働
　　　省又は都道府県若しくは市町村の技術職員

　　ロ　法第8条に規定する毒物劇物取扱責任者の資格を有する者であって，都道
　　　府県知事の指定を受けたもの

　　ハ　植物防疫法第3条第1項に規定する植物防疫官，同条第2項に規定する植
　　　物防疫員その他農作物の病害虫の防除に関する試験研究又は事務に従事する
　　　農林水産省の技術職員

　　ニ　植物防疫法第33条第1項に規定する病害虫防除員であって，都道府県知
　　　事の指定を受けたもの

　　ホ　農業改良助長法第8条第1項に規定する普及指導員であって，都道府県知
　　　事の指定を受けたもの

　　ヘ　農業協同組合の技術職員であって，都道府県知事の指定を受けたもの

　2　あらかじめ，防除実施の目的，日時及び区域，使用する薬剤の品名及び数量
　　並びに指導員の氏名及び資格を防除実施区域の市町村長を経由して(特別区及
　　び保健所を設置する市の区域にあっては，直接)保健所長に届け出ること。

　3　防除実施の2日前から防除終了後7日までの間，防除実施の日時及び区域を
　　公示すること。

　4　散布以外の方法によらないこと。

第25条 器具等の処置 モノフルオール酢酸アミドを含有する製剤を使用してかん
きつ類，りんご，なし，桃又はかきの害虫の防除を行ったときは，防除に使用し
た器具及び被服であって，当該製剤が附着し，又は附着したおそれがあるもの
は，使用のつど，保健衛生上危害を生ずるおそれがないように処置しなければな
らない。

第26条 空容器等の処置 容器又は被包に収められたモノフルオール酢酸アミドを
含有する製剤の全部を消費したときは，消費者は，その製剤が収められていた容
器又は被包を保健衛生上危害を生ずるおそれがないように処置しなければならな
い。

第27条 罰則 第24条の規定に違反した者は，2年以下の懲役若しくは100万円
以下の罰金に処し，又はこれを併科する。

　2　前2条の規定に違反した者は，1年以下の懲役若しくは50万円以下の罰金に処
　　し，又はこれを併科する。

3　法人の代表者又は法人若しくは人の代理人，使用人その他の従業者がその法人又は人の業務に関して前２項の違反行為をしたときは，その行為者を罰するほか，その法人又は人に対しても前２項の罰金刑を科する。

第５章　りん化アルミニウムとその分解促進剤とを含有する製剤

第２８条 使用者及び用途 **法第３条の２第３項及び第５項の規定**により，りん化アルミニウムとその分解促進剤とを含有する製剤の使用者及び用途を次のように定める。

　1　使用者

　　イ　国，地方公共団体，農業協同組合又は日本たばこ産業株式会社

　　ロ　くん蒸により倉庫内若しくはコンテナ内のねずみ，昆虫等を駆除することを業とする者又は営業のために倉庫を有する者であって，都道府県知事の指定を受けたもの

　　ハ　船長(船長の職務を行う者を含む。以下同じ。)又はくん蒸により船倉内のねずみ，昆虫等を駆除することを業とする者

　2　用途　倉庫内，コンテナ(産業標準化法(昭和24年法律第185号)に基づく日本産業規格Ｚ1610号(大形コンテナ)に適合するコンテナ又はこれと同等以上の内容積を有する密閉形コンテナに限る。以下同じ。)内又は船倉内における**ねずみ，昆虫等の駆除**(前号ロに掲げる者にあっては倉庫内又はコンテナ内，同号ハに掲げる者にあっては船倉内におけるものに限る。)

第２９条 品質及び表示 **法第３条の２第９項の規定**により，燐化アルミニウムとその分解促進剤とを含有する製剤の品質及び表示の基準を次のように定める。

　1　温度が25度，相対湿度が70パーセントの空気中において，その製剤中の燐化アルミニウムのすべてが分解するのに要する時間が12時間以上24時間以内であること。

　2　その製剤中の燐化アルミニウムが分解する場合に悪臭を発生するものであること。

　3　その容器及び被包に，次に掲げる事項が表示されていること。

　　イ　燐化アルミニウムとその分解促進剤とを含有する製剤が入っている旨

　　ロ　倉庫内，コンテナ内又は船倉内におけるねずみ，昆虫等の駆除以外の用に使用してはならない旨

　　ハ　空気に触れた場合に燐化水素を発生し，著しい危害を生ずるおそれがある旨

第３０条 使用方法 燐化アルミニウムとその分解促進剤とを含有する製剤を使用して倉庫内，コンテナ内又は船倉内のねずみ，昆虫等を駆除するための燻蒸作業(燐化水素を当該倉庫，当該コンテナ又は当該船倉から逸散させる作業を含む。)を行なう場合には，次の各号に定める基準によらなければならない。

　1　倉庫内におけるねずみ，昆虫等の駆除については，次の基準によること。

　　イ　燻蒸中は，当該倉庫のとびら，通風口等を閉鎖し，その他必要に応じ，当
　　　該倉庫について，燐化水素が当該倉庫の外部にもれることによる保健衛生上
　　　の危害の発生を防止するため必要な措置を講ずること。
　　ロ　燻蒸中及び燐化水素が当該倉庫から逸散し終わるまでの間，当該倉庫のと
　　　びら及びその附近の見やすい場所に，当該倉庫に近寄ることが著しく危険で
　　　ある旨を表示すること。
　2　コンテナ内におけるねずみ，昆虫等の駆除については，次の基準によるこ
　　と。
　　イ　燻蒸作業は，都道府県知事が指定した場所で行なうこと。
　　ロ　燻蒸中は，当該コンテナのとびら，通風口等を閉鎖し，その他必要に応
　　　じ，当該コンテナについて，燐化水素が当該コンテナの外部にもれることに
　　　よる保健衛生上の危害の発生を防止するため必要な措置を講ずること。
　　ハ　燻蒸中及び燐化水素が当該コンテナから逸散し終わるまでの間，当該コン
　　　テナのとびら及びその附近の見やすい場所に，当該コンテナに近寄ることが
　　　著しく危険である旨を表示すること。
　　ニ　燻蒸中及び燐化水素が当該コンテナから逸散し終わるまでの間，当該コン
　　　テナを移動させてはならないこと。
　3　船倉内におけるねずみ，昆虫等の駆除については，次の基準によること。
　　イ　使用者が船長以外の者であるときは，あらかじめ，燻蒸作業を始める旨を
　　　船長に通知すること。
　　ロ　燻蒸中は，当該船倉のとびら，通風口等を密閉し，その他必要に応じ，当
　　　該船倉について，燐化水素が当該船倉の外部にもれることを防ぐため必要な
　　　措置を講ずること。
　　ハ　燻蒸中は，当該船倉のとびら及びその附近の見やすい場所に，当該船倉内
　　　に立ち入ることが著しく危険である旨を表示すること。
　　ニ　燐化水素を当該船倉から逸散させるときは，逸散し終わるまでの間，当該
　　　船倉のとびら，逸散口及びそれらの附近の見やすい場所に，当該船倉に立ち
　　　入り，又は当該逸散口に近寄ることが著しく危険である旨を表示すること。
第31条 保管 燐化アルミニウムとその分解促進剤とを含有する製剤の保管は，密
　閉した容器で行わなければならない。
第32条 罰則 前2条の規定に違反した者は，2年以下の懲役若しくは100万円以
　下の罰金に処し，又はこれを併科する。
　2　法人の代表者又は法人若しくは人の代理人，使用人その他の従業者がその法人
　又は人の業務に関して前項の違反行為をしたときは，その行為者を罰するほか，
　その法人又は人に対しても同項の罰金刑を科する。

第5章の2　興奮，幻覚又は麻酔の作用を有する物

第32条の2 興奮，幻覚又は麻酔の作用を有する物 法第3条の3に規定する政令

で定める物は，トルエン並びに酢酸エチル，トルエン又はメタノールを含有するシンナー（塗料の粘度を減少させるために使用される有機溶剤をいう。），接着剤，塗料及び閉そく用又はシーリング用の充てん料とする。

第5章の3　発火性又は爆発性のある劇物

第32条の3 発火性又は爆発性のある劇物　法第3条の4に規定する政令で定める物は，亜塩素酸ナトリウム及びこれを含有する製剤（亜塩素酸ナトリウム30パーセント以上を含有するものに限る。），塩素酸塩類及びこれを含有する製剤（塩素酸塩類35パーセント以上を含有するものに限る。），ナトリウム並びにピクリン酸とする。

第6章　営業の登録及び特定毒物研究者の許可

第33条 登録票の交付等　都道府県知事（毒物又は劇物の販売業にあっては，その店舗の所在地が，地域保健法（昭和22年法律第101号）第5条第1項の政令で定める市（以下「保健所を設置する市」という。）又は特別区の区域にある場合においては，市長又は区長）は，毒物又は劇物の製造業，輸入業又は販売業の登録を行ったときは，厚生労働省令の定めるところにより，登録を申請した者に登録票を交付しなければならない。毒物又は劇物の製造業，輸入業又は販売業の登録を更新したときも，同様とする。

第34条 許可証の交付等　都道府県知事（特定毒物研究者の主たる研究所の所在地が，地方自治法（昭和22年法律第67号）第252条の19第1項の指定都市（以下「指定都市」という。）の区域にある場合においては，指定都市の長）は，特定毒物研究者の許可を与えたときは，厚生労働省令の定めるところにより，許可を申請した者に許可証を交付しなければならない。

第35条 登録票又は許可証の書換え交付　毒物劇物営業者又は特定毒物研究者は，登録票又は許可証の記載事項に変更を生じたときは，登録票又は許可証の書換え交付を申請することができる。

2　前項の申請は，厚生労働省令で定めるところにより，申請書に登録票又は許可証を添え，毒物劇物営業者にあってはその製造所，営業所又は店舗の所在地の都道府県知事（販売業にあってはその店舗の所在地が，保健所を設置する市又は特別区の区域にある場合においては，市長又は区長。次条第2項及び第3項並びに第36条の2第1項において同じ。）に，特定毒物研究者にあってはその主たる研究所の所在地の都道府県知事（その主たる研究所の所在地が，指定都市の区域にある場合においては，指定都市の長。次条第2項及び第3項，第36条の2第1項並びに第36条の6において同じ。）に対して行わなければならない。

第36条 登録票又は許可証の再交付　毒物劇物営業者又は特定毒物研究者は，登録票又は許可証を破り，汚し，又は失ったときは，登録票又は許可証の再交付を申請することができる。

2 前項の申請は，厚生労働省令で定めるところにより，毒物劇物営業者にあっては
その製造所，営業所又は店舗の所在地の都道府県知事に，特定毒物研究者にあ
ってはその主たる研究所の所在地の都道府県知事に対して行わなければならな
い。この場合において，登録票若しくは許可証を破り，又は汚した毒物劇物営業
者又は特定毒物研究者は，申請書にその登録票又は許可証を添えなければならな
い。

3 毒物劇物営業者又は特定毒物研究者は，登録票又は許可証の再交付を受けた
後，失った登録票又は許可証を発見したときは，毒物劇物営業者にあってはその
製造所，営業所又は店舗の所在地の都道府県知事に，特定毒物研究者にあっては
その主たる研究所の所在地の都道府県知事に，これを返納しなければならない。

第３６条の２ 登録票又は許可証の返納 毒物劇物営業者又は特定毒物研究者は，法
第１９条第２項若しくは第４項の規定により登録若しくは特定毒物研究者の許可
を取り消され，若しくは業務の停止の処分を受け，又は営業若しくは研究を廃止
したときは，毒物劇物営業者にあってはその製造所，営業所又は店舗の所在地の
都道府県知事に，特定毒物研究者にあってはその主たる研究所の所在地の都道府
県知事に，その登録票又は許可証を速やかに返納しなければならない。

2 都道府県知事，指定都市の長，保健所を設置する市の市長又は特別区の区長
は，法第１９条第４項の規定により業務の停止の処分を受けた者については，業
務停止の期間満了の後，登録票又は許可証を交付するものとする。

第３６条の３ 登録簿又は特定毒物研究者名簿 都道府県知事，指定都市の長，保健
所を設置する市の市長又は特別区の区長は，登録簿又は特定毒物研究者名簿を備
え，厚生労働省令で定めるところにより，必要な事項を記載するものとする。

第３６条の４ 特定毒物研究者の主たる研究所の所在地の変更 特定毒物研究者は，
都道府県又は指定都市の区域を異にしてその主たる研究所の所在地を変更したと
きは，その主たる研究所の所在地を変更した日において，その変更後の主たる研
究所の所在地の都道府県知事(その変更後の主たる研究所の所在地が，指定都市
の区域にある場合においては，指定都市の長。以下この条において「新管轄都道
府県知事」という。)による法第３条の２第１項の許可を受けたものとみなす。

2 新管轄都道府県知事は，法第１０条第２項の届出が都道府県又は指定都市の区
域を異にしてその主たる研究所の所在地を変更した特定毒物研究者からあったと
きは，当該特定毒物研究者の変更前の主たる研究所の所在地の都道府県知事(そ
の変更前の主たる研究所の所在地が，指定都市の区域にある場合においては，指
定都市の長。次項において「旧管轄都道府県知事」という。)にその旨を通知しな
ければならない。

3 前項の規定による通知を受けた旧管轄都道府県知事は，特定毒物研究者名簿の
うち同項の特定毒物研究者に関する部分を新管轄都道府県知事に送付しなければ
ならない。

第３６条の５ 厚生労働省令で定める者に係る保健衛生上の危害の防止のための措

置 特定毒物研究者のうち厚生労働省令で定める者は，その者が主たる研究所において毒物又は劇物による保健衛生上の危害を確実に防止するために必要な設備の設置，補助者の配置その他の措置を講じなければならない。

2　毒物劇物営業者は，毒物劇物取扱責任者として厚生労働省令で定める者を置くときは，当該毒物劇物取扱責任者がその製造所，営業所又は店舗において毒物又は劇物による保健衛生上の危害を確実に防止するために必要な設備の設置，補助者の配置その他の措置を講じなければならない。

3　前項の規定は，毒物劇物取扱責任者を同項に規定する者に変更する場合について準用する。

第３６条の６ 行政処分に関する通知 都道府県知事又は指定都市の長は，主たる研究所の所在地が他の都道府県又は指定都市の区域にある特定毒物研究者について，適当な措置をとることが必要であると認めるときは，理由を付して，その主たる研究所の所在地の都道府県知事にその旨を通知しなければならない。

第３６条の７ 権限の委任 この政令に規定する厚生労働大臣の権限は，厚生労働省令で定めるところにより，地方厚生局長に委任することができる。

2　前項の規定により地方厚生局長に委任された権限は，厚生労働省令で定めるところにより，地方厚生支局長に委任することができる。

第３７条 省令への委任 この章に定めるもののほか，毒物又は劇物の営業の登録及び登録の更新，特定毒物研究者の許可及び届出並びに特定毒物研究者についての法第１９条第４項の処分に関し必要な事項は，厚生労働省令で定める。

第７章　危害防止の措置を講ずべき毒物等含有物

第３８条 毒物又は劇物を含有する物 法第１１条第２項に規定する政令で定める物は，次のとおりとする。

　１　無機シアン化合物たる毒物を含有する液体状の物(シアン含有量が１リットルにつき１ミリグラム以下のものを除く。)

　２　塩化水素，硝酸若しくは硫酸又は水酸化カリウム若しくは水酸化ナトリウムを含有する液体状の物(水で10倍に希釈した場合の水素イオン濃度が水素指数2.0から12.0までのものを除く。)

2　前項の数値は，厚生労働省令で定める方法により定量した場合における数値とする。

第８章　特定の用途に供される毒物又は劇物

第３９条 着色すべき農業用劇物 法第１３条に規定する政令で定める劇物は，次のとおりとする。

　１　硫酸タリウムを含有する製剤たる劇物

　２　燐化亜鉛を含有する製剤たる劇物

第３９条の２ 劇物たる家庭用品 法第１３条の２に規定する政令で定める劇物は，

別表第１の上欄に掲げる物とし，同条に規定する政令で定める基準は，同表の上欄に掲げる物に応じ，その成分の含量については同表の中欄に，容器又は被包については同表の下欄に掲げるとおりとする。

第８章の２　毒物又は劇物の譲渡手続

第３９条の３ 毒物又は劇物の譲渡手続に係る情報通信の技術を利用する方法 毒物劇物営業者は，法第１４条第３項の規定により同項に規定する事項の提供を受けようとするときは，厚生労働省令で定めるところにより，あらかじめ，当該譲受人に対し，その用いる同項前段に規定する方法(以下この条において「電磁的方法」という。)の種類及び内容を示し，書面又は電磁的方法による承諾を得なければならない。

2　前項の規定による承諾を得た毒物劇物営業者は，当該譲受人から書面又は電磁的方法により電磁的方法による提供を行わない旨の申出があったときは，当該譲受人から，法第１４条第３項に規定する事項の提供を電磁的方法によって受けてはならない。ただし，当該譲受人が再び前項の規定による承諾をした場合は，この限りでない。

第９章　毒物及び劇物の廃棄

第４０条 廃棄の方法 法第１５条の２の規定により，毒物若しくは劇物又は法第１１条第２項に規定する政令で定める物の廃棄の方法に関する技術上の基準を次のように定める。

　1　中和，加水分解，酸化，還元，稀釈その他の方法により，毒物及び劇物並びに法第１１条第２項に規定する政令で定める物のいずれにも該当しない物とすること。

　2　ガス体又は揮発性の毒物又は劇物は，保健衛生上危害を生ずるおそれがない場所で，少量ずつ放出し，又は揮発させること。

　3　可燃性の毒物又は劇物は，保健衛生上危害を生ずるおそれがない場所で，少量ずつ燃焼させること。

　4　前各号により難い場合には，地下１メートル以上で，かつ，地下水を汚染するおそれがない地中に確実に埋め，海面上に引き上げられ，若しくは浮き上がるおそれがない方法で海水中に沈め，又は保健衛生上危害を生ずるおそれがないその他の方法で処理すること。

第９章の２　毒物及び劇物の運搬

第４０条の２ 容器 四アルキル鉛を含有する製剤(自動車燃料用アンチノック剤を除く。)を運搬する場合には，その容器は，産業標準化法に基づく日本産業規格Ｚ1601号(鋼製ドラム缶)第一種に適合するドラム缶又はこれと同等以上の強度を有するドラム缶でなければならない。

2 四アルキル鉛を含有する製剤(自動車燃料用アンチノック剤に限る。)を運搬する場合には,その容器は,産業標準化法に基づく日本産業規格 Z 1601号(鋼製ドラム缶)第一種に適合するドラム缶若しくはこれと同等以上の強度を有するドラム缶又は当該製剤の国際海事機関が採択した危険物の運送に関する規程に定める基準に適合している容器であって厚生労働省令で定めるものでなければならない。

3 無機シアン化合物たる毒物(液体状のものに限る。)を内容積が1000リットル以上の容器に収納して運搬する場合には,その容器は,次の各号に定める基準に適合するもの又は高圧ガス保安法(昭和26年法律第204号)第44条第1項の容器検査に合格したもの若しくは同項第1号若しくは第2号に掲げるものでなければならない。

1 容器の内容積は,10,000リットル以下であること。

2 容器並びにそのマンホール及び注入口の蓋の材質は,産業標準化法に基づく日本産業規格 G 3101号(一般構造用圧延鋼材)に適合する鋼材又はこれと同等以上の強度を有する鋼材であること。

3 容器並びにそのマンホール及び注入口の蓋に使用される鋼板の厚さは,**4ミリメートル以上**であること。

4 常用の温度において294キロパスカルの圧力(ゲージ圧力をいう。以下同じ。)で行う**水圧試験**において,漏れ,又は変形しないものであること。

5 内容積が2,000リットル以上の容器にあっては,その内部に**防波板**が設けられていること。

6 弁及び配管は,**鋼製**であること。

7 容器の外部に突出しているマンホール,注入口その他の附属装置には,厚さ2.3ミリメートル以上の鋼板で作られた山形の防護枠が取り付けられていること。

4 ふっ化水素又はこれを含有する製剤(ふっ化水素70パーセント以上を含有するものに限る。)を内容積が1,000リットル以上の容器に収納して運搬する場合には,その容器は,前項第1号,第2号及び第5号から第7号までに定めるもののほか,次の各号に定める基準に適合するものでなければならない。

1 容器並びにそのマンホール及び注入口の蓋に使用される鋼板の厚さは,**6ミリメートル以上**であること。

2 常用の温度において490キロパスカルの圧力で行う**水圧試験**において,漏れ,又は変形しないものであること。

3 内容積が5,000リットル以上の容器にあっては,当該容器内の温度を40度以下に保つことができる**断熱材**が使用されていること。

4 内容積が2,000リットル以上の容器にあっては,弁がその容器の上部に設けられていること。

5 ふっ化水素を含有する製剤(ふっ化水素70パーセント以上を含有するものを除

　く。)を内容積が1,000リットル以上の**容器に収納して運搬する場合**には，その容器は，第3項第1号，第2号，第4号，第5号及び第7号並びに前項第4号に定めるもののほか，次の各号に定める基準に適合するものでなければならない。

　1　容器並びにそのマンホール及び注入口の蓋に使用される鋼板の厚さは，**4.5ミリメートル以上**であること。

　2　容器の内面がポリエチレンその他の**腐食され難い物質で被覆**されていること。

　3　弁は，プラスチック製又はプラスチック皮膜を施した鋼製であり，配管は，プラスチック皮膜を施した鋼製であること。この場合において，使用されるプラスチックは，ポリプロピレンその他の腐食され難いものでなければならない。

6　無機シアン化合物たる毒物(液体状のものに限る。)又はふっ化水素若しくはこれを含有する製剤の国際海事機関が採択した危険物の運送に関する規程に定める基準に適合している容器であって厚生労働省令で定めるものによる運搬については，厚生労働省令で，前3項に掲げる基準の特例を定めることができる。

7　無機シアン化合物たる毒物(液体状のものに限る。)又はふっ化水素若しくはこれを含有する製剤の船舶による運搬については，第3項から前項までの規定は，適用しない。

第40条の3 容器又は被包の使用　四アルキル鉛を含有する製剤は，次の各号に適合する場合でなければ，運搬してはならない。ただし，次項に規定する場合は，この限りでない。

　1　ドラム缶内に**10パーセント以上の空間**が残されていること。

　2　ドラム缶の口金が締められていること。

　3　ドラム缶ごとにその内容が**四アルキル鉛を含有する製剤である旨の表示**がなされていること。

2　四アルキル鉛を含有する製剤(自動車燃料用アンチノック剤に限る。)を前条第2項に規定する厚生労働省令で定める容器により運搬する場合には，容器ごとにその内容が四アルキル鉛を含有する製剤であって自動車燃料用アンチノック剤である旨の表示がなされていることその他の厚生労働省令で定める要件を満たすものでなければ，運搬してはならない。

3　毒物(四アルキル鉛を含有する製剤を除く。以下この項において同じ。)又は劇物は，次の各号に適合する場合でなければ，車両(道路交通法(昭和35年法律第105号)第2条第8号に規定する車両をいう。以下同じ。)を使用して，又は鉄道によって運搬してはならない。

　1　**容器又は被包に収納**されていること。

　2　ふたをし，弁を閉じる等の方法により，容器又は被包が**密閉**されていること。

　3　**1回につき1,000キログラム以上運搬**する場合には，容器又は被包の外部

に，その収納した**毒物又は劇物の名称及び成分の表示**がなされていること。

第40条の4 積載の態様 四アルキル鉛を含有する製剤を運搬する場合には，その積載の態様は，次の各号に定める基準に適合するものでなければならない。ただし，次項に規定する場合は，この限りでない。

1　ドラム缶の下に厚いむしろの類が敷かれていること。

2　ドラム缶は，その口金が上位になるように置かれていること。

3　ドラム缶が積み重ねられていないこと。

4　ドラム缶が落下し，転倒し，又は破損することのないように積載されていること。

5　積載装置を備える車両を使用して運搬する場合には，ドラム缶が当該積載装置の長さ又は幅を超えないように積載されていること。

6　四アルキル鉛を含有する製剤及び四アルキル鉛を含有する製剤の空容器以外の物と混載されていないこと。

2　四アルキル鉛を含有する製剤（自動車燃料用アンチノック剤に限る。）を第40条の2第2項に規定する厚生労働省令で定める容器により運搬する場合には，その積載の態様は，次の各号に定める基準に適合するものでなければならない。

1　容器は，その開口部が上位になるように置かれていること。

2　容器が積み重ねられていないこと。

3　容器が落下し，転倒し，又は破損することのないように積載されていること。

4　積載装置を備える車両を使用して運搬する場合には，容器が当該積載装置の長さ又は幅を超えないように積載されていること。

5　四アルキル鉛を含有する製剤及び四アルキル鉛を含有する製剤の空容器以外の物と混載されていないこと。

3　弗化水素又はこれを含有する製剤（弗化水素70パーセント以上を含有するものに限る。）を車両を使用して，又は鉄道によって運搬する場合には，その積載の態様は，次の各号に定める基準に適合するものでなければならない。

1　容器又は被包に対する日光の直射を防ぐための措置が講じられていること。ただし，容器内の温度を40度以下に保つことができる断熱材が使用されている場合は，この限りでない。

2　容器又は被包が落下し，転倒し，又は破損することのないように積載されていること。

3　積載装置を備える車両を使用して運搬する場合には，容器又は被包が当該積載装置の長さ又は幅を超えないように積載されていること。

4　毒物（四アルキル鉛を含有する製剤並びに弗化水素及びこれを含有する製剤（弗化水素70パーセント以上を含有するものに限る。）を除く。）又は劇物を車両を使用して，又は鉄道によって運搬する場合には，その積載の態様は，前項第2号及び第3号に定める基準に適合するものでなければならない。

第４０条の５ 運搬方法 四アルキル鉛を含有する製剤を鉄道によって運搬する場合には，**有がい貨車**を用いなければならない。

2　**別表第２**に掲げる毒物又は劇物を車両を使用して**１回につき5,000キログラム以上運搬する場合**には，その運搬方法は，次の各号に定める基準に適合するものでなければならない。

　1　厚生労働省令で定める時間を超えて運搬する場合には，車両１台について運転者のほか**交替して運転する者を同乗**させること。

　2　車両には，厚生労働省令で定めるところにより**標識を掲げる**こと。

　3　車両には，防毒マスク，ゴム手袋その他事故の際に応急の措置を講ずるために必要な**保護具**で厚生労働省令で定めるものを２人分以上備えること。

　4　車両には，**運搬する毒物又は劇物の名称，成分及びその含量並びに事故の際に講じなければならない応急の措置の内容を記載した書面**を備えること。

第４０条の６ 荷送人の通知義務 毒物又は劇物を車両を使用して，又は鉄道によって運搬する場合で，当該運搬を他に委託するときは，その荷送人は，運送人に対し，あらかじめ，**当該毒物又は劇物の名称，成分及びその含量並びに数量並びに事故の際に講じなければならない応急の措置の内容を記載した書面を交付**しなければならない。ただし，厚生労働省令で定める数量以下の毒物又は劇物を運搬する場合は，この限りでない。

2　前項の荷送人は，同項の規定による書面の交付に代えて，当該運送人の承諾を得て，当該書面に記載すべき事項を電子情報処理組織を使用する方法その他の情報通信の技術を利用する方法であって厚生労働省令で定めるもの（以下この条において「電磁的方法」という。）により提供することができる。この場合において，当該荷送人は，当該書面を交付したものとみなす。

3　第１項の荷送人は，前項の規定により同項に規定する事項を提供しようとするときは，厚生労働省令で定めるところにより，あらかじめ，当該運送人に対し，その用いる電磁的方法の種類及び内容を示し，書面又は電磁的方法による承諾を得なければならない。

4　前項の規定による承諾を得た荷送人は，当該運送人から書面又は電磁的方法により電磁的方法による提供を受けない旨の申出があったときは，当該運送人に対し，第２項に規定する事項の提供を電磁的方法によってしてはならない。ただし，当該運送人が再び前項の規定による承諾をした場合は，この限りでない。

第４０条の７ 船舶による運搬 船舶により四アルキル鉛を含有する製剤を運搬する場合には，第４０条の２から第４０条の４までの規定にかかわらず，船舶安全法（昭和8年法律第11号）第２８条第１項の規定に基づく国土交通省令の定めるところによらなければならない。

第４０条の８ 罰則 第４０条の２第１項から第５項まで，第４０条の３から第４０条の５まで，第４０条の６第１項又は前条の規定に違反した者は，２年以下の懲役若しくは100万円以下の罰金に処し，又はこれを併科する。

2　法人の代表者又は法人若しくは人の代理人，使用人その他の従業者がその法人又は人の業務に関して前項の違反行為をしたときは，その行為者を罰するほか，その法人又は人に対しても同項の罰金刑を科する。

第9章の3　毒物劇物営業者等による情報の提供

第40条の9　毒物劇物営業者は，毒物又は劇物を販売し，又は授与するときは，その販売し，又は授与する時までに，譲受人に対し，当該毒物又は劇物の性状及び取扱いに関する情報を提供しなければならない。ただし，当該毒物劇物営業者により，当該譲受人に対し，既に当該毒物又は劇物の性状及び取扱いに関する情報の提供が行われている場合その他厚生労働省令で定める場合は，この限りでない。

2　毒物劇物営業者は，前項の規定により提供した毒物又は劇物の性状及び取扱いに関する情報の内容に変更を行う必要が生じたときは，速やかに，当該譲受人に対し，変更後の当該毒物又は劇物の性状及び取扱いに関する情報を提供するよう努めなければならない。

3　前2項の規定は，特定毒物研究者が製造した特定毒物を譲り渡す場合について準用する。

4　前3項に定めるもののほか，毒物劇物営業者又は特定毒物研究者による毒物又は劇物の譲受人に対する情報の提供に関し必要な事項は，厚生労働省令で定める。

第10章　業務上取扱者の届出

第41条　業務上取扱者の届出　法第22条第1項に規定する政令で定める事業は，次のとおりとする。

　1　電気めっきを行う事業
　2　金属熱処理を行う事業
　3　最大積載量が5,000キログラム以上の自動車若しくは被牽引自動車（以下「大型自動車」という。）に固定された容器を用い，又は内容積が厚生労働省令で定める量以上の容器を大型自動車に積載して行う毒物又は劇物の運送の事業
　4　しろありの防除を行う事業

第42条　法第22条第1項に規定する政令で定める毒物又は劇物は，次の各号に掲げる事業にあっては，それぞれ当該各号に定める物とする。

　1　前条第1号及び第2号に掲げる事業　無機シアン化合物たる毒物及びこれを含有する製剤
　2　前条第3号に掲げる事業　別表第2に掲げる物
　3　前条第4号に掲げる事業　砒素化合物たる毒物及びこれを含有する製剤

〈別表第１〉（第39条の２関係）

→ 劇物たる家庭用品

1　塩化水素又は硫酸を含有する製剤たる劇物（住宅用の洗浄剤で液体状のものに限る。）	1　塩化水素若しくは硫酸の含量又は塩化水素と硫酸とを合わせた含量が15パーセント以下であること。 2　当該製剤１ミリリットルを中和するのに要する0.1モル毎リットル水酸化ナトリウム溶液の消費量が厚生労働省令で定める方法により定量した場合において45ミリリットル以下であること。	品質及び構造が耐酸性試験，漏れ試験その他の厚生労働省令で定める試験に合格するものであること。
2　ジメチル−2,2−ジクロルビニルホスフェイト（別名DDVP）を含有する製剤（衣料用の防虫剤に限る。）	ジメチル−2,2−ジクロルビニルホスフェイトの空気中の濃度が厚生労働省令で定める方法により定量した場合において１立方メートル当たり0.25ミリグラム以下となるものであること。	1　当該製剤に直接触れることができない構造であること。 2　当該製剤が漏出しない構造であること。

〈別表第２〉（第42条関係）

→ 最大積載量5,000キログラム以上の大型自動車に固定された容器を用い，又は内容積が厚生労働省令で定める量以上の容器を大型自動車に積載して行う毒物又は劇物の運送の事業に指定される毒物劇物

1　黄燐
2　四アルキル鉛を含有する製剤
3　無機シアン化合物たる毒物及びこれを含有する製剤で液体状のもの
4　弗化水素及びこれを含有する製剤
5　アクリルニトリル
6　アクロレイン
7　アンモニア及びこれを含有する製剤（アンモニア10パーセント以下を含有するものを除く。）で液体状のもの
8　塩化水素及びこれを含有する製剤（塩化水素10パーセント以下を含有するものを除く。）で液体状のもの
9　塩素
10　過酸化水素及びこれを含有する製剤（過酸化水素６パーセント以下を含有するものを除く。）

11　クロルスルホン酸

12　クロルピクリン

13　クロルメチル

14　硅弗化水素酸

15　ジメチル硫酸

16　臭素

17　硝酸及びこれを含有する製剤(硝酸10パーセント以下を含有するものを除く。)
　　で液体状のもの

18　水酸化カリウム及びこれを含有する製剤(水酸化カリウム5パーセント以下を
　　含有するものを除く。)で液体状のもの

19　水酸化ナトリウム及びこれを含有する製剤(水酸化ナトリウム5パーセント以
　　下を含有するものを除く。)で液体状のもの

20　ニトロベンゼン

21　発煙硫酸

22　ホルムアルデヒド及びこれを含有する製剤(ホルムアルデヒド1パーセント以
　　下を含有するものを除く。)で液体状のもの

23　硫酸及びこれを含有する製剤(硫酸10パーセント以下を含有するものを除く。)
　　で液体状のもの

■4■　毒物及び劇物取締法施行規則

学習の道しるべ

　毒物及び劇物の取扱いに関する具体的な実務手続きの方法や取扱いの基準などが定められ，施行令よりも実務的な内容になっています。実務を行う際の様々な手続きの書式や様式も入っていますので，参考にしてください。

　別表第1には農業用品目，別表第2には特定品目の販売業者が取り扱う品名が記載されています。

第1条 登録の申請 毒物及び劇物取締法（昭和25年法律第303号。以下「法」という。）第4条第2項の毒物又は劇物の製造業又は輸入業の登録申請書は，**別記第1号様式**によるものとする。

2　前項の登録申請書には，次に掲げる書類を添付しなければならない。ただし，法の規定による登録等の申請又は届出（以下「申請等の行為」という。）の際都道府県知事に提出された書類については，当該登録申請書にその旨が付記されたときは，この限りでない。

　　1　毒物若しくは劇物を直接取り扱う製造所又は営業所の設備の概要図

　　2　申請者が法人であるときは，定款若しくは寄附行為又は登記事項証明書

3　前項の場合において，同項第2号に掲げる書類について，当該登録申請書の提出先とされる都道府県知事が，インターネットにおいて識別するための文字，記号その他の符号又はこれらの結合をその使用に係る電子計算機に入力することによって，自動公衆送信装置（著作権法（昭和45年法律第48号）第2条第1項第9号の5イに規定する自動公衆送信装置をいう。）に記録されている情報のうち前項第2号に掲げる書類の内容を閲覧し，かつ，当該電子計算機に備えられたファイルに当該情報を記録することができるときは，前項の規定にかかわらず，第1項の登録申請書に前項第2号に掲げる書類を添付することを要しない。

第2条　法第4条第2項の毒物又は劇物の販売業の登録申請書は，**別記第2号様式**によるものとする。

2　前項の登録申請書には，次に掲げる書類を添付しなければならない。ただし，申請等の行為又は医薬品，医療機器等の品質，有効性及び安全性の確保等に関する法律（昭和35年法律第145号）第4条第1項の許可若しくは同法第24条第1項の許可の申請の際当該登録申請書の提出先とされている都道府県知事，地域保健法（昭和22年法律第101号）第5条第1項の政令で定める市（以下「保健所を設置する市」という。）の市長若しくは特別区の区長に提出された書類については，当該登録申請書にその旨が付記されたときは，この限りでない。

1　毒物又は劇物を直接取り扱う店舗の設備の概要図

2　申請者が法人であるときは，定款若しくは寄附行為又は登記事項証明書

3　前項の場合において，同項第2号に掲げる書類について，当該登録申請書の提出先とされる都道府県知事，保健所を設置する市の市長若しくは特別区の区長が，インターネットにおいて識別するための文字，記号その他の符号又はこれらの結合をその使用に係る電子計算機に入力することによって，自動公衆送信装置（著作権法（昭和45年法律第48号）第2条第1項第9号の5イに規定する自動公衆送信装置をいう。）に記録されている情報のうち前項第2号に掲げる書類の内容を閲覧し，かつ，当該電子計算機に備えられたファイルに当該情報を記録することができるときは，前項の規定にかかわらず，第1項の登録申請書に前項第2号に掲げる書類を添付することを要しない。

第3条　登録票の様式　毒物又は劇物の製造業，輸入業又は販売業の登録票は，**別記第3号様式**によるものとする。

第4条　登録の更新の申請　法第4条第3項の毒物又は劇物の製造業又は輸入業の登録の更新は，**登録の日から起算して5年を経過した日の1ヵ月前までに，別記第4号様式**による登録更新申請書に登録票を添えて提出することによって行うものとする。

2　法第4条第3項の毒物又は劇物の販売業の登録の更新は，**登録の日から起算して6年を経過した日の1ヵ月前までに，別記第5号様式**による登録更新申請書に登録票を添えて提出することによって行うものとする。

第4条の2　農業用品目販売業者の取り扱う毒物及び劇物　法第4条の3第1項に規定する厚生労働省令で定める毒物及び劇物は，**別表第1**に掲げる毒物及び劇物とする。

第4条の3　特定品目販売業者の取り扱う劇物　法第4条の3第2項に規定する厚生労働省令で定める劇物は，**別表第2**に掲げる劇物とする。

第4条の4　製造所等の設備　毒物又は劇物の製造所の設備の基準は，次のとおりとする。

1　毒物又は劇物の製造作業を行なう場所は，次に定めるところに適合するものであること。

イ　コンクリート，板張り又はこれに準ずる構造とする等その外に毒物又は劇物が飛散し，漏れ，しみ出若しくは流れ出，又は地下にしみ込むおそれのない構造であること。

ロ　毒物又は劇物を含有する粉じん，蒸気又は廃水の処理に要する設備又は器具を備えていること。

2　毒物又は劇物の貯蔵設備は，次に定めるところに適合するものであること。

イ　毒物又は劇物とその他の物とを区分して貯蔵できるものであること。

ロ　毒物又は劇物を貯蔵するタンク，ドラムかん，その他の容器は，毒物又は劇物が飛散し，漏れ，又はしみ出るおそれのないものであること。

　　　ハ　貯水池その他容器を用いないで毒物又は劇物を貯蔵する設備は，毒物又は
　　　　劇物が飛散し，地下にしみ込み，又は流れ出るおそれがないものであるこ
　　　　と。
　　　ニ　毒物又は劇物を貯蔵する場所にかぎをかける設備があること。ただし，そ
　　　　の場所が性質上かぎをかけることができないものであるときは，この限りで
　　　　ない。
　　　ホ　毒物又は劇物を貯蔵する場所が性質上かぎをかけることができないもので
　　　　あるときは，その周囲に，堅固なさくが設けてあること。
　　3　毒物又は劇物を陳列する場所にかぎをかける設備があること。
　　4　毒物又は劇物の運搬用具は，毒物又は劇物が飛散し，漏れ，又はしみ出るお
　　　それがないものであること。
2　毒物又は劇物の輸入業の営業所及び販売業の店舗の設備の基準については，前
　項第2号から第4号までの規定を準用する。

第4条の5 登録簿の記載事項 登録簿に記載する事項は，**法第6条**に規定する事項
　のほか，次のとおりとする。
　　1　登録番号及び登録年月日
　　2　製造所，営業所又は店舗の名称
　　3　毒物劇物取扱責任者の氏名及び住所

第4条の6 特定毒物研究者の許可の申請 **法第6条の2第1項**の許可申請書は，**別
記第6号様式**によるものとする。
2　前項の許可申請書には，次に掲げる書類を添付しなければならない。ただし，
　申請等の行為の際当該許可申請書の提出先とされている都道府県知事(特定毒物
　研究者の主たる研究所の所在地が，地方自治法(昭和22年法律第67号)第252条
　の19第1項の指定都市(以下「指定都市」という。)の区域にある場合において
　は，指定都市の長。第4条の8において同じ。)に提出された書類については，当
　該許可申請書にその旨が付記されたときは，この限りでない。
　　1　申請者の履歴書
　　2　研究所の設備の概要図
　　3　**法第6条の2第3項第1号又は第2号**に該当するかどうかに関する医師の診
　　　断書
　　4　第11条の3の2第1項に規定する者にあっては，**毒物及び劇物取締法施行
　　　令**(昭和30年政令第261号。以下「令」という。)**第36条の5第1項**の規定によ
　　　り講じる措置の内容を記載した書面

第4条の7 法第6条の2第3項第1号の厚生労働省令で定める者 **法第6条の2第
3項第1号**の厚生労働省令で定める者は，精神の機能の障害により特定毒物研究
者の業務を適正に行うに当たって必要な認知，判断及び意思疎通を適切に行うこ
とができない者とする。

第4条の8 治療等の考慮 都道府県知事は，特定毒物研究者の許可の申請を行った

者が前条に規定する者に該当すると認める場合において，当該者に当該許可を与えるかどうかを決定するときは，当該者が現に受けている治療等により障害の程度が軽減している状況を考慮しなければならない。

第4条の9 許可証の様式 特定毒物研究者の許可証は，別記第7号様式によるものとする。

第4条の10 特定毒物研究者名簿の記載事項 特定毒物研究者名簿に記載する事項は，次のとおりとする。

1　許可番号及び許可年月日

2　特定毒物研究者の氏名及び住所

3　主たる研究所の名称及び所在地

4　特定毒物を必要とする研究事項

5　特定毒物の品目

6　令第36条の4第3項の規定による特定毒物研究者名簿の送付が行われる場合にあっては，許可の権限を有する者の変更があった旨及びその年月日

第5条 毒物劇物取扱責任者に関する届出 法第7条第3項の届出は，別記第8号様式による届書を提出することによって行うものとする。

2　前項の届書には，次に掲げる書類を添付しなければならない。ただし，申請等の行為の際当該届書の提出先とされている都道府県知事，保健所を設置する市の市長又は特別区の区長に提出された書類については，当該届書にその旨が付記されたときは，この限りでない。

1　薬剤師免許証の写し，法第8条第1項第2号に規定する学校を卒業したことを証する書類又は同項第3号に規定する試験に合格したことを証する書類

2　法第8条第2項第2号又は第3号に該当するかどうかに関する医師の診断書

3　法第8条第2項第4号に該当しないことを証する書類

4　雇用契約書の写しその他毒物劇物営業者の毒物劇物取扱責任者に対する使用関係を証する書類

5　毒物劇物取扱責任者として第11条の3の2第2項において準用する同条第1項に規定する者を置く場合にあっては，令第36条の5第2項の規定により講じる措置の内容を記載した書面

3　前2項の規定は，毒物劇物営業者が毒物劇物取扱責任者を変更したときに準用する。この場合において，第1項中「別記第8号様式」とあるのは，「別記第9号様式」と読み替えるものとする。

第6条 学校の指定 法第8条第1項第2号に規定する学校とは，学校教育法(昭和22年法律第26号)第50条に規定する高等学校又はこれと同等以上の学校をいう。

第6条の2 法第8条第2項第2号の厚生労働省令で定める者 第4条の7の規定は，法第8条第2項第2号の厚生労働省令で定める者について準用する。この場合において，「特定毒物研究者」とあるのは，「毒物劇物取扱責任者」と読み替え

るものとする。

第7条　毒物劇物取扱者試験　法第8条第1項第3号に規定する毒物劇物取扱者試験は，筆記試験及び実地試験とする。

2　筆記試験は，左の事項について行う。

　1　毒物及び劇物に関する法規

　2　基礎化学

　3　毒物及び劇物(農業用品目毒物劇物取扱者試験にあっては別表第1に掲げる毒物及び劇物，特定品目毒物劇物取扱者試験にあっては別表第2に掲げる劇物に限る。)の性質及び貯蔵その他取扱方法

3　実地試験は，左の事項について行う。

　　毒物及び劇物(農業用品目毒物劇物取扱者試験にあっては別表第1に掲げる毒物及び劇物，特定品目毒物劇物取扱者試験にあっては別表第2に掲げる劇物に限る。)の識別及び取扱方法

第8条　都道府県知事は，毒物劇物取扱者試験を実施する期日及び場所を定めたときは，少なくとも試験を行う1ヵ月前までに公告しなければならない。

第9条　合格証の交付　都道府県知事は，毒物劇物取扱者試験に合格した者に合格証を交付しなければならない。

第10条　登録の変更の申請　法第9条第2項において準用する法第4条第2項の登録変更申請書は，別記第10号様式によるものとする。

2　都道府県知事は，登録の変更をしたときは，遅滞なく，その旨及びその年月日を申請者に通知しなければならない。

第10条の2　営業者の届出事項　法第10条第1項第3号に規定する厚生労働省令で定める事項は，次のとおりとする。

　1　製造所，営業所又は店舗の名称

　2　登録に係る毒物又は劇物の品目(当該品目の製造又は輸入を廃止した場合に限る。)

第10条の3　特定毒物研究者の届出事項　法第10条第2項第2号に規定する厚生労働省令で定める事項は，次のとおりとする。

　1　主たる研究所の名称又は所在地

　2　特定毒物を必要とする研究事項

　3　特定毒物の品目

　4　主たる研究所の設備の重要な部分

第11条　毒物劇物営業者及び特定毒物研究者の届出　法第10条第1項又は第2項の届出は，別記第11号様式による届書を提出することによって行うものとする。

2　前項の届書(法第10条第1項第2号又は第10条の3第1号若しくは第4号に掲げる事項に係るものに限る。)には，設備の概要図を添付しなければならない。ただし，申請等の行為の際当該届書の提出先とされている都道府県知事，指定都市の長，保健所を設置する市の市長又は特別区の区長に提出された設備の概

要図については，当該届書にその旨が付記されたときは，この限りでない。

第11条の2 登録票又は許可証の書換え交付の申請書の様式　令第35条第2項の申請書は，**別記第12号様式**によるものとする。

第11条の3 登録票又は許可証の再交付の申請書の様式　令第36条第2項の申請書は，**別記第13号様式**によるものとする。

第11条の3の2 令第36条の5第1項の厚生労働省令で定める者等　令第36条の5第1項の厚生労働省令で定める者は，視覚，聴覚又は音声機能若しくは言語機能の障害により，特定毒物研究者の業務を行うに当たって必要な認知，判断及び意思疎通を適切に行うために同項に規定する措置を講じることが必要な者とする。

2　前項の規定は，**令第36条の5第2項**の厚生労働省令で定める者について準用する。この場合において，「特定毒物研究者」とあるのは，「毒物劇物取扱責任者」と読み替えるものとする。

第11条の4 飲食物の容器を使用してはならない劇物　法第11条第4項に規定する劇物は，**すべての劇物**とする。

第11条の5 解毒剤に関する表示　法第12条第2項第3号に規定する毒物及び劇物は，**有機燐化合物及びこれを含有する製剤**たる毒物及び劇物とし，同号に規定するその解毒剤は，**2－ピリジルアルドキシムメチオダイド（別名PAM）の製剤及び硫酸アトロピンの製剤**とする。

第11条の6 取扱及び使用上特に必要な表示事項　法第12条第2項第4号に規定する毒物又は劇物の取扱及び使用上特に必要な表示事項は，左の通りとする。

1　毒物又は劇物の製造業者又は輸入業者が，その製造し，又は輸入した毒物又は劇物を販売し，又は授与するときは，その氏名及び住所（法人にあっては，その名称及び主たる事務所の所在地）

2　毒物又は劇物の製造業者又は輸入業者が，その製造し，又は輸入した**塩化水素又は硫酸を含有する製剤たる劇物（住宅用の洗浄剤で液体状のものに限る。）**を販売し，又は授与するときは，次に掲げる事項
　イ　小児の手の届かないところに保管しなければならない旨
　ロ　使用の際，手足や皮膚，特に眼にかからないように注意しなければならない旨
　ハ　眼に入った場合は，直ちに流水でよく洗い，医師の診断を受けるべき旨

3　毒物及び劇物の製造業者又は輸入業者が，その製造し，又は輸入した**ジメチル－2,2－ジクロルビニルホスフェイト（別名DDVP）を含有する製剤（衣料用の防虫剤に限る。）**を販売し，又は授与するときは次に掲げる事項
　イ　小児の手の届かないところに保管しなければならない旨
　ロ　使用直前に開封し，包装紙等は直ちに処分すべき旨
　ハ　居間等人が常時居住する室内では使用してはならない旨
　ニ　皮膚に触れた場合には，石けんを使ってよく洗うべき旨

　4　毒物又は劇物の販売業者が，毒物又は劇物の直接の容器又は直接の被包を開いて，毒物又は劇物を販売し，又は授与するときは，その氏名及び住所(法人にあっては，その名称及び主たる事務所の所在地)並びに毒物劇物取扱責任者の氏名

第12条 農業用劇物の着色方法 **法第13条**に規定する厚生労働省令で定める方法は，あせにくい黒色で着色する方法とする。

第12条の2 毒物又は劇物の譲渡手続に係る書面 **法第14条第2項**の規定により作成する書面は，譲受人が押印した書面とする。

第12条の2の2 情報通信の技術を利用する方法 **法第14条第3項**に規定する厚生労働省令で定める方法は，次のとおりとする。

　1　電子情報処理組織を使用する方法のうちイ又はロに掲げるもの

　　イ　毒物劇物営業者の使用に係る電子計算機と譲受人の使用に係る電子計算機とを接続する電気通信回線を通じて送信し，受信者の使用に係る電子計算機に備えられたファイルに記録する方法

　　ロ　譲受人の使用に係る電子計算機に備えられたファイルに記録された書面に記載すべき事項を電気通信回線を通じて毒物劇物営業者の閲覧に供し，当該毒物劇物営業者の使用に係る電子計算機に備えられたファイルに当該事項を記録する方法(**法第14条第3項**前段に規定する方法による提供を行う旨の承諾又は行わない旨の申出をする場合にあっては，毒物劇物営業者の使用に係る電子計算機に備えられたファイルにその旨を記録する方法)

　　二　磁気ディスク，シー・ディー・ロムその他これらに準ずる方法により一定の事項を確実に記録しておくことができる物をもって調製するファイルに書面に記載すべき事項を記録したものを交付する方法

　2　前項に掲げる方法は，次に掲げる技術的基準に適合するものでなければならない。

　　1　毒物劇物営業者がファイルへの記録を出力することによる書面を作成することができるものであること。

　　2　ファイルに記録された書面に記載すべき事項について，改変が行われていないかどうかを確認することができる措置を講じていること。

　　3　第1項第1号の「電子情報処理組織」とは，毒物劇物営業者の使用に係る電子計算機と，譲受人の使用に係る電子計算機とを電気通信回線で接続した電子情報処理組織をいう。

第12条の2の3　**法第14条第4項**に規定する厚生労働省令で定める電磁的記録は，前条第1項第1号に掲げる電子情報処理組織を使用する方法又は同項第2号に規定する磁気ディスク，シー・ディー・ロムその他これらに準ずる方法により記録されたものをいう。

第12条の2の4　**令第39条の3第1項**の規定により示すべき方法の種類及び内容は，次に掲げる事項とする。

1　第12条の2の2第1項各号に規定する方法のうち毒物劇物営業者が使用するもの

2　ファイルへの記録の方式

第12条の2の5 毒物又は劇物の交付の制限 第4条の7の規定は，法第15条第1項第2号の厚生労働省令で定める者について準用する。この場合において，「特定毒物研究者の業務」とあるのは，「毒物又は劇物による保健衛生上の危害の防止の措置」と読み替えるものとする。

第12条の2の6 交付を受ける者の確認 法第15条第2項の規定による確認は，法第3条の4に規定する政令で定める物の交付を受ける者から，その者の身分証明書，運転免許証，国民健康保険被保険者証等交付を受ける者の氏名及び住所を確めるに足りる資料の提示を受けて行なうものとする。ただし，毒物劇物営業者と常時取引関係にある者，毒物劇物営業者が農業協同組合その他の協同組織体である場合におけるその構成員等毒物劇物営業者がその氏名及び住所を知悉している者に交付する場合，その代理人，使用人その他の従業者（毒物劇物営業者と常時取引関係にある法人又は毒物劇物営業者が農業協同組合その他の協同組織体である場合におけるその構成員たる法人の代表者，代理人，使用人その他の従業者を含む。）であることが明らかな者にその者の業務に関し交付する場合及び官公署の職員であることが明らかな者にその者の業務に関し交付する場合は，その資料の提示を受けることを要しない。

第12条の3 確認に関する帳簿 法第15条第3項の規定により同条第2項の確認に関して帳簿に記載しなければならない事項は，次のとおりとする。

1　交付した劇物の名称

2　交付の年月日

3　交付を受けた者の氏名及び住所

第12条の4 加鉛ガソリンの品質 令第7条に規定する厚生労働省令で定める加鉛ガソリンは，航空ピストン発動機用ガソリン，自動車排出ガス試験用ガソリン及びモーターオイル試験用ガソリンとする。

第12条の5 定量方法 令第7条の2に規定する厚生労働省令で定める方法により定量した場合における数値は，産業標準化法（昭和24年法律第185号）に基づく日本産業規格（以下「日本産業規格」という。）K 2255号（石油製品－ガソリン－鉛分の求め方）により定量した場合における数値を四エチル鉛に換算した数値とする。

第12条の6 航空ピストン発動機用ガソリン等の着色 令第8条に規定する厚生労働省令で定める色は，赤色，青色，緑色又は紫色とする。

第13条 防除実施の届出 令第18条第2号又は第24条第2号の規定による届出は，別記第14号様式による届書によるものとする。

第13条の2 毒物又は劇物を運搬する容器に関する基準等 令第40条の2第2項に規定する厚生労働省令で定める容器は，四アルキル鉛を含有する製剤（自動車

燃料用アンチノック剤に限る。)の国際海事機関が採択した危険物の運送に関する規程に定めるポータブルタンクに該当するものであって次の各号の要件を満たすものとする。

1　ポータブルタンクに使用される鋼板の厚さは，6ミリメートル以上であること。

2　常用の温度において600キロパスカルの圧力(ゲージ圧力をいう。)で行う水圧試験において，漏れ，又は変形しないものであること。

3　圧力安全装置(バネ式のものに限る。以下同じ。)の前に破裂板を備えていること。

4　破裂板と圧力安全装置との間には，圧力計を備えていること。

5　破裂板は，圧力安全装置が四アルキル鉛を含有する製剤(自動車燃料用アンチノック剤に限る。)の放出を開始する圧力より10パーセント高い圧力で破裂するものであること。

6　ポータブルタンクの底に開口部がないこと。

2　**令第40条の2第6項**に規定する厚生労働省令で定める容器は，無機シアン化合物たる毒物(液体状のものに限る。)又は弗化水素若しくはこれを含有する製剤の国際海事機関が採択した危険物の運送に関する規程に定めるポータブルタンク及びロードタンクビークルに該当するもの(以下この条において「ポータブルタンク等」という。)とし，ポータブルタンク等については，同条第3項から第5項までの規定は，適用しないものとする。

第13条の3　令第40条の3第2項の厚生労働省令で定める要件　**令第40条の3第2項**に規定する厚生労働省令で定める要件は，次の各号に掲げるものとする。

1　ポータブルタンク内に温度50度において5パーセント以上の空間が残されていること。

2　ポータブルタンクごとにその内容が四アルキル鉛を含有する自動車燃料用アンチノック剤である旨の表示がなされていること。

3　自蔵式呼吸具を備えていること。

第13条の4　交替して運転する者の同乗　**令第40条の5第2項第1号**の規定により交替して運転する者を同乗させなければならない場合は，運搬の経路，交通事情，自然条件その他の条件から判断して，次の各号のいずれかに該当すると認められる場合とする。

1　一の運転者による連続運転時間(1回が連続10分以上で，かつ，合計が30分以上の運転の中断をすることなく連続して運転する時間をいう。)が，**4時間を超える場合**

2　一の運転者による運転時間が，**1日当たり9時間を超える場合**

第13条の5　毒物又は劇物を運搬する車両に掲げる標識　**令第40条の5第2項第2号**に規定する標識は，**0.3メートル平方の板**に地を黒色，文字を白色として「毒」と表示し，車両の前後の見やすい箇所に掲げなければならない。

第13条の6　毒物又は劇物を運搬する車両に備える保護具　令第40条の5第2項
　　第3号に規定する厚生労働省令で定める保護具は，別表第5の上欄に掲げる毒物
　　又は劇物ごとに下欄に掲げる物とする。
第13条の7　荷送人の通知義務を要しない毒物又は劇物の数量　令第40条の6第
　　1項に規定する厚生労働省令で定める数量は，1回の運搬につき1,000キログラ
　　ムとする。
第13条の8　情報通信の技術を利用する方法　令第40条の6第2項に規定する厚
　　生労働省令で定める方法は，次のとおりとする。
　　1　電子情報処理組織を使用する方法のうちイ又はロに掲げるもの
　　　イ　荷送人の使用に係る電子計算機と運送人の使用に係る電子計算機とを接続
　　　　する電気通信回線を通じて送信し，受信者の使用に係る電子計算機に備えら
　　　　れたファイルに記録する方法
　　　ロ　荷送人の使用に係る電子計算機に備えられたファイルに記録された書面に
　　　　記載すべき事項を電気通信回線を通じて運送人の閲覧に供し，当該運送人の
　　　　使用に係る電子計算機に備えられたファイルに当該事項を記録する方法（令
　　　　第40条の6第2項前段に規定する方法による提供を受ける旨の承諾又は受
　　　　けない旨の申出をする場合にあっては，荷送人の使用に係る電子計算機に備
　　　　えられたファイルにその旨を記録する方法）
　　2　磁気ディスク，シー・ディー・ロムその他これらに準ずる方法により一定の
　　　事項を確実に記録しておくことができる物をもって調製するファイルに書面に
　　　記載すべき事項を記録したものを交付する方法
　2　前項に掲げる方法は，運送人がファイルへの記録を出力することによる書面を
　　作成することができるものでなければならない。
　3　第1項第1号の「電子情報処理組織」とは，荷送人の使用に係る電子計算機
　　と，運送人の使用に係る電子計算機とを電気通信回線で接続した電子情報処理組
　　織をいう。
第13条の9　令第40条の6第3項の規定により示すべき方法の種類及び内容
　　は，次に掲げる事項とする。
　　1　前条第2項各号に規定する方法のうち荷送人が使用するもの
　　2　ファイルへの記録の方式
第13条の10　毒物劇物営業者等による情報の提供　令第40条の9第1項ただし
　　書に規定する厚生労働省令で定める場合は，次のとおりとする。
　　1　1回につき200ミリグラム以下の劇物を販売し，又は授与する場合
　　2　令別表第1の上欄に掲げる物を主として生活の用に供する一般消費者に対し
　　　て販売し，又は授与する場合
第13条の11　令第40条の9第1項及び第2項（同条第3項において準用する
　　場合を含む。）の規定による情報の提供は，次の各号のいずれかに該当する方法に
　　より，邦文で行わなければならない。

　　1　文書の交付
　　2　磁気ディスクの交付その他の方法であって，当該方法により情報を提供することについて譲受人が承諾したもの
第13条の12　令第40条の9第1項(同条第3項において準用する場合を含む。)の規定により提供しなければならない情報の内容は，次のとおりとする。
　　1　情報を提供する毒物劇物営業者の氏名及び住所(法人にあっては，その名称及び主たる事務所の所在地)
　　2　毒物又は劇物の別
　　3　名称並びに成分及びその含量
　　4　応急措置
　　5　火災時の措置
　　6　漏出時の措置
　　7　取扱い及び保管上の注意
　　8　暴露の防止及び保護のための措置
　　9　物理的及び化学的性質
　　10　安定性及び反応性
　　11　毒性に関する情報
　　12　廃棄上の注意
　　13　輸送上の注意
第13条の13　令第41条第3号に規定する内容積　令第41条第3号に規定する厚生労働省令で定める量は，四アルキル鉛を含有する製剤を運搬する場合の容器にあっては200リットルとし，それ以外の毒物又は劇物を運搬する場合の容器にあっては1,000リットルとする。
第14条　身分を示す証票　法第18条第3項に規定する証票は，別記第15号様式の定めるところによる。
第15条　収去証　法第18条第1項の規定により当該職員が毒物若しくは劇物又はその疑いのある物を収去しようとするときは，別記第16号様式による収去証を交付しなければならない。
第16条　削除
第17条　登録が失効した場合等の届書　法第21条第1項の規定による登録若しくは特定毒物研究者の許可が効力を失い，又は特定毒物使用者でなくなったときの届出は，別記第17号様式による届書によるものとする。
第18条　業務上取扱者の届出等　法第22条第1項第4号に規定する厚生労働省令で定める事項は，事業場の名称とする。
　　2　法第22条第1項及び第2項に規定する届出は，別記第18号様式による届書を提出することによって行うものとする。
　　3　法第22条第3項に規定する届出は，別記第19号様式による届書を提出することによって行うものとする。

4　第5条(第2項第5号を除く。)の規定は，**法第22条第1項**に規定する者(**同条第2項**に規定する者を含む。)が行う毒物劇物取扱責任者に関する届出について準用する。この場合において第5条第1項中「**法第7条第3項**」とあるのは「**法第22条第4項**において準用する**法第7条第3項**」と，同条第3項中「毒物劇物営業者」とあるのは「**法第22条第1項**に規定する者」と読み替えるものとする。

第18条の2　法第22条第5項に規定する厚生労働省令で定める毒物及び劇物は，すべての毒物及び劇物とする。

第19条 電子情報処理組織による事務の取扱い　都道府県知事(販売業については保健所を設置する市の市長及び特別区の区長を含む。次項において同じ。)は，毒物又は劇物の製造業，輸入業又は販売業の登録及び登録の更新に関する事務(次項において「登録等の事務」という。)の全部又は一部を電子情報処理組織によって取り扱うことができる。この場合においては，登録簿は，磁気ディスク(これに準ずる方法により一定の事項を確実に記録することができる物を含む。)に記録し，これをもって調製する。

2　前項の規定により，都道府県知事が，電子情報処理組織によって登録等の事務の全部又は一部を取り扱うときは，次に掲げる事項を厚生労働大臣に通知しなければならない。

1　電子情報処理組織によって取り扱う登録等の事務の範囲
2　電子情報処理組織の使用を開始する年月日
3　その他必要な事項

第20条 フレキシブルディスクによる手続　次の表の上欄〈本書左欄〉に掲げる規定中同表の下欄〈本書右欄〉に掲げる書類の提出(特定毒物研究者に係るものを除く。)については，これらの書類の各欄に掲げる事項を記録したフレキシブルディスク並びに申請者又は届出者の氏名及び住所並びに申請又は届出の趣旨及びその年月日を記載した書類を提出することによって行うことができる。

第1条第1項	**別記第1号様式**による登録申請書
第2条第1項	**別記第2号様式**による登録申請書
第4条第1項	**別記第4号様式**による登録更新申請書
第4条第2項	**別記第5号様式**による登録更新申請書
第5条第1項	**別記第8号様式**による届書
第5条第3項において準用する同条第1項	**別記第9号様式**による届書
第10条第1項	**別記第10号様式**による登録変更申請書
第11条第1項	**別記第11号様式**による届書
第11条の2	**別記第12号様式**による申請書

第１１条の３	別記第１３号様式による申請書

第２１条 フレキシブルディスクの構造 前条のフレキシブルディスクは，日本産業規格Ｘ6223号に適合する90ミリメートルフレキシブルディスクカートリッジでなければならない。

第２２条 フレキシブルディスクへの記録方式 第２０条のフレキシブルディスクへの記録は，次に掲げる方式に従ってしなければならない。

1　トラックフォーマットについては，日本産業規格Ｘ6225号に規定する方式

2　ボリューム及びファイル構成については，日本産業規格Ｘ0605号に規定する方式

第２３条 フレキシブルディスクに貼り付ける書面 第２０条のフレキシブルディスクには，日本産業規格Ｘ6223号に規定するラベル領域に，次に掲げる事項を記載した書面を貼り付けなければならない。

1　申請者又は届出者の氏名

2　申請年月日又は届出年月日

第２４条 権限の委任 **法第２３条の３第１項**及び**令第３６条の７第１項**の規定により，次に掲げる厚生労働大臣の権限は，地方厚生局長に委任する。ただし，厚生労働大臣が次に掲げる権限を自ら行うことを妨げない。

1　**法第１９条第５項**(**法第２２条第４項**において準用する場合を含む。)に規定する権限

2　**法第２２条第７項**において準用する**法第２０条第２項**に規定する権限

3　**法第２２条第６項**に規定する権限

4　**法第２３条の２第１項**に規定する権限

別記第1号様式 (第1条関係)

毒物劇物　製造業輸入業　登録申請書

製造所(営業所)の所在地及び名　　　称		
製造(輸入)品目	類　別	化学名(製剤にあっては，化学名及びその含量)
備　　　考		

上記により，毒物劇物の　製造業輸入業　の登録を申請します。

　　　年　　月　　日

　　　　　　　　　住所〔法人にあっては，主たる事務所の所在地〕

　　　　　　　　　氏名〔法人にあっては，名称及び代表者の氏名〕　㊞

地方厚生局長(製剤製造業者等にあっては，都道府県知事)　　　殿

(注意)
1　用紙の大きさは，日本産業規格A列4番とすること。
2　この申請書は，正副2通(製剤製造業者等にあっては，正本1通)提出すること。
3　字は，墨，インク等を用い，楷書ではっきりと書くこと。
4　製造(輸入)品目欄には，次により記載すること。
　(1)　類別は，法別表又は毒物及び劇物指定令による類別によること。
　(2)　原体の小分けの場合は，その旨を化学名の横に付記すること。
　(3)　製剤の含量は，一定の含量幅を持たせて記載して差し支えないこと。
　(4)　品目のすべてを記載することができないときは，この欄に「別紙のとおり」と記載し，別紙を添付すること。

別記第２号様式 （第２条関係）

毒物劇物
一 般 販 売 業
農業用品目販売業　登録申請書
特定品目販売業

店舗の所在地及び名　　　　　称	
備　　　　　考	

上記により，毒物劇物の
一 般 販 売 業
農業用品目販売業　の登録を申請します。
特定品目販売業

　　　年　　月　　　日

住所〔法人にあっては，主たる事務所の所在地〕

氏名〔法人にあっては，名称及び代表者の氏名〕㊞

都道府県知事
保健所設置市市長　　　　　　　　　殿
特別区区長

（注意）
　1　用紙の大きさは，日本産業規格Ａ列４番とすること。
　2　字は，墨，インク等を用い，楷書ではっきりと書くこと。
　3　附則第３項に規定する内燃機関用メタノールのみを取り扱う特定品目販売業
　　にあっては，その旨を備考欄に記載すること。

別記第３号様式 （第３条関係）

登録番号第　　　　　　　　号

　　　　　　　毒物劇物製造業(輸入業，一般販売業，農
　　　　　　　業用品目販売業，特定品目販売業)登録票

住所(法人にあっては，主たる事務所の所在地)

氏名(法人にあっては，その名称)

製造所(営業所又は店舗)の所在地

製造所(営業所又は店舗)の名称

　毒物及び劇物取締法第４条の規定により登録を受けた毒物劇物の製造業(輸入業，一般販売業，農業用品目販売業，特定品目販売業)者であることを証明する。

　　　　　　　年　　　月　　　日

　　　　　　　　　　　　地方厚生局長
　　　　　　　　　　　　都道府県知事
　　　　　　　　　　　　保健所設置市市長　　　　　　㊞
　　　　　　　　　　　　特別区区長

　　　　　　　　　有効期間　　　年　　　月　　　日から
　　　　　　　　　　　　　　　　年　　　月　　　日まで

別記第４号様式 （第４条関係）

毒物劇物　製造業　登録更新申請書
　　　　　輸入業

登 録 番 号 及 び 登 録 年 月 日		
製造所(営業所)の所在地及び 名　　　　　称		
製造(輸入)品目	類　　別	化学名（製剤にあっては，化学名及びその含量）
毒物劇物取扱責任者の住所及び 氏　　　　　名		
備　　　　　考		

上記により，毒物劇物　製造業　の登録の更新を申請します。
　　　　　　　　　　輸入業

　　　　　年　　　月　　　日

　　　　　　　　　　　　住所 ［法人にあっては，主たる事務所
　　　　　　　　　　　　　　　の所在地　　　　　　　　　　　　］

　　　　　　　　　　　　氏名 ［法人にあっては，名称及び代表
　　　　　　　　　　　　　　　者の氏名　　　　　　　　　　　　］㊞

地方厚生局長　　（製剤製造業者等にあっては，都道府県知事）　殿

（注意）
1　用紙の大きさは，日本産業規格Ａ列４番とすること。
2　この申請書は，正副２通(製剤製造業者等にあっては，正本１通)提出すること。
3　字は，墨，インク等を用い，楷書ではっきりと書くこと。
4　製造(輸入)品目欄には，次により記載すること。
　(1)　類別は，法別表又は毒物及び劇物指定令による類別によること。
　(2)　原体の小分けの場合は，その旨を化学名の横に付記すること。
　(3)　製剤の含量は，一定の含量幅を持たせて記載して差し支えないこと。
　(4)　品目のすべてを記載することができないときは，この欄に「別紙のとおり」と記載し，別紙を添付すること。

別記第５号様式 （第４条関係）

毒物劇物　　　　一　般　販　売　業
　　　　　　　　農業用品目販売業　　登録更新申請書
　　　　　　　　特定品目販売業

登 録 番 号 及 び 登 録 年 月 日	
店 舗 の 所 在 地 及 び 名 称	
毒物劇物取扱責任者の住所及び 氏 名	
備 考	

　　　　　　　　　　一　般　販　売　業
　上記により，毒物劇物　農業用品目販売業　の登録の更新を申請します。
　　　　　　　　　　特定品目販売業

　　　　　年　　　月　　　日

　　　　　　　　　　　　　住所〔法人にあっては，主たる事務所 の所在地〕

　　　　　　　　　　　　　氏名〔法人にあっては，名称及び代表 者の氏名〕㊞

都道府県知事
保健所設置市市長　　　　殿
特別区区長

（注意）
　1　用紙の大きさは，日本産業規格Ａ列４番とすること。
　2　字は，墨，インク等を用い，楷書ではっきりと書くこと。
　3　附則第３項に規定する内燃機関用メタノールのみを取り扱う特定品目販売業
　　にあっては，その旨を備考欄に記載すること。

別記第６号様式 （第４条の６関係）

特定毒物研究者許可申請書

申請者の欠格条項	(1)	法第19条第４項の規定により許可を取り消されたこと	
	(2)	毒物若しくは劇物又は薬事に関する罪を犯し，又は罰金以上の刑に処せられたこと	
主たる研究所の所在地及び名　　　　　　称			
特定毒物を必要とする研究事項及び使用する特定毒物の品目			
備　　　　　　　　考			

　　　　上記により，特定毒物研究者の許可を申請します。

　　　　　　　　　　年　　　月　　　日

　　　　　　　　　　　　　　　住所
　　　　　　　　　　　　　　　氏名　　　　　　　　　　　㊞

　　　　都道府県知事
　　　　指定都市の長　　　殿

（注意）
　　1　用紙の大きさは，日本産業規格Ａ列４番とすること。
　　2　字は，墨，インク等を用い，楷書ではっきりと書くこと。
　　3　申請者の欠格条項の(1)欄及び(2)欄には，当該事実がないときは「なし」と記載し，あるときは，(1)欄にあってはその理由及び年月日を，(2)欄にあってはその罪，刑，刑の確定年月日及びその執行を終わり，又は執行を受けることがなくなった場合はその年月日を記載すること。
　　4　氏名については，記名押印又は自筆による署名のいずれかにより記載すること。

別記第７号様式 （第４条の９関係）

許可番号第　　　　　　　　号

特定毒物研究者許可証

　　　　　　　　　　住所

　　　　　　　　　　氏名

　　　　　　　　　　主たる研究所の所在地

　　　　　　　　　　主たる研究所の名称

　毒物及び劇物取締法第６条の２の規定により許可された特定毒物研究者であることを証明する。

　　　　　年　　　月　　　日

　　　　　　　　　　都道府県知事
　　　　　　　　　　指定都市の長　　　　　　㊞

別記第８号様式（第５条関係）

毒物劇物取扱責任者設置届

業　　務　　の　　種　　別	
登録番号及び登録年月日	
製造所(営業所,店舗,事業場)の所在地及び　名　　　　　　　　称	
毒物劇物取扱責任者の住所及び　氏　　　　　　　　名	
毒物劇物取扱責任者の資格	
備　　　　　　　　考	

　　　　上記により，毒物劇物取扱責任者の設置の届出をします。
　　　　　　年　　　月　　　日

　　　　　　　　　　　　　　　住所〔法人にあっては，主たる事務所 の所在地〕
　　　　　　　　　　　　　　　氏名〔法人にあっては，名称及び代表 者の氏名〕㊞

地方厚生局長
都道府県知事
保健所設置市市長　　　　殿
特別区区長

（注意）
　1　用紙の大きさは，日本産業規格Ａ列４番とすること。
　2　字は，墨，インク等を用い，楷書ではっきりと書くこと。
　3　業務の種別欄には，毒物又は劇物の製造業，輸入業，一般販売業，農業用品目販売業若しくは特定品目販売業又は業務上取扱者の別を記載すること。ただし，附則第３項に規定する内燃機関用メタノールのみの取扱いに係る特定品目販売業にあってはその旨を，業務上取扱者にあっては令第41条第１号，第２号及び第３号の別を付記すること。
　4　毒物又は劇物の製造業又は輸入業にあっては，この届書は正副２通(製剤製造業者等にあっては，正本１通)提出すること。
　5　業務上取扱者にあっては，登録番号及び登録年月日欄に業務上取扱者の届出をした年月日を記載すること。
　6　毒物劇物取扱責任者の資格欄には，法第８条第１項の第何号に該当するかを記載すること。同項第３号に該当する場合には，一般毒物劇物取扱者試験，農業用品目毒物劇物取扱者試験又は特定品目毒物劇物取扱者試験のいずれかに合格した者であるかを併記すること。ただし，附則第３項に規定する内燃機関用メタノールのみの取扱いに係る特定品目毒物劇物取扱者試験に合格した者である場合には，その旨を付記すること。

別記第9号様式 (第5条関係)

毒物劇物取扱責任者変更届

業　務　の　種　別	
登録番号及び登録年月日	
製造所(営業所,店舗,事業場)の所在地及び名　　　　　　　　　　称	
変更前の毒物劇物取扱責任者の住所及び氏　　　　　　　　　　　名	
変更後の毒物劇物取扱責任者の住所及び氏　　　　　　　　　　　名	
変更後の毒物劇物取扱責任者の資格	
変　　更　　年　　月　　日	
備　　　　　　　　　考	

上記により，毒物劇物取扱責任者の変更の届出をします。
　　　　年　　　月　　　日

　　　　　　　　　　住所 ［法人にあっては，主たる事務所の所在地］
　　　　　　　　　　氏名 ［法人にあっては，名称及び代表者の氏名］㊞

地方厚生局長
都道府県知事
保健所設置市市長　　　　殿
特別区区長

(注意)
　1　用紙の大きさは，日本産業規格A列4番とすること。
　2　字は，墨，インク等を用い，楷書ではっきりと書くこと。
　3　業務の種別欄には，毒物又は劇物の製造業，輸入業，一般販売業，農業用品目販売業若しくは特定品目販売業又は業務上取扱者の別を記載すること。ただし，附則第3項に規定する内燃機関用メタノールのみの取扱いに係る特定品目販売業にあってはその旨を，業務上取扱者にあっては令第41条第1号，第2号及び第3号の別を付記すること。
　4　毒物又は劇物の製造業又は輸入業にあっては，この届書は正副2通(製剤製造業者等にあっては，正本1通)提出すること。
　5　業務上取扱者にあっては，登録番号及び登録年月日欄に業務上取扱者の届出をした年月日を記載すること。
　6　変更後の毒物劇物取扱責任者の資格欄には，法第8条第1項の第何号に該当するかを記載すること。同項第3号に該当する場合には，一般毒物劇物取扱者試験，農業用品目毒物劇物取扱者試験又は特定品目毒物劇物取扱者試験のいずれかに合格した者であるかを併記すること。ただし，附則第3項に規定する内燃機関用メタノールのみの取扱いに係る特定品目毒物劇物取扱者試験に合格した者である場合には，その旨を付記すること。

別記第１０号様式 （第１０条関係）

毒物劇物　　製造業　　登録変更申請書
　　　　　　輸入業

登録番号及び登録年月日		
製造所(営業所)の所在地及び名　　　　　　称		
新たに製造(輸入)する品目	類　　別	化学名(製剤にあっては,化学名及びその含量)
備　　　　　考		

上記により，毒物劇物　製造業　の登録の変更を申請します。
　　　　　　　　　　　輸入業

　　　　　　　年　　月　　日

　　　　　　　　　　　　住所〔法人にあっては，主たる事務所の所在地〕
　　　　　　　　　　　　氏名〔法人にあっては，名称及び代表者の氏名〕㊞

地方厚生局長　　　（製剤製造業者等にあっては，都道府県知事）　　殿

(注意)
　1　用紙の大きさは，日本産業規格 A 列 4 番とすること。
　2　この申請書は，正副 2 通(製剤製造業者等にあっては，正本 1 通)提出すること。
　3　字は，墨，インク等を用い，楷書ではっきりと書くこと。
　4　新たに製造(輸入)する品目欄には，次により記載すること。
　　(1)　類別は，法別表又は毒物及び劇物指定令による類別によること。
　　(2)　原体の小分けの場合は，その旨を化学名の横に付記すること。
　　(3)　製剤の含量は，一定の含量幅を持たせて記載して差し支えないこと。
　　(4)　品目のすべてを記載することができないときは，この欄に「別紙のとおり」と記載し，別紙を添付すること。

別記第11号様式の(1) (第11条関係)

変　更　届

業　務　の　種　別			
登録（許可）番号及び 登録（許可）年月日			
製造所(営業所,店舗,主たる研究所)の所在地及び 名　　　　　　　　称			
変 更 内 容	事　　　　　　　項	変　更　前	変　更　後
	変　更　年　月　日		
	備　　　　　　考		

　　上記により，変更の届出をします。
　　　　　　年　　　月　　　日

　　　　　　　　　　　住所 ［法人にあっては，主たる事務所
　　　　　　　　　　　　　　の所在地］
　　　　　　　　　　　氏名 ［法人にあっては，名称及び代表
　　　　　　　　　　　　　　者の氏名］㊞

地方厚生局長
都道府県知事
指定都市の長　　　　　　　　　　殿
保健所設置市市長
特別区区長

（注意）
　1　用紙の大きさは，日本産業規格Ａ列4番とすること。
　2　字は，墨，インク等を用い，楷書ではっきりと書くこと。
　3　業務の種別欄には，毒物若しくは劇物の製造業，輸入業，一般販売業，農業
　　用品目販売業若しくは特定品目販売業又は特定毒物研究者の別を記載するこ
　　と。ただし，附則第3項に規定する内燃機関用メタノールのみの取扱いに係る
　　特定品目販売業にあっては，その旨を付記すること。
　4　品目の廃止に係る変更の場合は，変更内容欄の変更前の箇所は廃止した品目
　　を，変更後の箇所は「廃止」と記載すること。
　5　毒物又は劇物の製造業又は輸入業にあっては，この届書は正副2通(製剤製造
　　業者等にあっては，正本1通)提出すること。

別記第11号様式の（2）（第11条関係）

廃　止　届

業　務　の　種　別	
登録（許可）番号及び 登録（許可）年月日	
製造所(営業所,店舗,主たる研究所)の所在地及び 名　　　　　　　称	
廃　止　年　月　日	
廃止の日に現に所有する毒物又は劇物の 品名，数量及び 保管又は処理の方法	
備　　　　　考	

　　　　上記により，廃止の届出をします。
　　　　　　年　　　月　　　日

　　　　　　　　　　　　　　住所〔法人にあっては，主たる事務所〕
　　　　　　　　　　　　　　　　〔の所在地　　　　　　　　　　〕
　　　　　　　　　　　　　　氏名〔法人にあっては，名称及び代表〕㊞
　　　　　　　　　　　　　　　　〔者の氏名　　　　　　　　　　〕

地方厚生局長
都道府県知事
指定都市の長　　　　　　　　　　殿
保健所設置市市長
特別区区長

（注意）
　　1　用紙の大きさは，日本産業規格Ａ列４番とすること。
　　2　字は，墨，インク等を用い，楷書ではっきりと書くこと。
　　3　業務の種別欄には，毒物若しくは劇物の製造業，輸入業，一般販売業，農業
　　　用品目販売業若しくは特定品目販売業又は特定毒物研究者の別を記載するこ
　　　と。ただし，附則第３項に規定する内燃機関用メタノールのみの取扱いに係る
　　　特定品目販売業にあっては，その旨を付記すること。
　　4　毒物又は劇物の製造業又は輸入業にあっては，この届書は正副２通(製剤製造
　　　業者等にあっては，正本１通)提出すること。

別記第１２号様式 （第１１条の２関係）

登録票(許可証)書換え交付申請書

登 録 (許 可) 番 号 及 び 登 録 (許 可) 年 月 日			
製造所(営業所, 店舗, 主たる研究所)の所在地及び 名　　　　　　　　　　　称			
変 更 内 容	事　　　　　　項	変　更　前	変　更　後
変　更　年　月　日			
備　　　　　　考			

上記により，毒物劇物
製　　造　　業
輸　　入　　業
一 般 販 売 業
農業用品目販売業
特 定 品 目 販 売 業
登録票の書換え交付を申請します。

特 定 毒 物 研 究 者 許 可 証

　　　　年　　　月　　　日

住所〔法人にあっては，主たる事務所の所在地〕

氏名〔法人にあっては，名称及び代表者の氏名〕㊞

地方厚生局長
都道府県知事
指定都市の長　　　　　　　殿
保健所設置市市長
特別区区長

(注意)
1　用紙の大きさは，日本産業規格 A 列４番とすること。
2　字は，墨，インク等を用い，楷書ではっきりと書くこと。
3　毒物又は劇物の製造業又は輸入業にあっては，この申請書は正副２通(製剤製造業者等にあっては，止本１通)提出すること。
4　附則第３項に規定する内燃機関用メタノールのみを取り扱う特定品目販売業にあっては，その旨を備考欄に記載すること。

別記第１３号様式 （第１１条の３関係）

登録票(許可証)再交付申請書

登 録 (許 可) 番 号 及 び 登 録 (許 可) 年 月 日	
製造所(営業所,店舗,主たる研究所)の所在地及び 名　　　　　　　　　称	
再 交 付 申 請 の 理 由	
備　　　　　　　　　考	

　　　　　　　　　　　製　　　造　　　業
　　　　　　　　　　　輸　　　入　　　業
　上記により，毒物劇物　一　般　販　売　業　登録票の再交付を申請します。
　　　　　　　　　　　農業用品目販売業
　　　　　　　　　　　特 定 品 目 販 売 業

　　　　　特 定 毒 物 研 究 者 許 可 証

　　　　年　　　月　　　日

　　　　　　　　　　　住所 ［法人にあっては，主たる事務所 の所在地］
　　　　　　　　　　　氏名 ［法人にあっては，名称及び代表 者の氏名］㊞

地方厚生局長
都道府県知事
指定都市の長　　　　　　　殿
保健所設置市市長
特別区区長

(注意)
　1　用紙の大きさは，日本産業規格Ａ列４番とすること。
　2　字は，墨，インク等を用い，楷書ではっきりと書くこと。
　3　毒物又は劇物の製造業又は輸入業にあっては，この申請書は正副２通(製剤製造業者等にあっては，正本１通)提出すること。
　4　附則第３項に規定する内燃機関用メタノールのみを取り扱う特定品目販売業にあっては，その旨を備考欄に記載すること。

別記第１４号様式 （第１３条関係）

害虫防除実施届

防 除 実 施 の 目 的		
防除実施の日時及び区域		
使用薬剤	品　　　　　名	
	予 定 数 量	
指 導 員	氏　　　　　名	
	資　　　　　格	
備　　　　　　　　考		

　　　上記により，害虫防除の実施の届出をします。

　　　　　　年　　　月　　　日

　　　　　　　　　　　　　住所〔法人にあっては，主たる事務所の所在地〕

　　　　　　　　　　　　　氏名〔法人にあっては，名称及び代表者の氏名〕㊞

　保健所長　　殿

（注意）
1　用紙の大きさは，日本産業規格Ａ列４番とすること。
2　字は，墨，インク等を用い，楷書ではっきりと書くこと。
3　防除実施の日時及び区域欄の記載に当たっては，日時と区域との関連を明らかにすること。
4　指導員の資格欄には，指導員が毒物及び劇物取締法施行令第18条第１号イからへまで及び同令第24条第１号イからへまでのいずれに該当するかを記載すること。

別記第１５号様式 （第１４条関係）

表

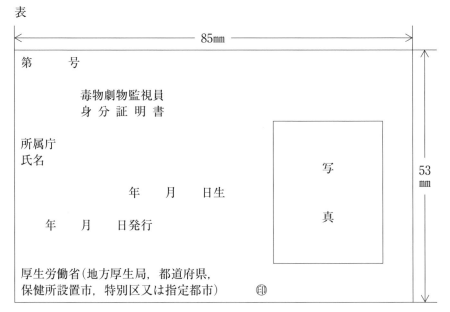

85mm

第　　　号

毒物劇物監視員
身分証明書

所属庁
氏名

年　　月　　　日生

年　　月　　　日発行

写

真

厚生労働省(地方厚生局，都道府県，
保健所設置市，特別区又は指定都市)　　㊞

53mm

裏

毒物及び劇物取締法(昭和25年法律第303号)抜すい
（立入検査等）
第17条　厚生労働大臣は，保健衛生上必要があると認めるときは，毒物又は劇物の製造業者又は輸入業者から必要な報告を徴し，又は薬事監視員のうちからあらかじめ指定する者に，これらの者の製造所，営業所その他業務上毒物若しくは劇物を取り扱う場所に立ち入り，帳簿その他の物件を検査させ，関係者に質問させ，試験のため必要な最小限度の分量に限り，毒物，劇物，第11条第2項に規定する政令で定める物若しくはその疑いのある物を収去させることができる。
2　都道府県知事は，保健衛生上必要があると認めるときは，毒物又は劇物の販売業者又は特定毒物研究者から必要な報告を徴し，又は薬事監視員のうちからあらかじめ指定する者に，これらの者の店舗，研究所その他業務上毒物若しくは劇物を取り扱う場所に立ち入り，帳簿その他の物件を検査させ，関係者に質問させ，試験のため必要な最小限度の分量に限り，毒物，劇物，第11条第2項に規定する政令で定める物若しくはその疑いのある物を収去させることができる。
3　前2項の規定により指定された者は，毒物劇物監視員と称する。
4　毒物劇物監視員は，その身分を示す証票を携帯し，関係者の請求があるときは，これを提示しなければならない。
5　第1項及び第2項の規定は，犯罪捜査のために認められたものと解してはならない。
（緊急時における厚生労働大臣の事務執行）
第23条の4　第17条第2項の規定により都道府県知事の権限に属するものとされている事務は，緊急の必要があると厚生労働大臣が認める場合にあっては，厚生労働大臣又は都道府県知事が行うものとする。この場合においては，この法律の規定中都道府県知事に関する規定(当該事務に係るものに限る。)は，厚生労働大臣に関する規定として厚生労働大臣に適用があるものとする。
2　（略）
毒物及び劇物取締法施行令(昭和30年政令第261号)抜すい
（都道府県が処理する事務）
第36条の7　法に規定する厚生労働大臣の権限に属する事務のうち，次に掲げるものは，製造所又は営業所の所在地の都道府県知事が行うこととする。ただし，厚生労働大臣が第4号に掲げる権限に属する事務を自ら行うことを妨げない。
一～三　（略）
四　製造業者及び輸入業者(製剤製造業者等を除く。)に係る法第17条第1項に規定する権限に属する事務
2～4　（略）

別記第16号様式 （第15条関係）

番　　　　号	番　　　　号
収　去　証　控	収　去　証
1　被収去者の住所 2　被収去者の氏名 3　収去品名 4　収去数量 5　収去目的 6　収去日時 7　収去場所	1　被収去者の住所 2　被収去者の氏名 3　収去品名 4　収去数量 5　収去目的 6　収去日時 7　収去場所
年　月　日 　　　収去者　職　氏　　名	毒物及び劇物取締法第17条の規定 に基づき，上記のとおり収去する。 　　　年　月　日 所属庁 　　　収去者　職　氏　　名　㊞
備考	

← 210mm →

148mm

別記第１７号様式 （第１７条関係）

特定毒物所有品目及び数量届書

登録（許可）の失効等の 年　　　月　　　日	
登録（許可）の失効等の 事　　　　　由	
特定毒物の品目及び 数　　　　　量	

　　　上記により，特定毒物所有品目及び数量の届出をします。

　　　　　　年　　月　　　日

　　　　　　　　　　　　　　　　住所 ⌈法人にあっては，主たる事務所⌉
　　　　　　　　　　　　　　　　　　 ⌊の所在地　　　　　　　　　　⌋

　　　　　　　　　　　　　　　　氏名 ⌈法人にあっては，名称及び代表⌉ ㊞
　　　　　　　　　　　　　　　　　　 ⌊者の氏名　　　　　　　　　　⌋

地方厚生局長
都道府県知事
指定都市の長　　　　　　殿
保健所設置市市長
特別区区長

（注意）
　　1　用紙の大きさは，日本産業規格Ａ列４番とすること。
　　2　字は，墨，インク等を用い，楷書ではっきりと書くこと。

別記第18号様式 （第18条関係）

毒物劇物業務上取扱者届書

事業場	種　　類	令第41条第　　　号に規定する事業
	名　　称	
	所在地	
取　扱　品　目		
備　　　考		

　　　上記により，毒物劇物業務上取扱者の届出をします。

　　　　　年　　　月　　　日

　　　　　　　　　　　　　　住所 ［法人にあっては，主たる事務所 の所在地］

　　　　　　　　　　　　　　氏名 ［法人にあっては，名称及び代表 者の氏名］ ㊞

都道府県知事
保健所設置市市長　　　殿
特別区区長

付　録

4

毒物及び劇物取締法施行規則

（注意）
　　1　用紙の大きさは，日本産業規格 A 列 4 番とすること。
　　2　字は，墨，インク等を用い，楷書ではっきりと書くこと。

別記第１９号様式の（１） （第１８条関係）

変　　更　　届

事業場	種　類	令第41条第　　　　号に規定する事業	
	名　称		
	所在地		
取　扱　品　目			
変更内容	事　項	変　更　前	変　更　後
変　更　年　月　日			
備　　　考			

　　　上記により，変更の届出をします。

　　　　年　　月　　日

住所〔法人にあっては，主たる事務所
　　　の所在地〕

氏名〔法人にあっては，名称及び代表
　　　者の氏名〕㊞

都道府県知事
保健所設置市市長　　殿
特別区区長

（注意）
　1　用紙の大きさは，日本産業規格Ａ列４番とすること。
　2　字は，墨，インク等を用い，楷書ではっきりと書くこと。

別記第19号様式の（2）（第18条関係）

廃　　止　　届

事業場	種　　類	令第41条第　　　号に規定する事業
	名　　称	
	所　在　地	
取　扱　品　目		
廃　止　年　月　日		
廃止の日に現に所有する毒物又は劇物の品名，数量及び保管又は処理の方法		
備　　　考		

　　上記により，廃止の届出をします。

　　　　　年　　　月　　　日

　　　　　　　　　　　　　　　住所〔法人にあっては，主たる事務所の所在地〕

　　　　　　　　　　　　　　　氏名〔法人にあっては，名称及び代表者の氏名〕㊞

都道府県知事
保健所設置市市長　　　殿
特別区区長

（注意）
　1　用紙の大きさは，日本産業規格A列4番とすること。
　2　字は，墨，インク等を用い，楷書ではっきりと書くこと。

〈別表第1〉（第4条の2関係）

毒物　　──▶農業用品目販売業者の取り扱う毒物

1　アバメクチン及びこれを含有する製剤。ただし，アバメクチン1.8％以下を含有するものを除く。

1の2　O-エチル-O-(2-イソプロポキシカルボニルフェニル)-N-イソプロピルチオホスホルアミド(別名イソフェンホス)及びこれを含有する製剤。ただし，O-エチル-O-(2-イソプロポキシカルボニルフェニル)-N-イソプロピルチオホスホルアミド5％以下を含有するものを除く。

1の3　O-エチル＝S,S-ジプロピル＝ホスホロジチオアート(別名エトプロホス)及びこれを含有する製剤。ただし，O-エチル＝S,S-ジプロピル＝ホスホロジチオアート5％以下を含有するものを除く。

2　エチルパラニトロフェニルチオノベンゼンホスホネイト(別名EPN)及びこれを含有する製剤。ただし，エチルパラニトロフェニルチオノベンゼンホスホネイト1.5％以下を含有するものを除く。

3〜5　削除

6　無機シアン化合物及びこれを含有する製剤。ただし，次に掲げるものを除く。
　イ　紺青及びこれを含有する製剤
　ロ　フェリシアン塩及びこれを含有する製剤
　ハ　フェロシアン塩及びこれを含有する製剤

7　ジエチル-S-(エチルチオエチル)-ジチオホスフェイト及びこれを含有する製剤。ただし，ジエチル-S-(エチルチオエチル)-ジチオホスフェイト5％以下を含有するものを除く。

7の2　削除

7の3　ジエチル-(1,3-ジチオシクロペンチリデン)-チオホスホルアミド及びこれを含有する製剤。ただし，ジエチル-(1,3-ジチオシクロペンチリデン)-チオホスホルアミド5％以下を含有するものを除く。

8　ジエチル-4-メチルスルフィニルフェニル-チオホスフェイト及びこれを含有する製剤。ただし，ジエチル-4-メチルスルフィニルフェニル-チオホスフェイト3％以下を含有するものを除く。

9　2,3-ジシアノ-1,4-ジチアアントラキノン(別名ジチアノン)及びこれを含有する製剤。ただし，2,3-ジシアノ-1,4-ジチアアントラキノン50％以下を含有するものを除く。

10　削除

10の2　2-ジフェニルアセチル-1,3-インダンジオン及びこれを含有する製剤。ただし，2-ジフェニルアセチル-1,3-インダンジオン0.005％以下を含有するものを除く。

11　削除

12　ジメチル-(ジエチルアミド-1-クロルクロトニル)-ホスフェイト及びこれを含有する製剤

13　1,1′-ジメチル-4,4′-ジピリジニウムヒドロキシド，その塩類及びこれらのいずれかを含有する製剤

13の2　2,2-ジメチル-1,3-ベンゾジオキソール-4-イル-N-メチルカルバマート（別名ベンダイオカルブ）及びこれを含有する製剤。ただし，2,2-ジメチル-1,3-ベンゾジオキソール-4-イル-N-メチルカルバマート5％以下を含有するものを除く。

14〜15　削除

16　2,3,5,6-テトラフルオロ-4-メチルベンジル＝(Z)-(1 RS,3 RS)-3-(2-クロロ-3,3,3-トリフルオロ-1-プロペニル)-2,2-ジメチルシクロプロパンカルボキシラート（別名テフルトリン）及びこれを含有する製剤。ただし，2,3,5,6-テトラフルオロ-4-メチルベンジル＝(Z)-(1 RS,3 RS)-3-(2-クロロ-3,3,3-トリフルオロ-1-プロペニル)-2,2-ジメチルシクロプロパンカルボキシラート0.5％以下を含有するものを除く。

16の2　ナラシン，その塩類及びこれらのいずれかを含有する製剤。ただし，ナラシンとして10％以下を含有するものを除く。

17　ニコチン，その塩類及びこれらのいずれかを含有する製剤

18　S,S-ビス(1-メチルプロピル)＝O-エチル＝ホスホロジチオアート（別名カズサホス）及びこれを含有する製剤。ただし，S,S-ビス(1-メチルプロピル)＝O-エチル＝ホスホロジチオアート10％以下を含有するものを除く。

18の2　ブチル＝2,3-ジヒドロ-2,2-ジメチルベンゾフラン-7-イル＝N,N′-ジメチル-N,N′-チオジカルバマート（別名フラチオカルブ）及びこれを含有する製剤。ただし，ブチル＝2,3-ジヒドロ-2,2-ジメチルベンゾフラン-7-イル＝N,N′-ジメチル-N,N′-チオジカルバマート5％以下を含有するものを除く。

19　弗化スルフリル及びこれを含有する製剤

20　ヘキサキス(β・β-ジメチルフェネチル)ジスタンノキサン（別名酸化フェンブタスズ）及びこれを含有する製剤

20の2　ヘキサクロルヘキサヒドロメタノベンゾジオキサチエピンオキサイド及びこれを含有する製剤

20の3　メチル-N′,N′-ジメチル-N-〔(メチルカルバモイル)オキシ〕-1-チオオキサムイミデート及びこれを含有する製剤。ただし，メチル-N′,N′-ジメチル-N-〔(メチルカルバモイル)オキシ〕-1-チオオキサムイミデート0.8％以下を含有するものを除く。

20の4　S-メチル-N-〔(メチルカルバモイル)-オキシ〕-チオアセトイミデート（別名メトミル）及びこれを含有する製剤。ただし，S-メチル-N-〔(メチルカルバモイル)-オキシ〕-チオアセトイミデート45％以下を含有するものを除く。

21　モノフルオール酢酸並びにその塩類及びこれを含有する製剤

22　削除
23　燐化アルミニウムとその分解促進剤とを含有する製剤

劇　物　　——→農業用品目販売業者の取り扱う劇物
1　無機亜鉛塩類。ただし，炭酸亜鉛及び雷酸亜鉛を除く。
2　アバメクチン1.8％以下を含有する製剤
2の2　L-2-アミノ-4-〔(ヒドロキシ)(メチル)ホスフィノイル〕ブチリル-L-アラ
ニル-L-アラニン，その塩類及びこれらのいずれかを含有する製剤。ただし，L-
2-アミノ-4-〔(ヒドロキシ)(メチル)ホスフィノイル〕ブチリル-L-アラニル-L-ア
ラニンとして19％以下を含有するものを除く。
3　アンモニア及びこれを含有する製剤。ただし，アンモニア10％以下を含有する
ものを除く。
4　2-イソプロピルオキシフェニル-N-メチルカルバメート及びこれを含有する製
剤。ただし，2-イソプロピルオキシフェニル-N-メチルカルバメート１％以下を
含有するものを除く。
4の2　2-イソプロピルフェニル-N-メチルカルバメート及びこれを含有する製
剤。ただし，2-イソプロピルフェニル-N-メチルカルバメート1.5％以下を含有
するものを除く。
5　2-イソプロピル-4-メチルピリミジル-6-ジエチルチオホスフェイト(別名ダイ
アジノン)及びこれを含有する製剤。ただし，2-イソプロピル-4-メチルピリミジ
ル-6-ジエチルチオホスフェイト５％(マイクロカプセル製剤にあっては，25％)
以下を含有するものを除く。
5の2　削除
5の3　1,1′-イミノジ(オクタメチレン)ジグアニジン(別名イミノクタジン)，そ
の塩類及びこれらのいずれかを含有する製剤。ただし，次に掲げるものを除く。
　イ　1,1′-イミノジ(オクタメチレン)ジグアニジンとして3.5％以下を含有する製
　　剤(ロに該当するものを除く。)
　ロ　1,1′-イミノジ(オクタメチレン)ジグアニジンアルキルベンゼンスルホン酸
　　及びこれを含有する製剤
5の4　O-エチル-O-(2-イソプロポキシカルボニルフェニル)-N-イソプロピルチ
オホスホルアミド(別名イソフェンホス)５％以下を含有する製剤
6　削除
6の2　エチル＝2-ジエトキシチオホスホリルオキシ-5-メチルピラゾロ〔1,5-
a〕ピリミジン-6-カルボキシラート(別名ピラゾホス)及びこれを含有する製剤
7　削除
7の2　エチルジフェニルジチオホスフェイト及びこれを含有する製剤。ただし，
エチルジフェニルジチオホスフェイト２％以下を含有するものを除く。
7の3　O-エチル＝S,S-ジプロピル＝ホスホロジチオアート(別名エトプロホス)

５％以下を含有する製剤。ただし，O-エチル＝S,S-ジプロピル＝ホスホロジチオアート３％以下を含有する徐放性製剤を除く。

7の4　2-エチル-3,7-ジメチル-6-[4-(トリフルオロメトキシ)フェノキシ]-4-キノリル＝メチル＝カルボナート及びこれを含有する製剤

7の5　2-エチルチオメチルフェニル-N-メチルカルバメート(別名エチオフェンカルブ)及びこれを含有する製剤。ただし，2-エチルチオメチルフェニル-N-メチルカルバメート２％以下を含有するものを除く。

8　エチルパラニトロフェニルチオノベンゼンホスホネイト(別名 EPN)1.5%以下を含有する製剤

8の2　O-エチル＝S-プロピル＝[(2 E)-2-(シアノイミノ)-3-エチルイミダゾリジン-1-イル]ホスホノチオアート(別名イミシアホス)及びこれを含有する製剤。ただし，O-エチル＝S-プロピル＝[(2 E)-2-(シアノイミノ)-3-エチルイミダゾリジン-1-イル]ホスホノチオアート1.5%以下を含有するものを除く。

8の3　エチル＝(Z)-3-[N-ベンジル-N-[[メチル(1-メチルチオエチリデンアミノオキシカルボニル)アミノ]チオ]アミノ]プロピオナート及びこれを含有する製剤

8の4　O-エチル-O-4-メチルチオフェニル-S-プロピルジチオホスフェイト及びこれを含有する製剤。ただし，O-エチル-O-4-メチルチオフェニル-S-プロピルジチオホスフェイト３％以下を含有するものを除く。

8の5　O-エチル＝S-1-メチルプロピル＝(2-オキソ-3-チアゾリジニル)ホスホノチオアート(別名ホスチアゼート)及びこれを含有する製剤。ただし，O-エチル＝S-1-メチルプロピル＝(2-オキソ-3-チアゾリジニル)ホスホノチオアート1.5%以下を含有するものを除く。

9　エチレンクロルヒドリン及びこれを含有する製剤

9の2　エマメクチン，その塩類及びこれらのいずれかを含有する製剤。ただし，エマメクチンとして２％以下を含有するものを除く。

10　塩素酸塩類及びこれを含有する製剤。ただし，爆発薬を除く。

10の2　(1 R,2 S,3 R,4 S)-7-オキサビシクロ[2,2,1]ヘプタン-2,3-ジカルボン酸(別名エンドタ ル)，その塩類及びこれらのいずれかを含有する製剤。ただし，(1 R,2 S,3 R,4 S)-7-オキサビシクロ[2,2,1]ヘプタン-2,3-ジカルボン酸として1.5%以下を含有するものを除く。

10の3　2-クロルエチルトリメチルアンモニウム塩類及びこれを含有する製剤

10の4〜5　削除

10の6　2-クロル-1-(2,4-ジクロルフェニル)ビニルジメチルホスフェイト及びこれを含有する製剤

11　クロルピクリン及びこれを含有する製剤

11の2　4-クロロ-3-エチル-1-メチル-N-[4-(パラトリルオキシ)ベンジル]ピラゾール-5-カルボキサミド及びこれを含有する製剤

11の3 5-クロロ-N-[2-[4-(2-エトキシエチル)-2,3-ジメチルフェノキシ]エチ
ル]-6-エチルピリミジン-4-アミン(別名ピリミジフェン)及びこれを含有する製
剤。ただし,5-クロロ-N-[2-[4-(2-エトキシエチル)-2,3-ジメチルフェノキシ]
エチル]-6-エチルピリミジン-4-アミン4%以下を含有するものを除く。

11の4 トランス-N-(6-クロロ-3-ピリジルメチル)-N′-シアノ-N-メチルアセト
アミジン(別名アセタミプリド)及びこれを含有する製剤。ただし,トランス-N-
(6-クロロ-3-ピリジルメチル)-N′-シアノ-N-メチルアセトアミジン2%以下を
含有するものを除く。

11の5 1-(6-クロロ-3-ピリジルメチル)-N-ニトロイミダゾリジン-2-イリデンア
ミン(別名イミダクロプリド)及びこれを含有する製剤。ただし,1-(6-クロロ-3-
ピリジルメチル)-N-ニトロイミダゾリジン-2-イリデンアミン2%(マイクロカ
プセル製剤にあっては,12%)以下を含有するものを除く。

11の6 3-(6-クロロピリジン-3-イルメチル)-1,3-チアゾリジン-2-イリデンシア
ナミド(別名チアクロプリド)及びこれを含有する製剤。ただし,3-(6-クロロピ
リジン-3-イルメチル)-1,3-チアゾリジン-2-イリデンシアナミド3%以下を含有
するものを除く。

11の7 (RS)-〔O-1-(4-クロロフェニル)ピラゾール-4-イル=O-エチル=S-プロ
ピル=ホスホロチオアート〕(別名ピラクロホス)及びこれを含有する製剤。ただ
し,(RS)-〔O-1-(4-クロロフェニル)ピラゾール-4-イル=O-エチル=S-プロピ
ル=ホスホロチオアート〕6%以下を含有するものを除く。

11の8 シアナミド及びこれを含有する製剤。ただし,シアナミド10%以下を含有
するものを除く。

11の9 有機シアン化合物及びこれを含有する製剤。ただし,次に掲げるものを除
く。 (1) …
　　┗━▶ 以下多くの品名が列挙されていますが,劇物から除外される製剤等ですの
　　　　でここでは省略します

12 シアン酸ナトリウム

13 削除

13の2 2-ジエチルアミノ-6-メチルピリミジル-4-ジエチルチオホスフェイト及び
これを含有する製剤

14 ジエチル-S-(エチルチオエチル)-ジチオホスフェイト5%以下を含有する製
剤

14の2 ジエチル-S-(2-オキソ-6-クロルベンゾオキサゾロメチル)-ジチオホス
フェイト及びこれを含有する製剤。ただし,ジエチル-S-(2-オキソ-6-クロルベン
ゾオキサゾロメチル)-ジチオホスフェイト2.2%以下を含有するものを除く。

14の3 O,O′-ジエチル=O″-(2-キノキサリニル)=チオホスファート(別名キナ
ルホス)及びこれを含有する製剤

15 ジエチル-4-クロルフェニルメルカプトメチルジチオホスフェイト及びこれを

含有する製剤

15の2　削除

15の3　ジエチル-1-(2′,4′-ジクロルフェニル)-2-クロルビニルホスフェイト及びこれを含有する製剤

16　ジエチル-(2,4-ジクロルフェニル)-チオホスフェイト及びこれを含有する製剤。ただし，ジエチル-(2,4-ジクロルフェニル)-チオホスフェイト3％以下を含有するものを除く。

17　削除

17の2　ジエチル-(1,3-ジチオシクロペンチリデン)-チオホスホルアミド5％以下を含有する製剤

17の3　ジエチル-3,5,6-トリクロル-2-ピリジルチオホスフェイト及びこれを含有する製剤。ただし，ジエチル-3,5,6-トリクロル-2-ピリジルチオホスフェイト1％(マイクロカプセル製剤にあっては，25％)以下を含有するものを除く。

17の4　ジエチル-(5-フェニル-3-イソキサゾリル)-チオホスフェイト(別名イソキサチオン)及びこれを含有する製剤。ただし，ジエチル-(5-フェニル-3-イソキサゾリル)-チオホスフェイト2％以下を含有するものを除く。

17の5　削除

17の6　ジエチル-4-メチルスルフィニルフェニル-チオホスフェイト3％以下を含有する製剤

17の7　削除

17の8　1,3-ジカルバモイルチオ-2-(N,N-ジメチルアミノ)-プロパン，その塩類及びこれらのいずれかを含有する製剤。ただし，1,3-ジカルバモイルチオ-2-(N,N-ジメチルアミノ)-プロパンとして2％以下を含有するものを除く。

18　削除

18の2　ジ(2-クロルイソプロピル)エーテル及びこれを含有する製剤

19　ジクロルブチン及びこれを含有する製剤

19の2　2′,4-ジクロロ-α,α,α-トリフルオロ-4′-ニトロメタトルエンスルホンアニリド(別名フルスルファミド)及びこれを含有する製剤。ただし，2′,4-ジクロロ-α,α,α-トリフルオロ-4′-ニトロメタトルエンスルホンアニリド0.3％以下を含有するものを除く。

20　1,3-ジクロロプロペン及びこれを含有する製剤

21～24　削除

24の2　ジニトロメチルヘプチルフェニルクロトナート(別名ジノカップ)及びこれを含有する製剤。ただし，ジニトロメチルヘプチルフェニルクロトナート0.2％以下を含有するものを除く。

24の3　2,3-ジヒドロ-2,2-ジメチル-7-ベンゾ〔b〕フラニル-N-ジブチルアミノチオ-N-メチルカルバマート(別名カルボスルファン)及びこれを含有する製剤

25　2,2′-ジピリジリウム-1,1′-エチレンジブロミド及びこれを含有する製剤

25の2　2-ジフェニルアセチル-1,3-インダンジオン0.005％以下を含有する製剤

25の3　3-(ジフルオロメチル)-1-メチル-N-[(3R)-1,1,3-トリメチル-2,3-ジヒドロ-1H-インデン-4-イル]-1H-ピラゾール-4-カルボキサミド及びこれを含有する製剤。ただし，3-(ジフルオロメチル)-1-メチル-N-[(3R)-1,1,3-トリメチル-2,3-ジヒドロ-1H-インデン-4-イル]-1H-ピラゾール-4-カルボキサミド3％以下を含有するものを除く。

25の4　ジプロピル-4-メチルチオフェニルホスフェイト及びこれを含有する製剤

26～28　削除

28の2　2-ジメチルアミノ-5,6-ジメチルピリミジル-4-N,N-ジメチルカルバメート及びこれを含有する製剤

28の3　5-ジメチルアミノ-1,2,3-トリチアン，その塩類及びこれらのいずれかを含有する製剤。ただし，5-ジメチルアミノ-1,2,3-トリチアンとして3％以下を含有するものを除く。

29　ジメチルエチルスルフィニルイソプロピルチオホスフェイト及びこれを含有する製剤

30　ジメチルエチルメルカプトエチルジチオホスフェイト(別名チオメトン)及びこれを含有する製剤

31　ジメチル-2,2-ジクロルビニルホスフェイト(別名DDVP)及びこれを含有する製剤

32　ジメチルジチオホスホリルフェニル酢酸エチル及びこれを含有する製剤。ただし，ジメチルジチオホスホリルフェニル酢酸エチル3％以下を含有するものを除く。

32の2　3-ジメチルジチオホスホリル-S-メチル-5-メトキシ-1,3,4-チアジアゾリン-2-オン及びこれを含有する製剤

32の3　2,2-ジメチル-2,3-ジヒドロ-1-ベンゾフラン-7-イル＝N-[N-(2-エトキシカルボニルエチル)-N-イソプロピルスルフェナモイル]-N-メチルカルバマート(別名ベンフラカルブ)及びこれを含有する製剤。ただし，2,2-ジメチル-2,3-ジヒドロ-1-ベンゾフラン-7-イル＝N-[N-(2-エトキシカルボニルエチル)-N-イソプロピルスルフェナモイル]-N-メチルカルバマート6％以下を含有するものを除く。

33　ジメチルジブロムジクロルエチルホスフェイト及びこれを含有する製剤

33の2～3　削除

33の4　3,5-ジメチルフェニル-N-メチルカルバメート及びこれを含有する製剤。ただし，3,5-ジメチルフェニル-N-メチルカルバメート3％以下を含有するものを除く。

34　ジメチルフタリルイミドメチルジチオホスフェイト及びこれを含有する製剤

34の2　2,2-ジメチル-1,3-ベンゾジオキソール-4-イル-N-メチルカルバマート(別名ベンダイオカルブ)5％以下を含有する製剤

35　ジメチルメチルカルバミルエチルチオエチルチオホスフェイト及びこれを含有する製剤

36　ジメチル-(N-メチルカルバミルメチル)-ジチオホスフェイト(別名ジメトエート)及びこれを含有する製剤

36の2　O,O-ジメチル-O-(3-メチル-4-メチルスルフィニルフェニル)-チオホスフェイト及びこれを含有する製剤

37　ジメチル-4-メチルメルカプト-3-メチルフェニルチオホスフェイト及びこれを含有する製剤。ただし，ジメチル-4-メチルメルカプト-3-メチルフェニルチオホスフェイト2％以下を含有するものを除く。

37の2　3-(ジメトキシホスフィニルオキシ)-N-メチル-シス-クロトナミド及びこれを含有する製剤

38〜41　削除

41の2　2-チオ-3,5-ジメチルテトラヒドロ-1,3,5-チアジアジン及びこれを含有する製剤

42　削除

43　テトラエチルメチレンビスジチオホスフェイト及びこれを含有する製剤

43の2　削除

43の3　(S)-2,3,5,6-テトラヒドロ-6-フェニルイミダゾ〔2,1-b〕チアゾール，その塩類及びこれらのいずれかを含有する製剤。ただし，(S)-2,3,5,6-テトラヒドロ-6-フェニルイミダゾ〔2,1-b〕チアゾールとして6.8％以下を含有するものを除く。

43の4　2,3,5,6-テトラフルオロ-4-メチルベンジル＝(Z)-(1RS,3RS)-3-(2-クロロ-3,3,3-トリフルオロ-1-プロペニル)-2,2-ジメチルシクロプロパンカルボキシラート(別名テフルトリン)0.5％以下を含有する製剤

43の5　3,7,9,13-テトラメチル-5,11-ジオキサ-2,8,14-トリチア-4,7,9,12-テトラアザペンタデカ-3,12-ジエン-6,10-ジオン(別名チオジカルブ)及びこれを含有する製剤

43の6　2,4,6,8-テトラメチル-1,3,5,7-テトラオキソカン(別名メタアルデヒド)及びこれを含有する製剤。ただし，2,4,6,8-テトラメチル-1,3,5,7-テトラオキソカン10％以下を含有するものを除く。

44　無機銅塩類。ただし，雷銅を除く。

45　削除

46　トリクロルヒドロキシエチルジメチルホスホネイト及びこれを含有する製剤。ただし，トリクロルヒドロキシエチルジメチルホスホネイト10％以下を含有するものを除く。

46の2　ナラシン又はその塩類のいずれかを含有する製剤であって，ナラシンとして10％以下を含有するもの。ただし，ナラシンとして1％以下を含有し，かつ，飛散を防止するための加工をしたものを除く。

47　S,S-ビス(1-メチルプロピル)＝O-エチル＝ホスホロジチオアート(別名カズサホス)10％以下を含有する製剤。ただし，S,S-ビス(1-メチルプロピル)＝O-エチル＝ホスホロジチオアート3％以下を含有する徐放性製剤を除く。

48〜48の2　削除

48の3　2-ヒドロキシ-4-メチルチオ酪酸及びこれを含有する製剤。ただし，2-ヒドロキシ-4-メチルチオ酪酸0.5％以下を含有するものを除く。

49　削除

49の2　2-(フェニルパラクロルフェニルアセチル)-1,3-インダンジオン及びこれを含有する製剤。ただし，2-(フェニルパラクロルフェニルアセチル)-1,3-インダンジオン0.025％以下を含有するものを除く。

49の3　1-t-ブチル-3-(2,6-ジイソプロピル-4-フェノキシフェニル)チオウレア(別名ジアフェンチウロン)及びこれを含有する製剤

49の4　ブチル＝2,3-ジヒドロ-2,2-ジメチルベンゾフラン-7-イル＝N,N′-ジメチル-N,N′-チオジカルバマート(別名フラチオカルブ)5％以下を含有する製剤

49の5　t-ブチル＝(E)-4-(1,3-ジメチル-5-フェノキシ-4-ピラゾリルメチレンアミノオキシメチル)ベンゾアート及びこれを含有する製剤。ただし，t-ブチル＝(E)-4-(1,3-ジメチル-5-フェノキシ-4-ピラゾリルメチレンアミノオキシメチル)ベンゾアート5％以下を含有するものを除く。

49の6　2-t-ブチル-5-(4-t-ブチルベンジルチオ)-4-クロロピリダジン-3(2H)-オン及びこれを含有する製剤

49の7　削除

49の8　N-(4-t-ブチルベンジル)-4-クロロ-3-エチル-1-メチルピラゾール-5-カルボキサミド(別名テブフェンピラド)及びこれを含有する製剤

50　ブラストサイジンS，その塩類及びこれらのいずれかを含有する製剤

51　ブロムメチル及びこれを含有する製剤

51の2　2-(4-ブロモジフルオロメトキシフェニル)-2-メチルプロピル＝3-フェノキシベンジル＝エーテル(別名ハルフェンプロックス)及びこれを含有する製剤。ただし，2-(4-ブロモジフルオロメトキシフェニル)-2-メチルプロピル＝3-フェノキシベンジル＝エーテル5％以下を含有する徐放性製剤を除く。

52　2-メチリデンブタン二酸(別名メチレンコハク酸)及びこれを含有する製剤

53〜58の3　削除

58の4　メチルイソチオシアネート及びこれを含有する製剤

59　メチル＝N-[2-[1-(4-クロロフェニル)-1H-ピラゾール-3-イルオキシメチル]フェニル](N-メトキシ)カルバマート(別名ピラクロストロビン)及びこれを含有する製剤。ただし，メチル＝N-[2-[1-(4-クロロフェニル)-1H-ピラゾール-3-イルオキシメチル]フェニル](N-メトキシ)カルバマート6.8％以下を含有するものを除く。

59の2〜5　削除

59の6　メチル-N´,N´-ジメチル-N-[(メチルカルバモイル)オキシ]-1-チオオキサムイミデート0.8％以下を含有する製剤

59の7　S-(4-メチルスルホニルオキシフェニル)-N-メチルチオカルバマート及びこれを含有する製剤

59の8　5-メチル-1,2,4-トリアゾロ〔3,4-b〕ベンゾチアゾール(別名トリシクラゾール)及びこれを含有する製剤。ただし，5-メチル-1,2,4-トリアゾロ〔3,4-b〕ベンゾチアゾール8％以下を含有するものを除く。

60　N-メチル-1-ナフチルカルバメート及びこれを含有する製剤。ただし，N-メチル-1-ナフチルカルバメート5％以下を含有するものを除く。

60の2　削除

60の3　2-メチルビフェニル-3-イルメチル＝(1RS,2RS)-2-(Z)-(2-クロロ-3,3,3-トリフルオロ-1-プロペニル)-3,3-ジメチルシクロプロパンカルボキシラート及びこれを含有する製剤。ただし，2-メチルビフェニル-3-イルメチル＝(1RS,2RS)-2-(Z)-(2-クロロ-3,3,3-トリフルオロ-1-プロペニル)-3,3-ジメチルシクロプロパンカルボキシラート2％以下を含有するものを除く。

60の4　削除

60の5　S-(2-メチル-1-ピペリジル-カルボニルメチル)ジプロピルジチオホスフェイト及びこれを含有する製剤。ただし，S-(2-メチル-1-ピペリジル-カルボニルメチル)ジプロピルジチオホスフェイト4.4％以下を含有するものを除く。

60の6　2-(1-メチルプロピル)-フェニル-N-メチルカルバメート及びこれを含有する製剤。ただし，2-(1-メチルプロピル)-フェニル-N-メチルカルバメート2％(マイクロカプセル製剤にあっては，15％)以下を含有するものを除く。

60の7　削除

60の8　S-メチル-N-〔(メチルカルバモイル)-オキシ〕-チオアセトイミデート(別名メトミル)45％以下を含有する製剤

61　沃化メチル及びこれを含有する製剤

62　硫酸及びこれを含有する製剤。ただし，硫酸10％以下を含有するものを除く。

63　硫酸タリウム及びこれを含有する製剤。ただし，硫酸タリウム0.3％以下を含有し，黒色に着色され，かつ，トウガラシエキスを用いて著しくからく着味されているものを除く。

64　削除

65　燐化亜鉛及びこれを含有する製剤。ただし，燐化亜鉛1％以下を含有し，黒色に着色され，かつ，トウガラシエキスを用いて著しくからく着味されているものを除く。

66　削除

67　ロテノン及びこれを含有する製剤。ただし，ロテノン2％以下を含有するものを除く。

〈別表第２〉（第４条の３関係）

┗→ 特定品目販売業者の取り扱う劇物

1　アンモニア及びこれを含有する製剤。ただし，アンモニア10％以下を含有するものを除く。

2　塩化水素及びこれを含有する製剤。ただし，塩化水素10％以下を含有するものを除く。

3　塩化水素と硫酸とを含有する製剤。ただし，塩化水素と硫酸とを合わせて10％以下を含有するものを除く。

4　塩基性酢酸鉛

5　塩素

6　過酸化水素を含有する製剤。ただし，過酸化水素６％以下を含有するものを除く。

6の2　キシレン

7　クロム酸塩類及びこれを含有する製剤。ただし，クロム酸鉛70％以下を含有するものを除く。

8　クロロホルム

9　硅弗化ナトリウム

9の2　酢酸エチル

10　酸化水銀５％以下を含有する製剤

11　酸化鉛

12　四塩化炭素及びこれを含有する製剤

13　重クロム酸塩類及びこれを含有する製剤

14　蓚酸，その塩類及びこれらのいずれかを含有する製剤。ただし，蓚酸として10％以下を含有するものを除く。

15　硝酸及びこれを含有する製剤。ただし，硝酸10％以下を含有するものを除く。

16　水酸化カリウム及びこれを含有する製剤。ただし，水酸化カリウム５％以下を含有するものを除く。

17　水酸化ナトリウム及びこれを含有する製剤。ただし，水酸化ナトリウム５％以下を含有するものを除く。

17の2　トルエン

18　ホルムアルデヒドを含有する製剤。ただし，ホルムアルデヒド１％以下を含有するものを除く。

19　メタノール

19の2　メチルエチルケトン

20　硫酸及びこれを含有する製剤。ただし，硫酸10％以下を含有するものを除く。

〈別表第３〉 削除

〈別表第４〉　削除

〈別表第５〉（第１３条の６関係）

> ➤ 毒物又は劇物を運搬する車両に備える保護具

1	黄燐（りん）	保護手袋 保護長ぐつ 保護衣 酸性ガス用防毒マスク
2	四アルキル鉛を含有する製剤	保護手袋（白色のものに限る。） 保護長ぐつ（白色のものに限る。） 保護衣（白色のものに限る。） 有機ガス用防毒マスク
3	無機シアン化合物たる毒物及びこれを含有する製剤で液体状のもの	保護手袋 保護長ぐつ 保護衣 青酸用防毒マスク
4	弗（ふっ）化水素及びこれを含有する製剤	1の項に同じ
5	アクリルニトリル	保護手袋 保護長ぐつ 保護衣 有機ガス用防毒マスク
6	アクロレイン	前項に同じ
7	アンモニア及びこれを含有する製剤（アンモニア10％以下を含有するものを除く。）で液体状のもの	保護手袋 保護長ぐつ 保護衣 アンモニア用防毒マスク
8	塩化水素及びこれを含有する製剤（塩化水素10％以下を含有するものを除く。）で液体状のもの	1の項に同じ
9	塩素	保護手袋 保護長ぐつ 保護衣 普通ガス用防毒マスク

付　録
4
毒物及び劇物取締法施行規則

10	過酸化水素及びこれを含有する製剤（過酸化水素 6 ％以下を含有するものを除く。）	保護手袋 保護長ぐつ 保護衣 保護眼鏡
11	クロルスルホン酸	1 の項に同じ
12	クロルピクリン	5 の項に同じ
13	クロルメチル	5 の項に同じ
14	硅弗化水素酸	1 の項に同じ
15	ジメチル硫酸	1 の項に同じ
16	臭素	9 の項に同じ
17	硝酸及びこれを含有する製剤（硝酸 10％以下を含有するものを除く。）で液体状のもの	1 の項に同じ
18	水酸化カリウム及びこれを含有する製剤（水酸化カリウム 5 ％以下を含有するものを除く。）で液体状のもの	10の項に同じ
19	水酸化ナトリウム及びこれを含有する製剤（水酸化ナトリウム 5 ％以下を含有するものを除く。）で液体状のもの	10の項に同じ
20	ニトロベンゼン	5 の項に同じ
21	発煙硫酸	1 の項に同じ
22	ホルムアルデヒド及びこれを含有する製剤（ホルムアルデヒド 1 ％以下を含有するものを除く。）で液体状のもの	5 の項に同じ
23	硫酸及びこれを含有する製剤（硫酸 10％以下を含有するものを除く。）で液体状のもの	10の項に同じ
備考	1　この表に掲げる防毒マスクは，空気呼吸器又は酸素呼吸器で代替させることができる。 2　防毒マスクは，隔離式全面形のものに，空気呼吸器又は酸素呼吸器は，全面形のものに限る。 3　保護眼鏡は，プラスチック製一眼型のものに限る。 4　保護手袋，保護長ぐつ及び保護衣は，対象とする毒物又は劇物に対して不浸透性のものに限る。	

著者略歴

河合範夫（かわいのりお）

1965年，岡山県出身。
現在，大阪にある希有元素を中心とする試験研究用薬品のメーカーに勤務。

■取得資格

博士（理学），甲種危険物取扱者，職業訓練指導員（化学分析科），環境計量士（濃度関係）

■著書

「環境管理用語解説」（分担執筆，国際環境専門学校出版元／弘文社発売元）
「生活環境と化学物質用語解説」（分担執筆，国際環境専門学校出版元／弘文社発売元）
「よくわかる環境計量士（濃度編）」（分担執筆，環境学園専門学校編著，弘文社刊）
「実況ゼミナール！乙種4類危険物取扱者試験」（弘文社刊）
「実況ゼミナール！甲種危険物取扱者試験」（弘文社刊）
「実況ゼミナール！科目免除者のための乙種危険物取扱者試験」（弘文社刊）
「実況ゼミナール！丙種危険物取扱者試験」（弘文社刊）

弊社ホームページでは，書籍に関する様々な情報（法改正や正誤表等）を随時更新しております。ご利用できる方はどうぞご覧下さい。http : //www.kobunsha.org 正誤表がない場合，あるいはお気づきの箇所の掲載がない場合は，下記の要領にてお問い合せ下さい。

わかりやすい！
毒物劇物取扱者試験

著　　者	河合 範夫
印刷・製本	亜細亜印刷株式会社

発 行 所	株式会社 弘 文 社	〒546-0012 大阪市東住吉区中野 2 丁目 1 番27号
		☎ （06）6797―7 4 4 1
		FAX （06）6702―4 7 3 2
		振替口座 00940―2―43630
代 表 者	岡﨑 靖	東住吉郵便局私書箱 1 号